青年学术丛书·法律
YOUTH ACADEMIC SERIES-LAW

# 民事主体的历史嬗变与当代建构

王春梅 著

人民出版社

# 目　录

# 中篇　基础与价值篇

# 下篇　现实篇

# 导　论

　　"人"是任何一门人文学科的出发点，也是其归宿。全部私法都是围绕"人"而展开的。私法上的人——民事主体，既是私法制度的起点，又可以说是整个私法制度的目的与宗旨。社会制度，包括法律制度是人类理性的体现和结果，人以理性构建社会制度和法律制度的原初动力源自人的自然欲求。从而，人的自然欲求便自然而然地预设在制度中，并成为制度的目标。自由、平等是人的自然理性欲求在民事主体制度中的体现，并由此成为民事主体制度的核心价值目标。如何实现民事主体的自由、平等，进而实现和满足人的自然理性欲求就是值得关注的问题。

　　康德说：人应该永远是目的而不应仅仅成为手段。康德的名言带给我们很多思考：既然人是目的而不是手段，那么，人应该如何成为目的而不是成为手段？作为目的的人在法律上的地位如何？人的理性欲求是否应该获得满足？在法律作为社会主要控制手段的当今社会，人的理性欲求在法律上的体现是什么？法律如何满足人的理性欲求？这些问题在私法中的思考引发了本研究的开始与进行。

　　首先，民事主体是人在私法中的地位体现，从而奠定了人在私法中的基础地位。人是目的，人在私法中只能处于主体地位。人在私法中的主体地位源自人性本身，源于人的目的性。只要是人，就应该是主体。因此，古代民法将奴隶作为客体而非主体对待是有悖于人性和人之目的的。近现代私法将人作为主体凸显了私法的人文关怀。当然，民事主体作为实证法上的概念，其与人并不一一对应。因此，基于商品经济发展的客观需求与必然，近现代私法中的民事主体不限于以伦理为基础的自然人，还发展出法人等组织体形态的主体。但是，即便如此，人的目的性决定了民事主体在私法中的基础性，决定了民事主体概念在私法中基本概念的地位。民事主体是私法的起点，也应该是私法的归宿。民事主体不仅是民事权利和民事义务的承载者，更应该是民事权利的享有者和服务者。所有的私法制度都应该是与主体直接相关并为主体制度服务的。一句话，民事主体，尤其是自然人主体是私法的目的。

其次，民事主体制度法律化着人的理性欲求，从而使民事主体制度成为目的人实现和满足其欲求的法律手段。作为目的的人有着各种各样的自然欲求，正是这些自然欲求为包括法律制度在内的社会制度的设计与构建提供了动力，也因此不可避免地使社会制度具有了价值内涵。当然，社会制度不可能满足和实现所有的自然欲求，但人的理性诉求却必须满足。民事主体是人在私法中的地位体现，人的理性诉求必然通过民事主体制度提出。自由、平等就是人的理性诉求在民事主体制度中的反馈和体现，并由此成为民事主体制度的核心价值。同时，民事主体是人的制度化形态，人的理性诉求也借助于民事主体制度获得满足和实现。于是，民事主体制度成为人的理性诉求实现的手段，民事主体成为手段性主体。保护民事主体，满足和实现民事主体的自由、平等诉求也就是保护作为目的的人，实现作为目的的人的理性诉求。

再次，通过对作为目的的人的保护和理性诉求的满足推进我国相关制度的建设与衔接。人是目的，民事主体的自由、平等张扬着人的理性诉求，对民事主体及其自由、平等的保护是保护作为目的的人的手段和途径。但是，一方面，私法及其民事主体制度本身存在一个基础和动力问题，另一方面，私法所提供的平等保护并不能充分满足人的自由诉求，公法制度的配合与衔接成为必要。因此，保护作为目的的人既要完善制度建设，包括民事主体制度、私法制度，以及相关的公法制度，还要夯实制度的基础，实现作为目的的人的真正保护。

上　篇

# 历史篇

# 第一章　古代民事主体

私法文明最早发端于西方，民事主体制度与西方传统法律文化一脉相承。而以儒家思想为正统的中国传统文化中匮乏私法因子，而且，以个体理性自由与平等为核心的价值诉求软弱。贫瘠而弱小的商品经济无法孕育出发达的私法和民事主体制度。因此，从历史切入民事主体研究时，我们首先将目光引向西方的民事主体源头。

探寻人类法律文明的历史，更早的我们可以追溯到古老的西亚文明。在公元前2000多年苏美尔时代后期颁布的《乌尔纳姆法典》一般被认为是世界上现有的最早的成文法典，也是迄今所知的人类历史上最早的法典。此外，公元前20世纪前后的《苏美尔法典》、公元前18世纪古巴比伦时期的《汉穆拉比法典》、公元前15世纪古代美索不达米亚文明产物的《赫梯法典》，以及公元前6世纪形成的希伯来法的最重要经典《摩西律法》等都是古老西亚法律文明的典范。而且，这些法典的民法要素中都有关于民事主体的规定，这些规定中不乏在我们现在看来仍然具有积极意义的要素，民事主体的自由和平等在这些法典中也可以觅到一二。这些法典为后世的法律文明，尤其是为希腊文明奠定了丰富的历史底蕴。

古希腊的民法也达到相当高的水平，近现代民事主体的平等观念最早就可以追溯到古希腊。此外，古希腊的正义、法治原则对后世都产生了重大影响。但是，正如恩格斯所言："罗马法是简单商品生产即资本主义前的商品生产的完善的法，但是它也包含着资本主义时期的大多数法权关系。"①

---

① 《马克思恩格斯全集》第36卷，人民出版社1974年版，第169页。

由此形成"西方法律传统滥觞于罗马法"的历史局面。① 因此，对古代民事主体的历史研究在此也仅追溯到罗马法。而且，罗马法时期和中世纪的民事主体所处的历史环境虽然不尽相同，但却具有某种共同的特征，即都主要体现为民事主体地位的不平等，而且，这种不平等主要是由于身份、财产等外在于民事主体人格的东西纳入主体资格，将其作为民事主体人格构成要素而造成的。因此，我们将奴隶社会和封建社会时期的民事主体统称为古代民事主体。

## 第一节　罗马法中的民事主体

罗马虽然是典型的以奴隶耕作为主要形式的农业城邦文明，但是商业经济因素却比较充分。深入到社会生产各领域中的奴隶劳动也促进了众多手工业部门的形成与发展。随着罗马帝国的强盛，罗马的商品经济也高度发展，形成了高度发达的奴隶制商品经济。繁荣的商业文明孕育并昌盛了私法，造就了流芳百世的罗马法。

但是，在以家族或家庭作为社会基本构成的城邦文明中，个体不可能直接立于城邦国家之下。因此，以家父为代表的家族主体是早期罗马法中民事主体的典型。随着特有产制度的产生和发展，家父的权威开始丧失，家子逐渐获得了个体独立，奴隶也被大量解放。个体主体开始直接立于国家之下，家族主体向个体主体演变。

### 一、罗马市民法的产生及其成文化

#### （一）罗马市民法的产生与实质

历史上的罗马是一种城邦结构，其城邦政治带有联盟的特点，并具有某些现代国家的一些政治特征和功能，但仍无法与近现代社会的国家相比。早期罗马城邦的功能极其有限，主要是进行防卫和进攻，保护城邦安全。城邦政治功能的有限性和特定性决定必然并存着大量其他较小的政治群体，包括家族或家庭。在家族和家庭之上曾经有一个更大的群体——氏族，但氏族在罗马城邦之

---

① 〔美〕玛丽·A.格林顿、迈克·W.戈登、保罗·C.卡罗兹著：《比较法律传统》，米健等译，中国政法大学出版社 1993 年版，第 1 页。

前就已经衰落了。① 因此，家族或家庭成为与城邦并存的重要单位。正如彭梵得所言：在原始社会，从不只建立一个组织或设立独一无二的最高权力来维护秩序和负责防卫，而是有若干个组织系列，它们一层高过一层。最高政治机构不直接对个人发号施令，而是对下属的团体行使权力。这种权力不受个人自由的制约，而受这些团体或其首领的权力的制约。②

罗马城邦的职能虽然主要限于保护城邦安全，没有形成现代国家的私权保护职能。但是，在保护公共安宁的过程中，城邦渐渐地涉及对市民权利的确认和对侵权行为的制裁。③ 但此时我们尚不能说私人关系已经进入城邦的职能范围之内。因为，城邦对私人关系的调整还不具有目的性，它只不过是为保护公共安宁的需要而采取的必要措施而已，或者说，只是实现公共安宁的手段。此时，私人关系主要存在于家族或家庭这些较小的政治群体之间。"在群体的生活和相互交往中，即在'家庭'（或者说家父）之间，也形成了一系列关系，它们反映着一种家际社会的秩序"。④ 家际社会秩序的稳定与否在很大程度上关乎城邦的安全与稳定。于是，市民法应运而生。也就是说，为维护家际之间的社会秩序而形成的家际关系总和的法才是"市民法"。

可见，就本源而言，市民法是反映和调整罗马家庭和家际关系而形成的法，是在罗马城邦权威之外的一种自发存在，其在相当长的时间内以习俗的形态存在着。"也就是说它是对社会现实的法律反映，符合事物及其关系的本质，因而符合一种内在的需要，这种制度从一开始就参杂着使其具有神奇魔力的宗教成份。"⑤ 这种宗教成份在市民法成文化之前，集中表现为法律知识深藏在祭司的深宅之中。祭司们垄断着市民法的知识和解释，而在解释和提供市民法的服务过程中，其宗教基础必然反映和渗入其间。市民法通过《十二表法》成文化后，市民法的知识不再深藏，解释不再垄断，但在成文化的市民法中，很多制度和规则中都离不开祭司的参与。市民法虽然逐渐走向了世俗

---

① 参见［意］朱塞佩·格罗索著：《罗马法史》，黄风译，中国政法大学出版社1994年版，第16—17页。

② ［意］彼德罗·彭梵得著：《罗马法教科书》，黄风译，中国政法大学出版社1992年版，第114—115页。

③ ［意］朱塞佩·格罗索著：《罗马法史》，黄风译，中国政法大学出版社1994年版，第24页。

④ 同上书，第25页。

⑤ 同上书，第96页。

化，但宗教成份和宗教色彩依然根深蒂固。

## （二）习俗市民法的成文化及其典范

市民法虽然是自发形成的社会现实的反映，但伴随着罗马城邦的发展，城邦职能的扩大和实力的加强，城邦必然要干预和确认市民的法。于是，"法和城邦通过互相干预、混合和发展趋向于制度上的统一，法和城邦结合起来，它不仅表现为市民的法，而且也表现为'城邦自己的法'"。① 自发形成的市民法变成城邦的法之后，"城邦的范围开始成为较重要的基准线"，隶属于城邦的市民共同体"作为法的共同体取得了特有的地位和意义"，"法变为某种赋予市民范围以特色的东西"。② 由此形成了以市民身份区分罗马市民与异邦人的重要标准。此外，城邦不可避免地要影响市民法的发展和实现进程。市民法虽然是自然形成的法，但是，市民法中所记载的私人权利的实现，以及诉讼程序的进行必须依赖于城邦的权力和权威，即司法权。司法权是城邦治权的内容和表现，并由设立的执法官具体行使着司法权。城邦通过司法权干预市民之间的私人争议，并借助于程式化的诉讼程序引导和保护着私人权利的实现。

《十二表法》作为贵族与平民斗争的结果，在罗马市民法的演变中占有重要地位。它的历史贡献主要在于使市民法成文化和明确化，防止社会受寡头政治的欺诈，因而可以说《十二表法》是平民的胜利。因为，以习惯或惯例存在的市民法为祭司深藏和贵族精确了解，其留存被托付于少数人的记忆，相应地必然形成由贵族享有司法特权的寡头政治。但是，它也体现着城邦对自然形成的以习惯或惯例存在着的市民法的确认。《十二表法》虽然是制定法，但主要是对既存的市民法习惯的确认、揭示和澄清，即"'罗马法典'只是把罗马人的现存习惯表述于文字中"③，而非创造出新的规范。由此体现出"法"和"法律"在罗马法早期的区别与关系。"法"（ius）主要是以习惯或惯例等形式存在着的社会现实的法律写照，市民法是其典型。而"法律"（lex）则是以单方制定或双边协议形式存在的制定规范。其内容主要涉及国家结构和生活，并不直接涉及由市民法调整的私人关系。只是出于维护城邦和平和安宁的目的而对城邦组织的具体活动进行调整时间接地涉及或影响市民法。也就是说，早

---

① ［意］朱塞佩·格罗索著：《罗马法史》，黄风译，中国政法大学出版社1994年版，第98页。
② 同上。
③ ［英］梅因著：《古代法》，沈景一译，商务印书馆1959年版，第96—97页。

期罗马法中的"法律"主要涉及"公"的内容，它以"法"为前提条件，并在此基础上形成了罗马公法和私法之区分。"公法"是城邦权力的结果，"私法"是与之对立的家族或家庭等较小政治群体的法。初始时期，公法和私法的对立反映了城邦与较小政治群体的对峙。① 在对峙中发展起来的早期跨家庭生活形成的习俗正是作为私法的市民法。当然，随着成文法的出现，以及城邦对市民法的干预，曾经以习俗形式存在的市民法逐渐成文化和城邦化。

## 二、早期罗马法中的家庭主体

对罗马时期民事主体的历史探寻我们不能从现代民事主体的个体性出发，而只能从团体的角度去认识。而且，我们也不能从现代国家的意义上去理解民事主体，而只能从城邦或联盟的意义上来认识罗马时期的民事主体。因为，早期罗马社会中的民事主体并非个体而是家族或家庭，其民事主体经历了从家族主体到个人主体逐渐脱离家族和家庭而凸显主体性的演化进程。

### （一）罗马的家庭及家父权的主权性质

在早期城邦与家族或家庭等较小政治群体对峙中形成的市民法，是当时社会现实的法律写照，其民事主体只能是当时社会的基本单位——家族或家庭的有机组成。可以说，早期罗马法中家族或家庭的主体性正是源于罗马城邦与家族或家庭等较小政治群体的并存。"法律这样组成是为了要适应一个小的独立团体的制度。因此，它的数量不多，因为它可以由家长的专断命令来增补的。""团体永生不灭，因此，原始法律把它所关联的实体即宗法或家族集团，视为永久的和不能消灭的。"②

由共同起源的纽带相连而成的若干家庭形成家族，家族进一步分裂形成家庭。"在古代世界中，一个社会的本地居民常常以为是由于血统而结合在一起的"，③ 共同的血缘被认为是联结家庭的纽带。但是，罗马时期的家族或家庭异于现代社会的家庭，它不完全是血缘联系的结合。"我们必须把家族看作是因吸收外来人而不断扩大的团体，我们并且必须把收养的拟制认为是和真正的血缘关系非常密切的近似的，因此不论在法律上或在人们的意见中，对于真正

---

① ［意］朱塞佩·格罗索著：《罗马法史》，黄风译，中国政法大学出版社1994年版，第109页。
② ［英］梅因著：《古代法》，沈景一译，商务印书馆1959年版，第72、73页。
③ 同上书，第28页。

的血缘关系和收养关系之间，都没有丝毫差别。"① 此外，"家庭"的构成中还包括因为从属于家庭首长而参加家庭的人——奴隶。

血缘虽然是罗马家庭的连接因素和纽带，但依真正的血缘联系及因收养而拟制的血缘连接而成的家庭，包括奴隶在内，都必须统一服从最高尊亲属——"家父"——的权威领导。因此，家父权是真正使家庭凝结在一起的权力要素。也就是说，"罗马家庭是单纯由权力联合在一起的人的集合体。"② 如果以构成主权国家的要素——居民和领土为标准的话，则早期"家父权"具有主权的性质。因为家父权的对象范围中涵盖了主权的所有要素：隶属于家父的自由人和奴隶，受家父支配权指挥的、用于牵引或负重的牲畜，意大利土地以及作为其附属品的某些地役权。③ 家父权的主权性质使在家父权支配和管理下的家族不再是一个由血缘而形成的亲情团体，而是一个"政治组织"。

作为政治组织的家庭并立于罗马城邦，城邦也尊重家父这一具有主权性质的权力，"对家父权力的限制将成为对'家庭'自主性的侵犯"。④ 因此，早期罗马法中家父的权力具有至高无上性。家父不仅可以凭借自己的专横支配处于其庇护之下的他权人的财产，使家子及奴隶等他权人的所得均归属于家父，而且还可以像占有一个物一样占有和支配他权人。

## （二）家父立法与家父的主体性

"家"作为罗马时期的基本社会单位，也是一个自立权力机构，整个社会就是由无数个"家"这样的自立权力机构组成的。家父是"家"这个自立权力机构的最高长官和立法者。作为最高长官，家父享有无上的权力和绝对的权威。作为立法者，家父制定家庭自己的法律。整个"家庭成员"均处于家父权的支配之下，由家内法律调整着他们之间的关系。

在家父权的统治和家内法律的调整下，子女、妇女和奴隶等人并不站到城邦面前，而是处于"家"的屋檐之下。家庭关系的现实状态反映在市民法上，必然是只知家父，不知其权力背后的人。因此，如果说家族或家庭是早期罗马社会的原子的话，则家父是这个原子的唯一代表。市民法作为调整家际关系的

---

① ［英］梅因著：《古代法》，沈景一译，商务印书馆1959年版，第76页。
② ［意］彼德罗·彭梵得著：《罗马法教科书》，黄风译，中国政法大学出版社1992年版，第114页。
③ ［意］朱塞佩·格罗索著：《罗马法史》，黄风译，中国政法大学出版社1994年版，第13页。
④ ［意］彼德罗·彭梵得著：《罗马法教科书》，黄风译，中国政法大学出版社1992年版，第126页。

产物，它的拘束力只能及于家族或家庭。家父作为家庭的代表享有市民法赋予家庭的一切权利和权力。对此，梅因用了一个他认为不完全贴切的比喻，类似于"国际法"的古代罗马法只是为填补作为社会原子的各个大集团之间的间隙而存在的，其立法和司法的权力只能及于家父，而家庭内的个人行为则只能以家内法律为依据。① "由此形成国、家的两极社会结构：国由众多的家组成，个人被遮蔽在家之下，没有建立起国家与其公民之间的直接关系，"国"对个人的治理在很大程度上只能通过"家"进行。这样的"家"与我们现代民法上被理解为人口生产单位和有时是物质资料生产单位的"家"不同，它除了具有现代家庭的属性外，还具有治理单位的属性。"② 这直接导致盖尤斯的《法学阶梯》中家庭的主体性。但是，"应当特别指出的是，盖尤斯《法学阶梯》体系是以现实中平等的、主权的和有产的家父及其相互关系模式创造的，这种家父赋予民法以特色；这些家父代表着理想中的人及其在法中的中心地位。"③

家父作为家庭的唯一代表和市民法效力所及的对象，是市民法上唯一的完全民事主体。"家父"这一社会地位是决定民事主体资格的条件。当然，罗马市民法上民事主体的资格条件除具有家父地位外，还必须同时是自由人和市民。家父、自由人和市民的社会地位我们往往称之为"身份"。徐国栋先生认为，身份是人相较于其他人被置放的有利的或不利的状态，具有比较性、被动性和区分性三个特征。身份安排的目的是进行区别对待以此组织社会，由此形成身份制度组织社会的工具功能。④

身份是罗马民事主体人格的构成基础，但自由人身份和市民身份实际上是公法身份，只有家族身份才是私法身份。民事主体人格构成公私身份兼具的特色导致罗马市民法上的民事主体人格内容也呈现公私兼具的特点：家父民事主体的人格构成中既包括了公法人格的内容，又有私法人格的内容。公法人格使市民享有公法上的权利并承担公法义务。其公法上的权利主要有表决权和任职权，义务主要体现为要承担公役，它分为人身公役、财产公役和混合公役三

---

① ［英］梅因著：《古代法》，沈景一译，商务印书馆 1959 年版，第 95 页。
② 徐国栋著：《"人身关系"流变考》（上），载《法学》2002 年第 6 期。
③ ［古罗马］盖尤斯著：《法学阶梯》，黄风译，中国政法大学出版社 1996 年版，前言第 2—3 页。
④ 徐国栋著：《"人身关系"流变考》（上），载《法学》2002 年第 6 期。

种。进行体力脑力兼而有之的劳动的通常是人身公役，只承担花费的是财产公役。人身公役是保卫自己的城邦的公役。① 私法人格的内容主要包括通商权、通婚权、遗嘱能力、遗嘱继承能力等一般权利。此外，完全民事主体的家父还享有对处于其权力之下的他权人在人身和财产方面的绝对支配权，即家父权。在私法人格中，家父权的内容占有相当大比重。因此，彭梵得说："在整个真正的罗马时代，罗马私法就是'家父'或家长的法。"② 正因为罗马私法是家父的法，"家"是罗马时期的基本社会单位，所以，并未真正形成乌尔比安所言的公法和私法的区分。因为，公法和私法的分立是以政治国家和市民社会的分离为基础的，而市民社会的基本原子应该是个人而非家庭。所以，我们只能说当时出现了公法和私法区分的倾向。

### （三）家父权的支配范围

家父权的第一个支配对象首先指向家子。家子虽然具有自由人和市民的身份，但处于家父权之下，在人身方面受控于家父，其自由权受到限制，订立契约和婚约都必须得到家父的首肯，离婚也要受到家父的干涉。家父对家子享有损害投偿权、出卖权，甚至生杀权。在财产方面，家子也处于无权能的状态。家父是市民法上家庭财产的唯一所有人，家子不能拥有任何财产，其所取得的财产不论其来源，在法律上都归属于家父。同家子一样，女儿也要隶属于家父权之下。同时，因为"罗马家庭是以宗亲属关系为基础建立起来的，也就是说，它完全通过男性亲属系列延续"，因此，"家父的女儿处于其支配权之下，但女儿的子女则处于他们的父亲的支配权之下，或者处于他们父亲的家父的支配权之下。"③

妇女处于终生监护之中是古典时期罗马法的一项原则。如果说早期对于因年龄原因而对未成年人进行的监护虽然带有权力的色彩，但还有一定的保护作用的话，则对自权人的妇女监护则纯粹是一种毫无根据的权力。盖尤斯曾经毫不犹豫地揭露了这种权力的利己内容：防止妇女的财产落入他人之手。④ 但是，这一目的过于直白，还是需要借口的，女性的柔弱遂成为他们的托词：女

---

① 徐国栋著：《论市民——兼论公民》，载《政治与法律》2002 年第 4 期。
② ［意］彼德罗·彭梵得著：《罗马法教科书》，黄风译，中国政法大学出版社 1992 年版，第 115 页。
③ ［英］巴里·尼古拉斯著：《罗马法概论》，黄风译，法律出版社 2000 年版，第 66 页。
④ ［意］彼德罗·彭梵得著：《罗马法教科书》，黄风译，中国政法大学出版社 1992 年版，第 171 页。

性的柔弱将会使其受到损害，为避免因其柔弱而对其造成的损害，有必要通过相应的制度对妇女给予保护。终生监护使妇女永远留在家族之中。在其未婚之前，女性处于父权之下。而当妇女成婚之后，通过归顺夫权中断与其原先家族的宗亲关系转而成为丈夫家族的支配对象，于是，妇女处于终生监护之下。这种终生监护使得妇女永远处于受支配状态，要么处于父权的支配下，要么处于夫权的监护下。其不可能被家父通过解放的方式脱离家父权而获得自由，使得妇女在罗马市民法上永久限于无能力状态，不能享有财产权、不能支配和处分财产，是永久的无行为能力人。同时，因为罗马共和国时期的赠与遗嘱中衍化出一项规则：遗嘱旨在永久维持一个家族。① 基于这一规则的目的，妇女没有遗嘱继承权。

女性是父权或夫权的对象，但妇女是家族的终点。因为，家庭作为古罗马法的调整对象，是以"家父权"为基础建立起来的，整个人法都是由"家父权"所孕育而出的，以父的权威建立起来的宗亲属关系构成家族的全体。妇女本人虽然属于家族的宗亲范围之内，但女性后裔被排除在其母所出生的家族，不在其父家父权的范围内，而只能属于女之夫的家族。为什么古代社会以宗亲关系建立家族体系并据此分配权利义务，而不采用我们现代社会的血亲制度呢？因为，在古代社会，尤其是古罗马，家族是一个自立权力组织，家父是家族的权威，如果按照我们现代的血亲建立家父的权威体系，则将普遍出现一个人既属于这个家族，又属于另一个家族的情形，这势必造成家父权的冲突。正如梅因所言，"既然'家族'是帝国内的一个帝国，是共和政治内的一个共产体，受到它自己的以父为其源泉的制度的统治，则把亲属关系限于'宗亲'，正是避免在家庭中的法庭上发生法律冲突的一种必要保证。"②

家父权还有一个支配对象——奴隶。奴隶具有生物人的属性，但是，"人并不是从来都被承认是个人，尤其不是任何一个人从来都被承认是个人。""只有在一定条件下人才实际上成为个人。"③ 具体而言，奴隶虽然是属于"人"这个属概念之下的，但在罗马法律上不仅被否认了个人地位，而且连人的属性都被否认了，而是处于物的地位。奴隶权利客体的地位具有双重意义：

① ［美］罗斯科·庞德著：《法律史解释》，邓正来译，中国法制出版社 2002 年版，第 61 页。
② ［英］梅因著：《古代法》，沈景一译，商务印书馆 1959 年版，第 86 页。
③ 葛洪义著：《探索与对话：法理学导论》，山东人民出版社 2000 年版，第 163 页。

作为自然意义上的人，他是智力工具，是与"家子"相同的代理人；作为物，他是足以产生财产价值的要素。① 作为物的意义上的奴隶同其他物一样处于家父权的恣意之下，家父可以像对待物一样处分奴隶，甚至将其杀死。作为智力工具意义上的奴隶，可以像家子一样成为家父牟利的工具，其所得的一切均归于家父。但是，奴隶在家庭中的地位远不及家子。早期的家父权虽然不受城邦干预而具有绝对性，但在习惯和家庭内部的法律中仍然存有对家父权的限制。子女可以在习惯和家庭法庭中得到可靠的保障以抵御家庭司法权的滥用，而奴隶却不享有这种保障。②

奴隶在现实生活中及在市民法上的地位远远地背离着自然法的规则。因为，根据自然法，一切人都是平等的，将奴隶处于主人的奴役之下是严重违背自然法的。所以，为奴隶存在的合理性进行辩护便是奴隶制所必须的。"古代共产体几乎是下意识地都要体验到良心遣责，其结果往往会采用一些想象的原则为奴隶制度做辩护，或至少是作理性上的辩护的可能根据。"③ 罗马城邦从起家到发展强大，直至最后灭亡，一直都与战争相伴。罗马的奴隶主要来源于战争和出生。于是，胜利者对战俘的权利顺理成章地成为罗马人为奴隶制进行辩护的合理出发点。因为，根据战争法，胜利者本可以将所有战俘处死，④ 而将本可以处死的战俘陷于受奴役状态已经是仁慈了。同时，在被囚禁和处于奴隶期间出生的子女也继续处于与其父母相同的状态之中。主人可以残酷地惩罚奴隶，可以强迫他们进行种种劳务，甚至握有生杀大权。⑤ 对战俘的权利不仅为罗马奴隶制提供了合理说明，而且为市民法上的奴隶地位作了很好的阐释。并且，"从人类的活动中导出的奴役状态——无论是基于契约还是犯罪——都并不违背自然法。"⑥ 于是，战争和出生产生的大量奴隶为以奴隶占有为生产关系要素的奴隶制社会的形成奠定了基础，也为罗马农业社会发展提供了大量的无偿劳动力。奴隶在罗马法中的地位也适应着当时罗马奴隶制的经济形态。

---

① ［意］彼德罗·彭梵得著：《罗马法教科书》，黄风译，中国政法大学出版社1992年版，第133页。
② 同上。
③ ［英］梅因著：《古代法》，沈景一译，商务印书馆1959年版，第93页。
④ ［荷］格劳秀斯著：《战争与和平法》，［美］A. C. 坎贝尔英译、何勤华等译，上海人民出版社2005年版，第396页。
⑤ 同上书，第419—420页。
⑥ 同上书，第419页。

不过，应当注意的是，奴隶虽然在罗马法上被视为物，一般而言是作为客体存在，是奴隶主会说话的工具。但是，奴隶毕竟不同于物。物作为自然界的一部分，只能作为客体而存在。动物具有同样的地位。也就是说，自然物及动物无论如何不具有成为主体的可能性，但是，奴隶却不同。因为，奴隶虽然一般情况下被视为客体，但他仍然具有人的属性，只是统治者出于某种需要的考虑而使其处于社会的强制性奴役之下。因此，奴隶可以通过被解放等方式获得自由权，具有成为主体的可能性，因而是潜在的民事主体。①

### 三、家父权退却中的个人主体性凸显

罗马法虽然是"商品生产者社会的第一个世界性法律"，②"包含着资本主义时期的大多数法权关系"。③ 但是，罗马社会整体上仍然处于农业经济社会之中，早期的罗马社会更主要是以农业经济为主的社会。家庭不仅是一个与城邦并存的政治组织，也是一个重要的经济单位。"在封闭的个体家庭占据重要地位的社会中，其经济自然不能是开放活跃的，而且也很难凭自身的力量突破自给自足的局面，摆脱土地耕作的束缚。然而，随着罗马对外扩张的成功和与国外商人交往的频繁，商品经济逐步发生发展。同时，一家一户的家庭奴隶制经济也向大奴隶主庄园经济发展。其结果，罗马古老的家庭制度发生动摇和变化，反映在法律上则是家父权逐步受到限制。"④ 伴随着家父权的衰落，一度屏蔽在家庭之下的他权人的主体性逐渐凸显。

#### （一）家父人身权力削减与自由主体的生成

家父权的限制和松动在人身方面主要体现在对家子的生杀权、出卖权和对犯罪行为的惩罚上。在古老的家父权中，父对子有生杀之权，更有权对家子进行惩罚和矫正。因而，家父可以遗弃或杀害家子。对家子的过错行为和犯罪行为，家父有权力进行严厉的惩罚。这些本应属于公共权力范围的权力却归属于家父这个家庭的首长，体现着城邦对家庭自治性的尊重。但是，市民法作为从习俗中发展起来的市民的法，其早期不可避免地同宗教成份紧密相连。因而，

---

① ［英］巴里·尼古拉斯著：《罗马法概论》，黄风译，法律出版社2000年版，第60页。
② 《马克思恩格斯选集》第4卷，人民出版社1995年版，第252页。
③ 《马克思恩格斯全集》第36卷，人民出版社1974年版，第169页。
④ 江平、米健著：《罗马法基础》，中国政法大学出版社2004年版，第155—156页。

虽然城邦尊重家父权，但是，与宗教相连的习俗中仍然存有对家父生杀和处罚权的限制。并且，早期的君王法中也存在着对家父生杀权的限制，禁止杀死或者遗弃男性幼少儿、长女和不满三岁的幼儿，除非能够证明他们属于怪胎并且在行使权力时邀请邻居作为证人。① 此后，宗教继续发挥着重要作用。家父权在这方面的"崩溃发生在最后一个时期并受希腊的影响，同新的基督教精神不期而遇。"② 与此同时，罗马城邦国家的专制权力也不断增强，公共权力开始了和家父权的争夺，最终彻底废除了家父的生杀权。对家子犯罪的处罚也让位于公共权力，针对家子的"移交罪犯权"也被优士丁尼废除，仅将其保留适用于奴隶。

早期罗马法中，家父有出卖家子的权力，可以将家子出卖为奴。不过，使被出卖的家子处于奴隶境地的买卖早就不存在了。这种出卖逐渐被认为只是使家子处于"受役状态"，被称为"准奴隶"。处于受役状态的被出卖的子女在很多细小的方面不同于奴隶地位，他们只是被中止了自由人的权利，如果他们得到解放，这些权利将重新恢复。③ 即便如此，家父也不能滥用其出卖权，立法开始干预家父的出卖权。如《十二表法》中就规定："父如三卖其子，子则可以由父权之下解放出来。"这一规定使家父滥用出卖权产生对家子有利的后果，家子因而获得自由。虽然此规定在《十二表法》公布前就已经由于法学家的机智而成为家父自愿给予家子自由的方式，但其初始时则为对家父出卖权的限制。因为，家父权不触及公法，父与子在公共权力面前具有相同的地位，城邦逐渐不再能容忍家父对家子的出卖在其内部产生过于严重的后果。

早期罗马法中，家子的地位如同奴隶。伴随家父对家子人身支配权的限制和宽松，家主对奴隶的支配权也出现了一定程度的软化，随意杀死自己或他人的奴隶，以及虐待奴隶的行为受到了立法限制和惩罚。这一方面是由于受到伦理和人道主义精神的影响④，另一方面也是出于稳定和巩固城邦安全等政治利益的考虑。

---

① 参见 A. Burdes MANUALE DI DIRITTO PRIVATO ROMANAO，UTET 出版社 1985 年版，第 263 页。
② ［意］彼德罗·彭梵得著：《罗马法教科书》，黄风译，中国政法大学出版社 1992 年版，第 127 页。
③ ［英］巴里·尼古拉斯著：《罗马法概论》，黄风译，法律出版社 2000 年版，第 67 页。
④ ［意］彼德罗·彭梵得著：《罗马法教科书》，黄风译，中国政法大学出版社 1992 年版，第 133—134 页。

### （二）家父财产权力松动下的个体诞生

家父人身权力的严酷性逐渐削减着。但是，父对子财产所有的权利，则是始终毫不犹豫地被行使到法律所准许的限度之内。而且，梅因认为，家父权真正难解之处正在于父的这些财产特权被剥夺得如此之慢，以及在于在这些特权被大大地缩小之前全部文明世界都被引入这些特权范围之中。[①] 不过，家父权在财产领域的限制和松动仍然缓慢而执着地发展着。个体主体性的凸显正是集中体现在特有产的拥有以及对特有产支配中所体现出来的意志之上的。因为，自由意志是民事主体的标志，而财产是意志的外在显现。

根据家父是家庭财产权利唯一的所有权主体的纯粹原则，家子不能拥有任何财产。但是，说是基于父对子的慈爱也好，还是为了让作为智能工具的家子能够更好地进行活动也好，家父常常给家子一些数量不多的财产，即特有产。罗马共和国中期以后，特有产制度逐渐发展起来，并形成父予特有产、军营特有产和外来特有产等类型。对父予特有产，家子可以根据自己的意愿自由管理和享用，但不能将之赠与他人。因为，把特有产设立为一项法律制度，只是为了将家父对家子达成的债务责任限定在特有产的总额范围之内。[②] 因此，特有产在法律上仍然归属于家父，家父可以随时收回。只有在家子脱离父权，而家父未要求归还时，此特有产才归属于脱离父权的家子所有。[③] 这是父予特有产在法律上的状态，但是，在事实上，特有产一般被看做是儿子的私人财产，父亲一般不去干预它，在订立遗嘱时也会考虑它的存在。[④]

奥古斯都时期出现了军营特有产。家子可以通过遗嘱处分军营特有产，家父无权进行剥夺。而且，虽然父与子之间一般不能缔结买卖契约，由此形成的债被纳入纯自然债的范围，在民法上不具有效力。但是，父与子可以缔结买卖有关军役特有产的契约。因而可以说，军营特有产在所有的意义上都归儿子所有，此原则并在君士坦丁时期扩及"准军营特有产"。此外，君士坦丁还颁布一项谕令，"对于处于父权之下的子女因继承母亲的遗产而获得的财产，父亲仅享有用益权，财产所有权属于子女。"[⑤] 但是，子女只能在父亲死后才能享

---

① ［英］梅因著：《古代法》，沈景一译，商务印书馆1959年版，第81页。
② ［意］彼德罗·彭梵得著：《罗马法教科书》，黄风译，中国政法大学出版社1992年版，第130页。
③ 黄风著：《罗马私法》，中国政法大学出版社2003年版，第149页。
④ ［英］巴里·尼古拉斯著：《罗马法概论》，黄风译，法律出版社2000年版，第68页。
⑤ 见优士丁尼《法典》6，60，1pr. 第229页。

有所有权，其间归父亲享用。此项财产被称为"外来特有产"。子女对外来特有产的权利虽然在父亲生前处于一种期待状态，但这种期待权使子女对外来特有产享有真正的所有权。

随着特有产制度的发展，家子逐渐积累起了数量显著的财产。虽然有些特有产在法律上归属于父亲，有些在父亲生前由父亲用益。但是，特有产，尤其是军营特有产和外来特有产使家子享有了一定的财产利益，并在事实上成为了真正的所有权人。不过，此时我们还不能据此认为家子基于特有产的利益享有而具备了成为民事主体的条件。因为，权利虽然是以利益为内容的自由，但民事主体的标准不在于单纯的利益的享有，而在于自由意志的拥有。家子虽然拥有一定数量的特有产，但其尚不能以自己意志对外与他人交易，不具备成为真正的民事主体的条件，但为家子成为独立民事主体奠定了物质基础。

首先，家子可以就军营特有产、准军营特有产和特殊的外来特有产与家父缔结契约。契约是自由、平等的工具，父子间契约关系和契约效力的承认已经打破了一直以来子从属于父的状态，使家子可以像一个独立的人那样与家父缔约，这在一定范围内肯认了父与子的双重人格和地位平等。

其次，由家子代表家父同第三人发生的债务关系中，不是由家父对第三人负债，而是家子自己负债。虽然罗马裁判官为了便利于贸易的发展而在某些情形下对家子自负其债的原则做出了一些变通而让家父负全部责任。但是，在与特有产有关的"特有产之诉"、"分配之诉"、"转化物之诉"中，家父的责任仍然受到限制。而且，在任何情况下根据有关适法行为对于家子提起的诉讼，家子都不能因为裁判官准许对家父起诉而被排除在诉讼之外。[①] 由此可见，在家子与第三人发生的债的关系中，除特定情况外，家子无论如何都要对其参与的债务承担一定的责任。依照罗马法的过错责任原则，责任是意志的结果。家子责任的承担显示其已经具备了成为民事主体的某种能力，特有产成为其承担责任的物质担保。

再次，特有产虽然在法律上归属于家父，但家子却以自己意志管理和享用特有产。"权利是个人在社会中自主地位的标志"，[②] 这种个人的自主地位体现

---

① 参见〔意〕彼德罗·彭梵得著：《罗马法教科书》，黄风译，中国政法大学出版社1992年版，第137—139页。

② 葛洪义著：《探索与对话：法理学导论》，山东人民出版社2000年版，第168页。

在"人类与外在自然界，个人和他人，个人与社会的关系中，人类和个人具有的相对独立性和自主性"上。① 家子虽然享有基于特有产产生的利益，但此特有产在法律上仍然归属于家父。诚如黑格尔所言："人唯有在所有权中才是作为理性而存在的。"② 法律上所有权的否认意味着家子的意志还不具有在外在世界的支配对象，权利的非现实性否认了家子在法律上的独立主体地位。但是，以保护家父权下家子正当权益的特有产制度，在削弱着家父权和促成古老家庭制度不断瓦解的过程中，家子逐渐具有了自由意志而脱离家庭的庇护。虽然特有产还没有使家子成为真正的民事主体，但是我们可以说，特有产为家子参与交易成为独立的个体提供了可能。正是在对特有产的享用和管理中，家子的自由意志开始有了一定程度的外在显现，其个体的主体性也逐渐凸显出来。

在家子的个体主体性因特有产的出现而逐渐凸显的同时，奴隶也因特有产的拥有使其地位发生了某种改变。奴隶的特有产主要来源于其生活费用结余的积蓄，此外还包括主人的赏赐和他人赠与。奴隶特有产同家子特有产一样，其在法律上的所有权归属于主人。因而，奴隶就特有产与第三人发生的债权债务关系的法律后果由主人承担。也就是说，奴隶对由此产生的债务并不自己负责。这一点不同于对家子负债的规定。也由此显现出奴隶在就特有产承担责任方面其主体性弱于并晚于家子主体性的发展。但是，特有产在习俗中仍被认为属于奴隶所有，这为奴隶独立进行民事活动提供了可能。而且，奴隶可以以自己的特有产来赎买其身。在罗马帝国时代，人们甚至允许奴隶对在此情况中违反信义的主人提起诉讼。③ 从这一点上看，特有产对奴隶而言具有更重要的意义，它可以使奴隶摆脱受役状态而成为自由之身。而自由人的身份是罗马法上最重要的身份条件，自由也是民事主体基本和首要的标准。

此外，奴隶受役于主人的状态使其在罗马法中被视为是物的存在，不具有民事主体资格。因而，奴隶与主人及与其他人之间缔结的契约都属于自然债务。但是，对自然债罗马法同样赋予了较大效力：凡当自然债同纯市民法债的

---

① 葛洪义著：《探索与对话：法理学导论》，山东人民出版社 2000 年版，第 168 页。

② ［德］黑格尔著：《法哲学原理》，范扬、张企泰译，商务印书馆 1961 年版，第 50 页。

③ ［意］彼德罗·彭梵得著：《罗马法教科书》，黄风译，中国政法大学出版社 1992 年版，第134—135 页。

原则发生矛盾并且由于该原则而使自然债不产生或归于消灭时，债权和债务丧失民法效力，债权人没有要求清偿的诉权。① 自然债作为基于社会需要和社会意识强加给立法者的债，虽然没有诉权，但仍有约束效果。奴隶与主人之间的契约关系被视为自然债，反映了社会现实中承认奴隶为"人"而非纯粹的"物"，为奴隶成为民事主体奠定了现实基础。

由此可见，家子特有产和奴隶特有产的产生与出现开始了削弱家父财产权力的探索和实践。伴随着家子与奴隶特有产在数量上的增长及特有产制度的进一步发展，从家父财产权中逐渐分化出家庭成员的个人所有权。于是，家子和奴隶通过特有产首先在社会生活中，进而在法律上成为财产所有权人。家子和奴隶在行使个体的支配性的所有权过程中，其个体意志得以表达，自由得以解放，逐渐走向个体的存在。正如梅因所言，"通过罗马法的纪年史，我们可以看到有关一个古代制度逐渐被摧毁以及把各种材料再度结合起来而形成各种制度的几乎全部的历史"，在这一历史发展运动过程中，"其特点是家族依附的逐步消灭以及代之而起的个人义务的增长。'个人'不断地代替了'家族'，成为民事法律所考虑的单位"，开始了人类"从身份到契约的运动"。②

在财产由家父所有逐渐变成家庭成员个体所有过程中，财产所有权日益走向私有化。在财产的个体化或私有化过程中，血亲意识越来越减弱，财富观念逐渐产生并不断加强，而财富观念的产生和加强又加剧了私有化过程。③ 因此，在财产和财产权观念中，我们能够发现和探寻到整个罗马法时期民事主体发展的演进历程。对此，学者的总结可谓十分到位："关于社会和人，财产揭示了许多。这句话表达了一种复合思想。第一，对于所有的社会，如果人们如实地描述社会中存在的财产制度，这种描述便揭示出那个社会某种重要的东西。第二，对于每一个社会，如果人们描述一个人拥有的东西，这种叙述便揭示出那个人的某种重要的东西。"④

---

① ［意］彼德罗·彭梵得著：《罗马法教科书》，黄风译，中国政法大学出版社1992年版，第299—300页。

② ［英］梅因著：《古代法》，沈景一译，商务印书馆1959年版，第95—96页、第97页。

③ 武步云著：《人本法学的哲学探究》，法律出版社2008年版，第45页。

④ ［美］斯蒂芬·芒泽著：《财产理论》，彭诚信译，北京大学出版社2006年版，第129页。

## 第二节 中世纪教会法和世俗法中的民事主体

蛮族入侵灭亡了罗马帝国的统治,也葬送了古老的城邦文明和市民法文化,代之以日耳曼的蛮族统治,之后开始了漫长的中世纪。整个这一时期,以庄园制度为主导的生产方式形成了自给自足的封闭生产模式,城邦文明被农业文明取代,经济上整体处于不活跃状态,但仍然存在一些商品经济因素,这就具有了民事主体滋生的土壤。但是,世俗与教会的斗争形成了多元的政治格局,且谁也战胜不了谁。多元均势斗争的结果便是妥协和共存。于是,世俗和教会划分了各自的领地,并在自己的领地范围内各自立法而行使着统治权。于是,人被分割为俗界与灵界,并处于世俗法与教会法的共同管理下,民事主体也获得了二者的双重规范。

### 一、中世纪教会法中的民事主体

教会本属于管辖灵魂等事务的精神性团体,但是,对世俗政治斗争的参与却使其同时成为一个政治团体,并通过对俗世事务的管辖权而拥有了立法的权力,从而使俗世之人在婚姻、继承、契约等方面处于教会法的管辖之下,形成了民事主体在教会法中的地位。而且,如果说罗马法中的民事主体伴随着家父权的衰落由家族主体最终转向个人主体,并使个人主体占据主要地位,团体性的主体只是少数的话,则中世纪教会法中的民事主体更多地体现为团体。团体的主体性可以说是中世纪教会法中民事主体的最大特点。

#### (一) 团体本位下的教会社团主体性

谈及中世纪,不可避免地首先想到基督教。确实,"在任何一个社会,即便是最发达的社会,都存在对超验价值的共同信仰,存在对一个终极目的的共同信奉和关于神圣事物的共同观念。"① 这种超验价值信仰的对象和内容在东西方或许有差别,但没有差别的是对超验价值信仰的存在。在整个西方社会的历史中,宗教一直是其超验价值的共同信仰。只不过在相当长的时间内,人们一般以灵魂和自然力为信仰之神。基督教产生之后,上帝才成为唯一的、普遍

---

① [美] 哈罗德·J. 伯尔曼著:《法律与宗教》,梁治平译,中国政法大学出版社 2003 年版,第 40 页。

的存在，满足着人们的信仰需要。而且，诚如伯尔曼在其名著《法律与革命》中所指出的，"所有社会的法律都从它以外的某些东西获得权威性"。① 从公元四世纪罗马皇帝们皈依基督教开始，基督教作为西方超验价值的共同信仰不仅对各个时代的法律提供了某种权威性的指引，而且，11 世纪末和 12 世纪初，教会更是获得了独立于世俗权威的法律地位。格列高利改革更是使教皇领导下反对世俗权威统治的革命达到高潮，并"从中产生出一个有形的、团体的和等级制的教会，一个独立于皇帝、国王和封建领主，只服从于罗马主教绝对专制权威的法律实体。"② 教会作为团体性的民事主体开始发挥重要作用。

教会作为社团性的民事主体，早在罗马皇帝们皈依基督教之后便已经是一个社会现实。因为，只有具有民事主体资格，教会才可以享有财产权和缔结契约的权利，才可以接受赠与和遗赠，才可以对外进行法律行为。所以，即使在基督教处于世俗权威统治之下时，教会也急切地想得到社团性的主体资格。进入中世纪之后，不仅单个的教会、修道院等继续沿袭其社团性的主体资格，整个教会也成为社团性的法律实体。不过，在社团主体资格获得上，中世纪的教会法却在很大程度上摒弃了罗马法时期的团体观念而继受了日耳曼法中的团体观念。在罗马法中，单纯的社团本身并不能据此获得法律上的社团人格，除国库、城市和教会等公共社团外，必须取得政治当局的确认才能获得社团资格。而日耳曼法中，社团被认为是一种具有集团人格和集团意志的伙伴关系，这种伙伴关系性质的主体资格可以无需其他权威的认可，集团内部的共同意志就可以产生社团的主体资格。

在继受日耳曼团体观念基础上，中世纪的教会法否认社团民事主体资格的政治权威认可，社团性存在本身即可获得民事主体的资格。因此，任何具有必要的机构和目的的人的集团，如救济院、医院、学生组织、主教管区、整个教会等都可以成为社团性的主体。教会法之所以在社会主体资格获得问题上选择日耳曼法而摒弃罗马法，是教会凌驾于世俗权威之上的必然选择。我们无法想

---

① 〔美〕哈罗德·J.伯尔曼著：《法律与革命》，贺卫方、高鸿钧、张志铭、夏勇译，中国大百科全书出版社 1993 年版，第 19 页。

② 〔美〕哈罗德·J.伯尔曼著：《法律与宗教》，梁治平译，中国政法大学出版社 2003 年版，第 48 页。

象，一方面教会否认世俗权威的至高无上地位，另一方面却在其法律中规定团体人格需要世俗权威的认可。

与上述团体观念对应，日耳曼法中的团体本位在教会法中也有体现。依照日耳曼的团体本位观念，"个人行使权利和承担义务不以个人的意志为依据，要受到团体的约束。""团体与个人相互依存、互为目的，两者相互协调而存在。团体的单一权与成员的个别权是相互结合的。"① 作为团体本位的体现，教会虽然作为一个团体性的法律实体而存在，但是，社团本身并不完全具有独立于其成员的意志。很多情况下，教会法要求其成员的同意。因为，如果说意志是主体性体现的话，社团首脑要借助于成员整体而行为，意味着中世纪的教会法否认社团不能具有与其成员拥有者相区分的意志，教会社团的团体人格是一种由成员构成的集团人格和集团意志。也就是说，教会在法律上虽然被作为"一个人"对待，但是，社团并没有构成一个真正独立于其成员的抽象实体，教会社团作为团体人格没有达到像我们现在的法人主体那样的高度，教会社团的法律实体并不具有多少人为性或"拟制性"。②

教会的社团人格为教会拥有大量财产奠定了基础。教皇革命之后，教会的财富拥有量更是显著增加。整个中世纪的财产是以土地为核心的，教会财产中也有相当大数量的土地。这些土地大多是通过赠与获得的。教会对所获赠的土地享有土地保有权。而且，在赠与人取得其上级封建主的同意和特许后，被赠与土地上的各种封建义务随即被解除。因此，通过自由施舍土地保有制度，教会由此成为不承担任何封建义务的土地的权利人。土地和其他财产等一并成为教会社团所有权的对象。不过，由于教会财产多是由赠与获得的，赠与人在实施赠与时往往具有特定的目的，其财产多是为着特定目的的财产。捐献财产的目的性要求教会作为土地和其他财产的权利主体必须将这些财产用于特定的目的。因此，教会作为社团虽然对捐助财产享有所有权，但其地位实际上相当于信托中的受托人。同时，捐助财产的目的性使得土地、金钱、其他财产等与该特定目的结合后成为一种人格化的存在，相对于人的集合体的财团法律实体得以形成。由此，"一所医院、救济院、教育机构，或者一个主教管区或修道院

---

① 何勤华、魏琼著：《西方民法史》，北京大学出版社2006年版，第151页。

② ［美］哈罗德·J. 伯尔曼著：《法律与革命》，贺卫方、高鸿钧、张志铭、夏勇译，中国大百科全书出版社1993年版，第750页注释45。

都可以不仅被视为一种人的社团，而且被视为一种财产的社团。"①

**（二）教会世俗政治实体衍生的教会立法权**

教会法中的民事主体首先与教会的立法权有关。问题是，教会本身是一个精神性实体，管辖与灵魂有关的事务，但其为什么有权力立法呢？这个问题与教会的性质有关。中世纪的教会不仅本身是一个统辖和控制人的精神领域的实体和一个社团性的法律实体，更是一个能够管辖俗世事务的世俗政治实体。不过，基督教政治实体地位的确立和稳固呈现出动态的发展过程。

日耳曼人的铁骑击碎了罗马帝国曾经一度的不可一世，也葬送了古希腊罗马的辉煌文明，开始了蛮族的蒙昧统治和基督教的精神控制。虽然帝国的衰亡使人们只能到基督教的神话中寻找被毁灭的希望和精神寄托，但基督教俗世权威的确立并不是一蹴而就的。在教皇体制革命之前，教会整体上处于世俗政治体的统辖之下。也就是说，"灵界与俗界的关系一直是一种不同权威相互重迭的关系，皇帝和国王们召集教会商讨和颁布新的神学信条和教会法律，而教皇、大主教、主教和教士们的任职系由皇帝、国王和领主们授予。"② 1075 年，教皇格列高利颁发《教皇敕令》，宣称教皇是所有人的唯一法官，在法律上凌驾于所有基督徒之上。教皇不仅统治教会，世俗统治者也要服从于教皇的统治。此后，经过 45 年的授职权之争，教会最终确立了独立于世俗的统治。

在教会内部，罗马主教取代皇帝，从"圣彼得的代理人"成为"基督的代理人"，作为教会的首脑统辖着灵界，并在整个教会中具有至上权威。如同教会社团由教皇作为首脑一样，每个大主教或主教管区社团、修道院也都有自己的社团首脑。除枢机主教由教皇任命外，主教和修道院院长分别由大教堂教士会和修道院修士选举产生。这些社团首脑虽然处于教皇的权威之下，是教皇统治教会的有力助手。但是，每个社团首脑在自己的教区内具有最高的统治权。教皇、大主教、主教、修道院院长、教士等形成一个等级化的教阶体系。同时，在其周围围绕着其所辖区内的各种官员，形成了大主教和主教行政系统，辅助和制约着大主教和主教权力的行使。在教会最低层级的教区也有教士

---

① ［美］哈罗德·J. 伯尔曼著：《法律与革命》，贺卫方、高鸿钧、张志铭、夏勇译，中国大百科全书出版社 1993 年版，第 296 页。

② ［美］哈罗德·J. 伯尔曼著：《法律与宗教》，梁治平译，中国政法大学出版社 2003 年版，第 49 页。

管理教会精神事物和教区财产。一个等级化的教会官僚机构也由此形成。用伯尔曼的话来说，就是"一种形式化的、法律上的官僚结构被创造出来"。① 教会不再仅仅是一个精神实体，更是一个政治实体。作为政治实体，教会剔除了世俗权威的宗教职能，独自挥舞着精神之剑，行使着与永恒生活相联系的精神共同体所拥有的精神权能。同时，教会也不想放弃和退出对世俗生活的影响和统治，它还要行使世俗权能。当然，世俗的统治者也不会轻易放弃对世俗的统治。抗衡的结果是妥协，于是，社会一分为二，由教会权威和世俗权威共同统治。这样，依靠共同的精神传统、共同的教义和共同的礼拜仪式而统一起来教会政治实体需要一套规则管理和支配教士和僧侣的生活，并实现对某些领域俗世事务的管理，即"有形的、等级制的和团体的罗马天主教会需要一个系统化的法律"。② 实际上，教皇改革时，格列高利七世就已经通过主张教皇具有"根据时势需要而创制新法律"的权力，来宣称教会的立法权了。③ 教会凌驾于世俗权威之上的结果必然使教会政治实体享有最高的立法、行政和司法权。

**（三）由俗世事务管辖权造就的教会法民事主体**

教皇、大主教、主教等教区首脑在教会和教区内享有的至高无上权威，包括最高的立法、行政和司法权威并不是来源于他们是教皇、大主教、主教的圣职，而是来源于管辖权。"管辖权是作为社团性法律实体的教会所授予的一项权力。""通过管辖权，每一位主教在他的管区之内具有从属于教皇的最高立法、行政和司法权威，正如教皇通过管辖权而在整个教会内部拥有最高的立法、行政和司法权威一样。"④ 正是基于对不同事务的管辖权，在教会法内部又形成了教会婚姻法、教会继承法、教会财产法和教会契约法等次级法律体系。教会法中的民事主体正是在这些次级法律体系中获得存在和被规范的。由于教会管辖权的限制，教会法所规范的民事主体主要集中在婚姻、继承、财产和契约领域。财产和契约领域的民事主体除上面谈及的社团和财团主体外，没

---

① ［美］哈罗德·J. 伯尔曼著：《法律与革命》，贺卫方、高鸿钧、张志铭、夏勇译，中国大百科全书出版社1993年版，第263页。

② ［美］哈罗德·J. 伯尔曼著：《法律与宗教》，梁治平译，中国政法大学出版社2003年版，第50页。

③ ［美］哈罗德·J. 伯尔曼著：《法律与革命》，贺卫方、高鸿钧、张志铭、夏勇译，中国大百科全书出版社1993年版，第250页。

④ 同上书，第256页。

有更多的内容，因此，仅就婚姻和继承中的民事主体进行阐释。

查士丁尼关于"婚姻或结婚是男与女的结合，包含有一种彼此不能分离的生活方式"的定义已经包含婚姻中神法与人法结合的因素，① 教会更是认为婚姻是由上帝亲自建立的圣事，是上帝与人合作创造新的生命。教会对圣事的管辖权使教会对俗人的婚姻享有全面的管辖权。教会婚姻法中在民事主体方面较有特色的规定主要体现在以下几方面：

首先，婚姻"同意原则"凸显了婚姻当事人双方的自由意志。罗马法早期，家父对家子的婚姻有绝对的决定权，但在后期的发展中，已经基本形成婚姻当事人的同意原则。教会法在继承罗马法后期"婚姻同意"基础上，进一步确立婚姻成立的"同意原则"。"同意原则"的确立既使婚姻双方的自由意志得以凸显，子女人格进一步脱离家长的专制，尤其是女性的婚姻自主受到重视，又通过婚姻双方自由意志成为婚姻有效条件的规定，使非基于自由意志的胁迫、欺诈成为法律救济的原因，婚姻主体的自由意志得到立法保护。

其次，女性在婚姻中获得更多保护的同时，其主体性愈加显现。虽然依照《圣经》，丈夫是妻子的头脑，妻子应当服从丈夫。但是，"上帝面前婚姻当事人平等"的观念使得教会婚姻法要求丈夫爱自己的妻子，一定程度上使妻子得到更多的保护。妻子的财产由丈夫管理是教会法和世俗法共同的原则，但教会法在吸收罗马人和日耳曼人因素基础上，形成寡妇产制度。寡妇产的目的在于保护寡妇的生活，但现在看来，其意义更在于通过寡妇产的拥有，使寡妇成为所有权的主体。

再次，奴隶和农奴婚姻合法性的承认使他们获得婚姻的主体资格。罗马法中的奴隶没有缔结婚姻的能力，但现实中奴隶却有婚姻生活，由此形成法律与现实的分离，这也是罗马法非人性的体现。教会将婚姻建立在信仰基础上，而且，婚姻同意既然是成立婚姻的条件，则奴隶和农奴基于信仰而作出的婚姻同意同样应该产生婚姻的效力。因此，教会法承认了奴隶和农奴的婚姻能力和婚姻的有效性。

除对于婚姻的管辖之外，教会另一个比较重要的管辖内容就是继承。订立

---

① ［罗马］查士丁尼著：《法学总论——法学阶梯》，张企泰译，商务印书馆 1989 年版，第 19 页。

遗嘱在教会看来是一种宗教行为，遗嘱则是一种宗教文件。① 通过遗嘱，立遗嘱人在其死后才可以获得不死的灵魂和未来的肉体幸福。而无遗嘱而死亡，则灵魂和肉体无法获得救赎，是一个人的罪孽。由此，教会对遗嘱继承和无遗嘱继承都享有管辖权，并发展出教会继承法。在教会继承法中占有重要性的是遗嘱继承。遗嘱能力是民事主体的重要资格之一，有无遗嘱能力在很大程度上代表着一个人是否具有主体资格。教会法在这方面远较罗马法时期进步，除了某些特定的无遗嘱能力人外，其他所有人都具有遗嘱能力。一般而言，男子满14 岁，女子满 12 岁，如果没有其他丧失遗嘱能力的情形，他们都享有订立遗嘱的能力。其中，农奴和已婚妇女遗嘱能力的获得代表了教会法的进步。

在中世纪下层的社会关系中，需要区分两种隶属形式：对一个人的人身有影响的隶属形式，以及只对其作为一块土地的持有者有影响的隶属形式。② 处于前一种隶属形式下的是奴隶，处于后者之下的是隶农，即农奴。中世纪奴隶的数量较罗马时期有了很大减少，而且因生活方式的不同在其内部已经显现出很大的差别。一小部分奴隶如同罗马法时期一样，在法律上被视为人畜，列入动产。更多的奴隶定居在主人分配的佃领地上，靠自己的劳动产品生活，他们的法律地位逐渐接近于"自由"租佃人。③ 农奴被固附于土地之上，但他们却是自由人。被视作动产的奴隶在教会法中仍然被否认民事主体的资格，从而不具有遗嘱能力。但是，作为奴隶的隶农和农奴一样，他们也有一部分来源于主人赐予的财产。如果完全肯定其遗嘱能力，则可能损害主人的利益。但完全否认这些人的遗嘱能力又与教会法的原则不符。最终，教会法通过遗嘱检验使这一问题得以解决，即在遗嘱验证通过之前，主人有权选择是否要求其对死者遗产继承的权利，如果主人没有及时提出，则农奴的遗嘱处分具有完全的效力，农奴的遗嘱能力得以肯定。④

## 二、中世纪世俗法中的民事主体

与教会法并存的是世俗社会的法律秩序。但与日渐强大统一的教会政治体

---

① ［美］哈罗德·J. 伯尔曼著：《法律与革命》，贺卫方、高鸿钧、张志铭、夏勇译，中国大百科全书出版社 1993 年版，第 287 页。

② ［法］马克·布洛赫著：《封建社会》（上），张绪山译，商务印书馆 2007 年版，第 389 页。

③ 同上书，第 406—407 页。

④ 何勤华、魏琼著：《西方民法史》，北京大学出版社 2006 年版，第 219 页。

相比，世俗政治体则在相当长的时间内处于等级分割状态。如果按照马克·布洛赫将封建社会分为先后两个阶段的话，则封建社会第一阶段的交通和通讯状况也难以建立有效而统一的世俗政治权威。还是借助于教皇革命而形成的教会与世俗两分才使地域性的王权直接行使统治权，而不再通过封臣而治。但王权尚未强大到消灭或取代其他世俗政治体的程度。于是，多元的世俗权力格局对应形成了多元的世俗法秩序。在多元的世俗法秩序中，不同的人可能处于不同的法秩序管辖之下，甚至同一个人可能处在多种法秩序之下。而且，与教会对灵界和精神事务的管辖相比较，世俗法更注重俗世的物质性，因而财产问题始终是世俗法的核心。

**（一）由臣服和效忠形成的采邑占有权主体**

土地在中世纪社会的经济生活和个人生活中都占据重要地位，中世纪的民事主体也主要是围绕土地而展开的。但是，在中世纪相当长的时期内并不存在现代的所有权概念，也没有形成真正的土地所有权制度，而是形成了与委身制和封土封臣制相适应的土地占有关系。在层层的土地占有关系中，每一层的土地占有者都是一个土地权利人。这种层层土地占有关系的形成与日耳曼的统治有着密切联系。

1. 采邑的形成及性质

日耳曼社会同样是一个等级社会，仍然是一如既往的依等级身份分配社会资源，尤其是土地资源。因此，除日耳曼王国初期曾经存在的马尔克公社土地所有制之外，依身份等级分封土地成为主要的土地制度。随着日耳曼王国的不断征服和扩张，国王需要对被征服的地方行使统治权，但王权的衰微又无力实现。同时，征战的有功之臣又要赏赐。于是，国王就将被征服土地的一部分封授给贵族和亲兵。受封的贵族、亲兵等在受封地范围内享有绝对的权威，那些没有土地的自由民为了维持生存往往寻求这些受领封地的封建主的保护。即使一些拥有少量土地的自由民也不得不同样寻求封建主的保护。这样，委身制开始盛行。但是，委身制的发展使封建主的权力不断扩大，影响力不断提升，王权面临威胁。因此，为了加强王权的权威，墨洛温王朝后期开始推行改革，土地封赏不再是无条件的，受封者要向国王承担服兵役、缴纳税收等义务。而强大和弱小总是相对的。在中世纪动荡不堪的社会中，家族关系纽带不再能够为个人提供足够的保护，式微的王权也无力承担起保护其国民的责任。因此，可以说，除国王以外，任何人都需要保护。于是，弱小之人寻求强大之人的保护，强大之人也要寻求更强大之人的保护。一种脉络纵横交错地贯穿于社会各阶层的庞大的人际关系体系开始形成。① 起初，由这种依附而形成的保护和被保护关系还仅仅是作为一种社会现实而存在。后来，国家政权开始有意识地利用和推行这种保护关系来加强与臣民的联系，并以敕令规范领主与附庸之间的权利义务关系，使他们之间的关系具有了一定程度的稳定性。

在受到规范的领主和附庸关系中，附庸臣服和宣誓效忠于领主，并向领主履行役务，而领主不仅要保护附庸，还要对附庸的役务给以酬劳。"对附庸的役务有两种酬劳方法，领主必须选择其一。一是将附庸豢养于家中，供其衣食并出资为其提供装备；一是给予附庸一份地产或提供一份固定的地产收入，供其维持生计。"② 我们可以将前一种附庸称为私家附庸，后一种附庸称为接受封地的附庸。早期私家附庸较普遍，但后来由于领主对私家附庸行使领主权可能面临一定的问题，而且，为庞大的附庸群体长期提供给养也不是一件容易的事情。因此，私家附庸逐渐减少，封地附庸逐渐增多。

采邑就是作为报酬由领主给予附庸的份地。既然是作为报酬，领取者就要向报酬给付者提供一种劳务或劳动，而不是如同买卖一样作为换取某件物品的对价。附庸作为采邑的领取人要向领主提供一定的役务，而这种役务不是任何人都能做的。也就是说，这种役务具有一定的专门性和人身性，而这种役务的具体内容则在很大程度上取决于不同的习惯和传统。因此，采邑作为一种报酬形式，它"是一种转让的财产，它所换取的不是支付某件东西的义务——即使有必要，也只是在次要方面——而是做某事的义务。"③ 除作为酬劳的采邑外，有时一些寻求保护的土地拥有者主动将土地献给领主，再由领主将其土地返还给附庸。一献一返，土地的所有权已经发生了改变，领主成为了土地所有人，而曾经的土地所有人则变成采邑持有人。他不仅失去了土地，还要承担由此而产生的各项役务。

早期的采邑是不能继承和转让的。不过，采邑不能继承的性质很快就与附庸家族的利益需求产生了矛盾。前面我们说过，采邑是作为附庸人身役务的酬

① ［法］马克·布洛赫著：《封建社会》（上），张绪山译，商务印书馆2007年版，第254页。
② 同上书，第275页。
③ 同上书，第280页。

劳而赏赐给附庸的，附庸除将采邑的地产收入交付给领主之外，还要依靠其地产收入维持家族的生存，并积累家族财产。而且，产生采邑的人身依附关系虽然是作为已经不再充分发挥作用的家族连带关系的替代物或补充物而载入史册的，① 但家族关系从未真正在中世纪消失过。附庸与其家族的联系不仅建立了附庸与采邑地的关系，也建立了其家族与采邑地的关联。也就是说，"薪俸性质的土地佃领权使附庸关系附属于土地，不可避免地使之附属于家族群体。"② 家族，尤其是附庸后代对采邑地的期待成为现实需求。而且，在一个家族关系纽带仍然强大的社会中，家族的效忠要远远强于个人的效忠。于是，采邑向继承方向发展，采邑逐渐成为了附庸的世袭财产。不过，应当注意的是，采邑的继承并不是像一般财产继承一样是随着被继承人的死亡而自然发生的。采邑毕竟是臣服和效忠纽带的产物，采邑即使可以继承也必然伴随附庸后代的臣服和效忠以及领主的受封仪式。也就是说，"采邑的占有从未由于先前持有者的死亡而实现自动传递。但是，除了某些严格规定的情况，假如自然继承人实际已行臣服礼，那么领主无权拒绝为他举行封地仪式。在这个意义上，继承权的胜利是各种社会力量对一种过时权利的胜利。"③

　　伴随着采邑成为世袭财产，它也成为转让的对象。就采邑的性质而言，它是附庸人身役务的报酬，在法律上的权属仍然归于领主，因此，采邑是绝对不能转让的。但是，采邑的财产性质，尤其是采邑的世袭化更使得附庸及其后代们认为采邑是属于他们的财产，自由处理属于自己的财产似乎成为情理之中的事情。于是，采邑全部或部分转让成为现实。如果说采邑作为臣服和效忠的结果，在采邑部分转让时，附庸与领主之间的臣服和效忠关系还依然存在，而采邑的全部转让则实际上更换了效忠的附庸。因此，在转让采邑时一般要得到领主的同意，并再次履行效忠和受封仪式之后才发生采邑的转让。当然，须经领主同意而转让采邑的原则很快进入了普遍恶化过程，最终的结局只是租佃权变更税的法律化。而且，有时领主为了使采邑在转让过程中保留在自己手中，不得不对购买者给予赔偿。④ 如同采邑的继承一样，采邑的转让使得

---

① ［法］马克·布洛赫著：《封建社会》（上），张绪山译，商务印书馆2007年版，第362页。
② 同上书，第314页。
③ 同上书，第312页。
④ 同上书，第341页。

领主的权威日渐衰落，但是相对应的则是附庸对采邑的经济自主权有了显著加强。

**2. 由臣服和效忠而产生的采邑关系中的人身依附**

作为报酬形式而形成的领主与附庸之间的关系绝非现在雇主与雇员之间的关系那样简单。附庸在领取采邑之前要表示臣服和效忠，并举行臣服礼和效忠礼之后才能通过封地仪式领取采邑。"封地仪式永远不能在臣服礼和效忠礼之前举行。造就效忠纽带的效忠礼是授予封地的必要条件。"① 也就是说，封地仪式使附庸获得了对采邑的土地占有权，而且，随着采邑制度的发展，采邑逐渐具有了可继承性，成为世袭财产。封臣还可以通过分赐采邑的形式转让采邑。采邑制度的这些变化使得封臣或附庸的经济自主性增加。但是，先于封地仪式举行的臣服礼和效忠礼则表明领主和附庸之间的人身依附关系是先在的和首要的。没有臣服和效忠不可能有采邑。"臣服礼一次限定一个人的终生，通常不能重复进行；而效忠宣誓则不同，它几乎是最平常的事情，可向同一人数度重复进行。""当两种仪式结合起来时，臣服礼总是在仪式中首先进行，这一事实说明臣服礼的头等重要性。使两个人紧密联系起来的是臣服礼。一言以蔽之，正是臣服礼中的行为才使附庸关系中的依附和保护的双重关系真正建立起来。"②

臣服和效忠使附庸处于领主的保护之下，在人身上依附于领主。虽然后期这些人身依附的内容因可以由金钱代替而有所缓和，但人身依附始终是存在的，而且可以说整个封建社会的特征就是人身依附关系的存在。诚如马克·布洛赫所言：在封建主义的词汇中，任何词汇都不会比从属于他人之人这个词的使用范围更广，意义更泛。它被用来表示人身依附关系，这种人身依附关系被应用于所有社会等级的个人身上，而不管这种关系的准确的法律性质如何。因为各社会等级之间虽然存在着一条鸿沟，但它所强调的是根本的共同因素：即一个人对另一个人的从属。③ 因为，在混乱而动荡的整个中世纪的封建社会，国家和家族关系无法为个人提供足够的保护的情况下，寻求强大之人的保护几乎成为所有人的唯一选择。

---

① ［法］马克·布洛赫著：《封建社会》（上），张绪山译，商务印书馆2007年版，第289页。
② 同上书，第251、252页。
③ 同上书，第249页。

弱小之人寻求强大之人的保护，强大之人寻求更强大之人的保护。但是，保护是需要付出代价的，被保护之人要从属于强大之人，即要在人身上依附于保护人。而且，对弱小之人而言，其寻求的不仅是保护，还要维持生存。对强大之人而言，其不仅要使弱小之人依附于他，还要通过他们控制和获得更多的财产。所以，人身依附关系不可避免地与经济关系相连。在交换经济不发达、货币短缺的社会条件下，附庸对领主的人身依附必然要落到采邑土地上，并通过采邑地的赏赐维持附庸对领主的臣服和效忠。于是，采邑成为人身依附关系的经济体现。一方面，领主对附庸的支配权力在采邑上体现为领主保留对土地及其地产收入的收益权。附庸要将采邑地产收入的相当一部分提交给领主。同时，因为采邑与附庸的效忠相连，效忠关系的存在与否将影响采邑。因此，一旦附庸违背效忠誓言，以及附庸或领主死亡，领主将收回采邑土地。另一方面，附庸对采邑土地享有一种实际占有的权利。因此，如果说领主和附庸之间是一种契约关系，领主与附庸之间的权利义务具有互惠性的话，则这种契约绝不是我们现代意义上的契约。因为这种契约所产生的是一种身份，即是一种获得某种身份的契约。① 这种身份契约所产生的当事人之间的关系不是平等而是不平等的，当事人的意志在契约中意义不大，权利义务的内容并不由双方的自由意志决定或改变，而是由习惯确定的。

### 3. 附庸的采邑土地占有权

在整个封建社会，可以说"所有的社会关系都是通过土地来体现，土地将人们紧紧联系在了一起，它直接涉及一个人的身份地位与生死存亡。而当时的法律还远未从社会生活的各个层面中独立出来，只是土地关系中的附属品。"② 纵横交错的人身依附关系也必然与土地相连，薪俸性质的采邑巩固和强化了领主与附庸之间的效忠纽带，也建立起了领主与附庸之间围绕土地而展开的经济关系。于是，在形成人身依附关系的前提下，附庸对领主封授的土地获得了采邑土地占有权，并由附庸实际占有，而采邑土地所有权在法律上归属于领主或者国王。但是，在一个从属于他人之人广泛遍布的中世纪封建社会，土地归属于谁并不是很重要的。人身依附关系的纵横交错更需要解决的

---

① ［美］哈罗德·J. 伯尔曼著：《法律与革命》，贺卫方、高鸿钧、张志铭、夏勇译，中国大百科全书出版社 1993 年版，第 379 页。

② 何勤华、魏琼著：《西方民法史》，北京大学出版社 2006 年版，第 186 页。

是层级之间就土地及其地产收入而产生的权利义务配置和平衡问题。因而可以说，在中世纪的封建法中，采邑土地的实际占有权是一个比所有权更为重要的概念。

附庸获得采邑土地占有权之后，可以基于对采邑地的实际占有有效对抗他人。"任何人都不能强行剥夺他的土地，他的动产，也不能违背他的意愿合法地加以没收——甚至他的领主也一样不能如此。"① 但领主与附庸之间围绕采邑而展开的并不简单地是土地权利义务关系，还有领主对附庸的保护与被保护关系，以及领主对采邑的管理关系。因而，附庸对采邑的土地占有权不可避免地受控于领主的经济支配权。"领主有权力进入采邑、监督采邑管理和提取采邑产品，封臣方面没有任何转让采邑的权利，以及领主有权力在封臣死后收回采邑。"② 后来，随着采邑向继承权的方向发展以及采邑的可转让性改变，使附庸对采邑的经济自主权增大，附庸对采邑土地的实际占有权成为封建法的重要内容。

由此可见，在领主与附庸之间形成的复杂关系中，既有附庸对土地的占有权等民事权利，又有领主的经济支配权等政治权力。法律关系和其他社会关系的混杂与复合必然使土地权利与政治权力结合。当然，随着社会的进一步发展，法律逐渐脱离政治，民事主体的权利也日渐摆脱政治权力的束缚。采邑虽然建立在臣服与效忠的人身依附关系基础上，但由此形成的领主所有权与附庸的实际占有权则一方面体现了土地权利与政治权力的结合，另一方面也体现了可分财产权的概念。可分财产权的概念意味着在一个土地实体上可能存在若干个权利，存在若干个权利主体，每个权利主体在自己的权利范围内行使和享有自己的权利。但权利的可分性也同时意味着存在冲突的可能，在土地权利与政治权力结合的情况下，这种冲突可能就更为复杂与必然。因此，可以说，"冲突的权利是土地本身固有的，土地被想象为一种法律实体；因此，在这样一种意义上，即，各种服务可以被要求从一块'从属的'土地转到一块'支配的'土地，可以说一块土地是'从属'于另一块土地的。事实上，土地不为任何人'所有'；它只是在阶梯形的'占有权'结构中为由下至上直到国王或其他

① ［美］哈罗德·J.伯尔曼著：《法律与革命》，贺卫方、高鸿钧、张志铭、夏勇译，中国大百科全书出版社1993年版，第378页。
② 同上。

最高领主的上级所'持有'。"①

**（二）下层依附关系中的农民佃领地占有权主体**

土地关系不仅发生在领主与附庸之间，也发生在领主与农民之间。作为领主地产的采邑一般采取庄园形式，并从 11 世纪开始成为欧洲主导的经济形式。庄园是一个自治的社会共同体，在这个自治的社会共同体中，扮演重要角色的是庄园主和既非自由农也非奴隶的农民。庄园主与农民之间同样是建立在依附关系之上的。因为，在一个以依附或从属为特征的社会中，这种依附关系不仅存在于上层社会的人群之间，也存在于下层社会的人群之间。而且可以说，在动乱的社会环境中，下层社会的人群更需要寻求保护而依附于他人。庄园主与农民之间的关系恰恰成为底层人群依附关系的反映。

相对于上层社会的封建贵族而言，农民既没有财产，也没有任何经济来源，他们为了生存只能将自己的劳动力奉献给其欲寻求保护的人，即庄园主，以此作为获取耕种庄园佃领地的代价。当然，庄园主也需要农民劳动力的提供来维持土地的正常耕种从而获取土地收入。于是，领主除保留一小部分自主地之外，往往将其他土地交付于农民耕种。这部分土地一般称为佃领地。农民利用耕种领主土地的剩余时间耕种佃领地，并对佃领地享有如同封臣的土地占有权，但农民要向领主提供役务、交付地租和其他税务。役务、地租和其他税务使得农民依附于土地之上，并通过土地的依附而依附于领主。但不同于附庸对领主的依附之处在于，附庸是先依附于人，尔后获得作为其提供役务代价的采邑。并且，附庸与领主之间的依附关系是通过臣服和效忠形成的，而农民和领主之间是先有土地关系尔后产生人与人之间的关系。而且，他们之间不存在臣服和效忠关系。虽然如此，农民对土地依赖的天然性仍然使得其对领主的依附牢不可破。领主恰恰是利用农民对土地的依赖和依附不断地要求农民提供劳役、地租和各种税务。

后期，随着农民阶级意识的增强、领主自领地的减少，以及货币流通程度的增加，农民逐渐以金钱支付代替劳役和其他义务。货币经济对庄园经济的渗入促成了领主和农民之间人身支配关系走向宽松。在中世纪时期，庄园经济之所以采取租佃制而不实行我们现在广泛采用的雇佣制，或者如同中世纪早期时

---

① ［美］哈罗德·J. 伯尔曼著：《法律与革命》，贺卫方、高鸿钧、张志铭、夏勇译，中国大百科全书出版社 1993 年版，第 388 页。

将劳动力豢养在家中的做法，主要是因为当时地多人少，货币经济不发达，领主没有条件以雇佣劳动力或豢养劳力开发数量极为庞大的领主自领地。因此，"对于领主而言，与其将所有的地块控制在自己手中，不如永远支配那些自食其力的依附者的劳动和资源为好。"①

### （三）依附于土地之上的农奴

如果说庄园中的农民仅仅是因依附于土地而依附于人的话，则在庄园中还存在着另一种"人"。他们不仅将自己依附于土地之上，而且将自己的人身出卖给庄园主。当然，这种人身上的"出卖"并非真正的以换取价金为目的的出卖，而只是表明他们的非自由身份。这些人即奴隶或称农奴。

中世纪的农奴在人格与自由上与罗马时期没有本质的区别，他们仍然没有自由，不具有法律上的人格，被视为主人的有生命的财产。庄园主可以随意地处分他们的人身、劳动及其财产。但是，农奴并非古代奴隶的后代，他们已经不再如同古代奴隶那样生活在奴隶主家中并直接由主人豢养而生活，而是如同自由的农民一样租种主人的土地，并以自己的劳动产品供养自己的生存，称之为"租佃奴隶"可能更确切些。他们的不自由和无人格是由于其对主人的人身依附而造成的。

农奴在人身上依附于主人并被束缚于土地之上，承担着繁重的役务和地租。但是，农奴对于庄园主的役务和地租不再是随心所欲和无止境的，而是由庄园法加以规定的。由此，农奴和庄园主之间的关系具有了权利义务的属性。后来，一方面由于基督教中所有人生而自由思想的推动，教会法中确立了否定奴隶制合法性的态度；另一方面领主从封臣以金钱地租代替役务和实物地租中获益，使人们认识到，未来财富的基础是征收地租和各种义务，而不是对大地产的直接剥削。获得权力的更有效手段是扩大对自由人即人民成员的保护，而不是拥有自身没有法定权利的奴隶。② 于是，在思想因素和经济因素的共同作用下，大批农奴获得解放。此外，农奴还可以用金钱赎买自己的人身而成为自由人。由此，农奴不再是主人的有生命的财产，而成为一个人，成为庄园共同体的一名成员，成为租户整体的一部分。③

---

① ［法］马克·布洛赫著：《封建社会》（上），张绪山译，商务印书馆2007年版，第400页。

② 同上书，第410页。

③ ［美］哈罗德·J. 伯尔曼著：《法律与革命》，贺卫方、高鸿钧、张志铭、夏勇译，中国大百科全书出版社1993年版，第407页。

### （四）农村和城市经济中的民事主体

如果说罗马法的成就是当时简单商品经济繁荣的反映的话，则罗马帝国衰亡被日耳曼人统治后，土地成为经济的中心，商品经济关系不再占据主导地位，但并不是说中世纪时期就不存在商品经济关系，只是商品经济关系的规模比较小而已。这种商品经济因素既存在于农村贸易中，也存在于城市革命中。在商品经济的发展中，民事主体和商事主体发挥着重要作用。

11 世纪之后虽然庄园成为主导的经济形式，但仍然并存着广泛的商业活动。也就是说，庄园经济并非是完全的自给自足的。一方面，随着农业的发展，土地的产出不断增加，庄园不再能完全消耗；另一方面，货币经济不断渗透到庄园之中，领主们在认识到金钱的好处之后，需要更多的货币储备。农村贸易日益发展，庄园在成为一个生产单位的同时，也参与到商品交易之中。当时的商人并不是像现在的商人那样居住在城市，而是居住在农村，从农村收购其所需商品后再贩卖到其他地方。农村贸易使庄园成为一个交易主体。

在农业发展的同时，农业人口的数量也不断增加。剩余劳动力和小贵族的子孙开始脱离庄园涌向正在形成中的城市而从事制造业或商业。这些人为城市的发展，尤其是城市贸易的发展注入了新鲜活力，并成为城市商业的中坚力量，也预示着一个新的阶层的形成。正如约翰·麦克所言："中世纪的欧洲社会是传统的、农业的、乡村的。和这些相异的一个新阶层的出现，导致了一场社会革命。这个新阶层就是商人和手工业者。他们来自农民。他们或者是大家庭中没有继承到土地的次子们，或者是被战争或饥荒从土地上赶出来，去寻找新的生存机会的人，或者是充满冒险精神、喜欢新生活的人。"①

不过，需要注意的是，在 11 和 12 世纪的欧洲，虽然政治、经济、社会、宗教和法律等多种因素促进了近代城市的兴起，但当时在城市人口中占据主要地位的是工匠和手工业者等生产者，而不是如皮雷纳所认为的商人是城市人口的主要部分。② 如果真是这样的话，则工匠、手工业者等生产者是城市贸易中的主要民事主体。当然，我们也不能忽视或否认商人在城市商业发展中的作

---

① John P. Mckay, D. Hill, John Buckler, A History of Western Society, Houghton. Company Press, 1987, p. 324.

② ［美］哈罗德·J. 伯尔曼著：《法律与革命》，贺卫方、高鸿钧、张志铭、夏勇译，中国大百科全书出版社 1993 年版，第 442 页。

用，或者否认其主体地位。只是说不能将城市出现和发展的经济因素完全归因于商业发展和商人阶层的兴起，而是生产者和商人阶层共同作用的结果。正是生产者的生产、销售行为和商人的贸易行为为城市提供了有别于农村的生产方式和生活方式。城市人口不再主要依靠自己的劳动产品维持生存，他们的大多数需要更多地依靠交换满足。

谈到商人主体我们不能不谈及商人行会。商人和商人阶层虽然日渐出现和形成，但是，在中世纪的欧洲，封建法和寺院法的很多规定都不利于商人和商业的发展，他们的支配与控制地位使商人整体上仍然处于地位低下的状态，商人为谋求其在封建体制之内的正当地位必须依靠自己的力量、自己制定规则。于是，作为社会和法律弃儿的"商人们构成了一种自治的社会共同体，这种共同体被划分为宗教性兄弟会、行会和其他社团。"① 其中，行会是商人联合的主要形式，也是中世纪城市的重要社会组织。行会不仅在经济方面维护市场秩序、监督商品质量和价格、进行职业管理，还作为立法团体制定了大量规范商人活动的规章、法令，形成商人法规则，并成为近代商法的源头。此外，行会还作为商人的自治性组织而以"特许状"的形式从封建主、国王和教会那里获得各种经商及解决争执的特权，由此成为城市的管理机构。② 因此，中世纪的行会作为商人的自治性团体是重要的民事主体。

除个人商人外，中世纪还出现了一种类似于股份公司的联营形式——康美达，以及一种新型的经营方式——陆上合伙。康美达是一种短期经营形式，但出资者风险范围的有限性使康美达成为近代公司的前身。而陆上合伙则形成了合伙人对外的无限责任。康美达和陆上合伙都是根据协议而成立的，但是，依照联合体成员的共同人格原则，这种联营形式在成立后，就成为一种可以拥有财产、订立契约、起诉和应诉的社团，类似于现在的法人。这些社团构成一种自治体、一种社会共同体，他们的人格是超验的和内在的，既不同于其成员的人格，但又与成员人格相联系。③

除上述民事主体之外，教会社团也从事大量的商业活动，同样是民事主

---

① ［美］哈罗德·J. 伯尔曼著：《法律与革命》，贺卫方、高鸿钧、张志铭、夏勇译，中国大百科全书出版社1993年版，第427页。

② 何勤华、魏琼著：《西方商法史》，北京大学出版社2007年版，第257页。

③ ［美］哈罗德·J. 伯尔曼著：《法律与革命》，贺卫方、高鸿钧、张志铭、夏勇译，中国大百科全书出版社1993年版，第437页。

体。另外，中世纪时期的商业贸易不限于地方贸易，还有很多跨国贸易。贸易的跨国性不可避免地使外国商人进入本国。虽然地方法律不能为外国商人提供保护，但是，发展起来的商法却可以在一定程度上为外国商人提供权利保护。外国商人也成为本国商法的保护对象，成为民事主体。

## 第三节　古代民事主体自由、平等的境遇

自由、平等是近现代民事主体的主要特征，也是民事主体及整个私法制度蕴含的两大核心价值。那么，在古代民事主体中，自由和平等处于一种什么境遇？我们能否发现某种自由、平等的潜在诉求呢？

在罗马法和中世纪时期的民事主体历史中，都是我们熟悉的奴隶、农奴，以及依附和隶属等，他们用血和泪向现代人诉说着人类曾经不自由和不平等。不自由、不平等由此成为古代民事主体的典型特征。但是，如果我们细心探索，则仍然可以在自然法观念、法治思想、法律权利的理念，以及宗教神学思想中发现某种自由诉求，也能够注意到掩盖在民事主体地位不平等之下的某些民事主体平等的事实。

### 一、古代民事主体的自由思想与诉求

#### （一）古代自然法与神学思想中的自由观念

古希腊智者学派和斯多葛学派的智慧人士在自然界中发现了某种真理性的秩序，这种自然秩序原理隐藏在世界的背后指导着人类的行为。也就是说："自然发生的事情是由确立秩序的某种理性所支配的。因而，人的本质及其伦理目标就是让个人和社会的生活服从于并合乎宇宙的一般法则。"① 于是，出现了这样一个时期，"自然界——被视为超自然的、神圣的——要求着人类的尊重，并成为人类行为规范的渊源。"② 罗马时代的斯多葛学派进一步把自然法从指导宇宙的准则转移到指导宇宙和人类的共同准则。于是，指导自然和人

---

① ［德］海因里希·罗门著：《自然法的观念史和哲学》，姚中秋译，上海三联书店2007年版，第6页。

② ［英］韦恩·莫里森著：《法理学：从古希腊到后现代》，李桂林、李清伟、侯健、郑云端译，武汉大学出版社2003年版，第30页。

类社会理性准则的自然法得以生成，并散发着自由的芬芳。

自然法思想给予了罗马法以自由精神。《罗马学说汇纂》中宣称："根据自然法，人都是生来自由的"，"自由是给予每个人去做法律不禁止的任何事情的权利"。当然，现实的罗马法并没有贯彻"人生而自由"的自然法观念，而是以强制奴役着奴隶，甚至随意剥夺他们的生命。但是，"人生而自由"的思想却抽掉了奴隶制度的伦理和法律基础。因此，罗马后期奴隶不断获得解放，以及允许奴隶自赎其身而成为自由人等规定，不能不说是自然法自由观念流行和影响的结果。

日耳曼入侵几乎毁灭了古老的罗马文明，但是，基督教却为西方保留了文明的种子。顾准曾说："蛮族征服了罗马帝国，基督教征服了蛮族。"① 而"自然法观念的历史表明，基督教在其形成之初就接过了自然法观念。"② 伴随着基督教在中世纪的发展，自然法中的自由思想也在基督教教士和教会法学者中得以传承。当然，由于基督教试图以蒙昧和无知对人们进行精神统治，因而，其对自由的宣扬强调信仰和归顺，希望人们在归顺中获得自由。"真正的自由不是主观的随心所欲，这是以顺从为前提的自由，是由法律规定的自由观念。"③ 因此，自然法披上了神学的外衣，并成为上帝统治理性动物，即人的法律。它服从上帝永恒法的理性指导。而人类法的自由意志只有符合和服从永恒法才是与理性一致的公正的法。最终，在归顺与服从中，人类丧失了思想和行动的自由。但是，正是在神学思想统治和基督教的精神钳制之下，才激起了人们对自由的思想憧憬和孕育在无政府状态下的反叛精神。

11 世纪末 12 世纪初，罗马《国法大全》在意大利的发现开始了复兴罗马法之路，也使罗马的法观念和法精神得以被重新认识，并通过法律权利思想唤起了人们的自由诉求。在此基础上，但丁等人文主义学者一方面"通过文学来表现人的价值和人性的真实社会性"，④ 另一方面借助于哲学、法学等社会科学提出了自由问题。在人文主义学者看来，人是高贵而尊严的，也是自由

---

① 顾准著：《希腊思想、基督教和中国的吏官文化》，载《顾准文集》，贵州人民出版社1994年版，第249页。

② ［德］海因里希·罗门著：《自然法的观念史和哲学》，姚中秋译，上海三联书店2007年版，第32页。

③ ［德］布尔特曼著：《耶稣基督与神话学》，李泽汇等译，上海三联书店1995年版，第22页。

④ ［意］加林著：《意大利人文主义》，李玉成译，生活·读书·新知三联书店1998年版，第20页。

的。"自由的第一原则就是意志的自由；……意志的自由就是关于意志的自由判断。"而"当人类最自由的时候，就是它被安排得最好的时候。"① 另一人文主义学者瓦拉对上帝控制与人的意志自由的关系作出了解答。他说："上帝虽能预见到人做的某些将来的行为，可是这行为不是在强制下干的"。② 由此，人们虽然处于上帝的统治之下，但上帝只是预见到了人类行为的可能性，并没有控制人的行为的必然性。因此，人的行为仍然是自由意志的结果。正是在这些人文主义学者的作品及思想中，人的自由诉求不断地冲击着基督教的精神统治，并使人的尊严和价值得以彰显。

**（二）古代"法治"思想中的自由蕴含**

在古希腊城邦的"尚法"观念中就诞生了人类法治思想的萌芽。而柏拉图从主张贤人之治转向法律之治，并在其《法律篇》中勾画出了法治国家的蓝图。亚里士多德继承柏拉图的法治思想提出法治优于人治的主张，并将法治与自由相连，认为法律不是对自由的限制，而是获得自由的手段，从而将自由作为法治的价值目标。以西塞罗为代表的罗马思想家继承和发展了古希腊的法治思想，使法律成为联合罗马社会的纽带，并构成对权力的制约，从而推进和实现着自由。西塞罗说："每个国家都是按照统治者的性格和意志塑造的。因此，除了人民的权力最大之外，自由在任何国家都不可能有安身之地，并且，可以肯定，没有什么比自由更可爱；但如果对所有的人来说自由是不同的话，那么它就不配称之为自由。而自由怎么可能对所有人都相同呢？我说的不仅是在君主国——在那里，对臣民的奴役是毫不含糊且毫不怀疑的，而且甚至在那些外观上每个人都在自由的国家之中。"③ 因此，西塞罗虽然认为法律是联合各民族建立国家的纽带，但在国家政体的选择上不赞成单一制，而主张混合制，从而把君主制的权威、贵族制的智慧和民主制的自由结合起来形成平等自由的共和国。

在依法律而建立起来的共和国中，法律不仅是联合人们形成国家的纽带，而且也是国家的正义基础，国家和国家的官吏必须服从法律。他说："官吏的

---

① 《从文艺复兴到19世纪资产阶级哲学家政治思想家有关人道主义人性论言论选辑》，商务印书馆1966年版，第19页。

② 同上书，第25页。

③ ［古罗马］西塞罗著：《国家篇法律篇》，沈叔平、苏力译，商务印书馆1999年版，第37页。

职能是治理，并发布正义、有益且符合法律的指令。由于法律治理着官吏因此使官吏治理着人民，而且更确切地说，官吏是会说话的法律，而法律是沉默的官吏。"① 泛滥的权力是民事主体自由的最大敌人，权力受到制约，才能使主体获得真正免于强制的自由。西塞罗的法治思想已经具有了现代法治思想的核心观念。而《十二铜表法》则为罗马自由奠定了法治的基础。其明确规定："不得制定任何特权或法令，去偏袒一些人，并违背对所有公民都适用的法律，去损害其他人。这种一般的法律是所有个人都有权力用的，而无论来自哪个社会阶层。"

中世纪时期，基督教一统天下，将上帝的永恒法和神法置于人法之上，认为人法必须服从上帝的理性规则。这虽然为实证法披上了神学的外衣，但是，对上帝和神的理性与意志的遵循却奠定了法律规则的神圣基础。而永恒法和神法对所有人都适用的普遍性又使人们在基督教的精神统治下获得了一定的自由。

**（三）权利、契约及责任中的民事主体自由**

权利意味着民事主体自由活动的可能性，也划定了主体自由活动的空间。借助于权利的概念，民事主体才可以依其意志作出选择、自由行动，从而实现权利的利益目的。从前述罗马市民法的产生我们已经知道，早期罗马市民法作为调整家际关系的行为准则主要涉及私的利益，后期出现的万民法更是关于各民族间财产、契约的规定。因此，私的利益的保护已经成为罗马法的保护重心。可以说，"在罗马法学家的眼中，法律主要不在于为政治国家提供模式，而在于为公民私人的行为创设准则。它除了维护社会秩序外，关键是保护私人的利益和权利。"② 由此我们才可以知道，为什么在罗马时期乌尔比安就已经提出了公法和私法的二元划分。这种二元划分的目的并不是单纯地为了区分公法和私法，而在于通过这种区分划定私法的范围与界限，从而防范和阻止公权力对私法的肆意侵入，维护私法的自治性。

在对私的利益所提供的侧重保护中，罗马法学家提出了权利观念，并将法与正义和权利相连，权利由此成为法的内涵。英文的 ius 既可以译为"法"，也可以译为"权利（jus）"，即权利与法的通用正是罗马法学家的贡献。现代

---

① ［古罗马］西塞罗著：《国家篇法律篇》，沈叔平、苏力译，商务印书馆 1999 年版，第 215 页。
② 汪太贤著：《西方法治主义的源与流》，法律出版社 2001 年版，第 93 页。

对正义进行阐释时总是将正义界定为"给予每个人以应得的部分"。这种解释来源于罗马法。查士丁尼的《法学总论》中就说："正义是给予每个人他应得的部分的这种坚定而恒久的愿望。"① 而"给予每个人以其应得"实际上就是现代法中的权利观念。庞德在这点上将希腊和罗马进行对比时指出："罗马人却以法律，即政治组织社会的强力的系统适用，来支持凡是正当的或正义的事情，而这就引到权利的观念上来了。"② 从而，"法律的基本原则是：为人诚实、不损害别人，给予每个人应得的部分。"③ 在诚实不欺、不害他人和得其应得的权利观念中，民事主体获得了意志自由和行动自由。因此，罗马法中规定了财产所有权、契约缔结权、遗嘱继承权、结婚等一系列民事权利，中世纪的教会法和世俗法中也规定有这些权利。当然，因为古代民事主体地位的不平等性，并不是所有的人都能平等地享有这些权利的。但是，权利观念以及立法上的权利规定却使民事主体获得了自由的可能性。

此外，罗马法将公民资格与主体权利相连，承认人不仅因公民资格而获得在公法中的地位，而且也可以因公民资格获得在私法中的地位。私法是关于世俗利益的法，公民在私法中的地位获得总是与世俗利益即权利相连的。因此，在罗马市民法中，市民身份是民事主体的人格依据，民事主体的人格内容既包括公法上的权利义务，也包括私法上的权利和义务。因此，公民资格在划定其在公法上地位的同时，使其成为私法上权利和自由的主体。

缔结契约的权利是古代私法人格的重要内容。罗马和中世纪时期虽然没有形成完整的契约理论和契约体系，但已经出现买卖、赠与等个别性契约。不过，早期罗马法夹杂着诸多的宗教成分，严格的形式代替自由意志而成为契约成立的依据。但至罗马中期之后，公式化的形式束缚逐渐取消，当事人的自由意志得以凸显而成为交易的关键。待契约发展至成熟时期，买卖、租赁、合伙和委任等合意契约已经为近代契约奠定了主要模式。在合意契约中，当事人之间的意思合致已经成为契约成立的唯一条件。不仅如此，罗马法还对错误、欺诈和胁迫等意志的不自由进行救济。乌尔比安曾说："通过'胁迫'做成的任何事情，我都不会予以承认。"这就是说，意志的自由还必须配合以意志不自

---

① ［古罗马］查士丁尼著：《法学总论》，张企泰译，商务印书馆 1989 年版，第 13 页。
② ［美］罗斯科·庞德著：《通过法律的社会控制》，沈宗灵译，商务印书馆 1984 年版，第 40 页。
③ ［古罗马］查士丁尼著：《法学总论》，张企泰译，商务印书馆 1989 年版，第 13 页。

由的救济和排除才能得以真正实现。

自由意味着排除他人强制，但是，如果自由缔结的契约不能获得履行，或者主体对其财产和人身的支配受到侵犯，则不仅其应得而不得或不应失而失，即财产或人身利益遭受损害，更意味着主体遭受强制而构成对自由的侵犯。为了排除强制恢复自由只能以强制强。而在私法领域中，民事主体地位应该是平等的，强制他人必须有合法性根据。这种合法性根据只能由国家提供。这就是法律责任。因此，法律责任的设置保障着民事主体的自由，也划定着主体自由活动的范围。否则，主体应对其自由选择的结果承担相应的责任。

## 二、古代民事主体平等与不平等的潜在价值

在对民事主体历史演进的阐述和分析中，我们将民事主体进行了历史分期。但是，历史分期的标准并不是借鉴历史学中按照时间来进行的划分，而是根据民事主体在历史上不同阶段所体现出来的特征进行的。只不过借用古代、近代和现代的称谓而已。因此，古代、近代和现代民事主体的划分在时间上并不与历史分期一致，而且也并不十分强调这种划分的准确性，只是通过分期使我们了解民事主体在历史演进过程中的发展方向而已。而古代民事主体和近代民事主体在特征上的最大差别就在于平等与否，即古代民事主体以不平等为其主要特征，而近代民事主体的特征则在于法律地位上的平等。不过，应当注意的是，不平等虽然是古代民事主体的典型特征，但并不意味着不存在平等的事实。因此，我们只能说，在古代民法中，不存在民事主体的观念平等，但是却仍然可以发现一些平等事实。

### （一）等级性中凸显的古代民事主体的不平等

主体的身份性是整个古代民事主体的共同特点。罗马法借助于人与人格分离的法律技术将人格与主体身份相连，而中世纪则通过依附形成主体之间的身份差异。就罗马法而言，其全部人法都是建立在身份基础上的。这归结于罗马法的人格理论。在罗马法中，人与人格分离使得生物人与法律人形成区分，只有人格人才能成为民事法律主体。人格由此成为组织社会的法律手段。作为组织社会法律手段的人格工具具有稀缺性，因此产生人格人的适格判断问题，"即怎样的生物人，才能具有成为法律人的条件，进而获得法律人格。显而易

见，在罗马法上，这个判断标准就是人的'身份'。"① 这种身份在罗马法中先是区分为自由人、市民和家父三种身份，后来因212年敕令将市民权授予所有帝国臣民而消灭了市民身份，变三元制身份为二元制身份。但无论哪种身份，它都是外在于人的，它与人的自由意志和行为、与人自身的努力和创造没有必然联系，很多身份在人出生之前就已经确定了。例如对生来自由人和生而为奴者而言，其母亲的自由人或奴隶身份就已经注定他在出生后是自由人还是奴隶，他没有任何可以选择的自由。而这种客观加诸于人之上的身份却不仅可能决定一个人一生的生活命运，更可能决定其在法律上的地位。因此，"身份就是某人在社会关系中被客观的定位，它是一种外在于人的东西，但它决定着'人格'的赋予和存在品第。换言之，在以身份为基础的人格技术中，人格的取得，并不取决于'他是人'，而是取决于'他是怎样的人'"。② "是怎样的人"的意义和作用不只在于对人进行区分决定其人格的赋予，更在于对人进行等级层次上的区分而分配有限的社会资源。从而形成自由人与奴隶、罗马人与异邦人、家父与家子、家主与奴隶等的身份差异。不同身份的人在法律上处于不同地位，享有不同的法律人格及其人格内容。身份的区分形成社会的分层化，法律进而支持了这种分层，社会等级由此形成。最终，人因其身份在法律上处于不同的地位，并获得不同的对待，人格的等级性得以形成。等级意味着差别，而差别意味着区别对待和歧视。由此，"我们看到，在古罗马，身份是从生物学意义上的人迈进到法律意义上的人的障碍，它涉及到的是主体的权利能力的减等，横亘在这两种人间的身份障碍是意志性的、人为的（自由、市民），其价值取向在于歧视，在两种'人'之间建立屏障。"③

蛮族入侵葬送了罗马帝国的辉煌，也葬送了罗马法的人格理论。但是，身份和等级划分不但没有消灭，反而更加严明，个人的社会关系完全由身份决定，"即个人的社会等级决定了他能享有的权利和负担的义务。"④ 身份发展到中世纪时，除市民身份早已消灭外，家父的身份也已经不是很重要。因此，只

---

① 马骏驹著：《人与人格分离技术的形成、发展与变迁——兼论德国民法中的权利能力》，载《现代法学》2006年第4期。

② 马骏驹著：《从身份人格到伦理人格——论个人法律人格基础的历史演变》，载《湖南社会科学》2005年第6期。

③ 徐国栋著：《"人身关系"流变考》（上），载《法学》2002年第6期。

④ 何勤华、魏琼著：《西方民法史》，北京大学出版社2006年版，第151页。

剩下了自由人的身份。依据自由人身份，可以将人分为自由民、半自由民和奴隶。自由民包括贵族和一般自由民，他们拥有完全的主体资格，可以享有财产权、缔结契约的权利、继承权和结婚的权利。半自由民是处于自由民和奴隶之间的一个等级，他们的法律地位比较复杂。有的半自由民拥有和自由民一样的法律地位和权利，有的则受到一定的限制，这取决于各国的具体规定。例如在一些王国中，半自由民不享有缔结契约的权利，其他一些公权利也会受到限制。而奴隶在任何国家都是最低等级的人，他们的法律地位并没有比罗马时期有多大改善，仍然被作为物而非人来对待。"奴隶被视为主人的动产，一般不具有法律上的行为能力，奴隶的主人对奴隶的行为负责。主人可以将奴隶出卖，甚至处死。各王国对奴隶也有不同的等级区分，有些以主人的身份区别奴隶的卑贱程度，有些则以奴隶从事的职业为依据。对于奴隶的婚姻状况通常持否定的态度。"① 可以说，奴隶仍然不是法律上的人，他们没有财产权和继承权，也没有结婚和缔结契约的权利。

中世纪时期民事主体地位的不平等不仅体现在依身份而形成的等级划分上，更体现在由身份而形成的人身依附和保护上。也就是说，身份在中世纪时，不仅意味着人在社会关系中的客观定位，更意味着一个人对另一个人的依附与从属。依附是中世纪时适用于所有人的最重要的人际关系纽带。因而可以说，除国王之外，每个人都有其依附之人。封臣依附于国王，小领主依附大领主，附庸依附于小领主，最后到农民、隶农和奴隶依附于庄园主。而且，一个人还可能同时臣服或依附多人，构成多重依附关系。因此，整个中世纪通过身份形成了纵横交错的依附与从属关系。无论是上层社会中的依附与从属，还是底层社会的依附与从属，其性质没有根本区别，不平等是这种依附关系的共同特点。即便就领主与附庸之间的依附而言，臣服礼虽然使他们之间的关系具有一定的契约性，并因采邑的分授而具有一定的互惠性，形成了某种权利义务关系。但是，这并不意味着在领主和附庸的依附关系中具有了平等性。恰恰相反，由臣服契约而形成的是具有身份特点的关系，这种关系的最大特点就是不平等。因此，"这种'契约性互惠'的用语应受到一种限定：即封建契约（不论是效忠契约还是非效忠的忠诚契约）是一种获得某种身份的契约。在这种

① 何勤华、魏琼著：《西方民法史》，北京大学出版社2006年版，第152页。

意义上讲，它就像一种婚姻契约——事实上 12 世纪的法学家就把它比作婚姻契约。例如，与商业契约形成对比，领主—封臣契约的所有权利和义务实际上都是由（习惯）法确定的，而且不能按当事人双方的意志加以改变。其契约性的一面就是双方同意建立相互关系；但这种关系的法律内容则是既定的。"①也即是说，臣服契约仅具有契约的形式而不具有契约的实质，其在领主和附庸之间形成的不是平等，而是身份造就的不平等。

### （二）古代民事主体平等的潜在诉求

回顾古代民事主体的历史，我们满眼遍布的是民事主体的身份差异及由此形成的民事主体秩序的等级差序格局和从底层社会到上层社会的层层依附的渗透。但是，我们并不能由此否认古代社会民事主体平等价值的潜在。只不过，古代社会民事主体的平等是以一种事实样态存在的，而非如现代社会那样体现为平等的观念形态。

平等事实和平等观念实际上反映的是实然与应然、事实与价值的关系问题。从语义角度而言，"应然即应该怎样，实然即实际怎样。"② 无论应该怎样或实际怎样，它们都是人类理性的对象。正如休谟在《人类理解研究》中指出的那样："人类理性研究的一切对象可以自然地分为两种，即观念的关系和实际的事情。"观念的关系"我们只凭思想作用，就可以把它们发现出来，并不必依据于在宇宙中任何地方存在的任何东西……至于人类理性的第二个对象——实际的事情——就不能在同一方式下来考究；而且我们关于它们的真实性不论如何明确，而那种明确也和前一种不一样。各种事实的反面总是可能的；因为它从不曾含着任何矛盾，而且人心在构想它时也是很轻便，很清晰，仿佛那种反面的事实是很契合于实在情形那样。"③

应然作为一种观念的存在，是人类思维的产物和认识。人对对象的思考或思维，就是将对象普遍化。普遍化的过程就是思维的过程。对象的普遍化就要去除对象所包含的感性东西。因此，黑格尔指出："在我思考某一对象时，我

---

① ［美］哈罗德·J. 伯尔曼著：《法律与革命》，贺卫方、高鸿钧、张志铭、夏勇译，中国大百科全书出版社 1993 年版，第 379 页。

② 夏勇著：《人权概念起源》，中国政法大学出版社 1992 年版，第 199 页。

③ ［英］休谟著：《人类理解研究》，商务印书馆 1997 年版，第 25 页，转引自 ［英］韦恩·莫里森著：《法理学：从古希腊到后现代》，李桂林、李清伟、侯健、郑云端译，武汉大学出版社 2003 年版，第 114 页。

就把它变成一种思想，并把它的感性的东西除去，这就是说，我把它变成本质上和直接是我的东西。"① 去除感性东西之后的对象是一种普遍的存在。而且，应然作为事物在可能的条件下应该达到的状态，作为人类的思维对象，相对于人类而言，其处于客体的地位。而人类对事物的应有状态进行思维时，不能不将人的主观需求融入其中。因此，应然不仅是一种普遍化的观念，而且与价值相连，价值内置于应然之中。

实然是对事物实际如何的一种事实描述。作为事实的实然可能与应然一致，但更多的时候却与应然发生一定程度的脱节或者悖离。而应然作为事物应有的理想状态，一般地说总是超越于实然。如同"天地间没有任何个体事物不会被别的更强而有力的事物所超过"一样，② 应然高于和超越于实然。而且，如果说应然作为普遍化的观念意味着一致、统一和无差别的话，则实然作为事实，则是一种实践和经验，预示着差别和不同。"实践的态度从思维即从自我本身开始。它首先显得跟思想是对立的，因为说起来它自始表示一种分离。在我是实践的或能动的时候，就是说，在我做一件事情的时候，我就规定着自己。而规定自己就等于设定差别。但是我所设定的这些差别，那时依然是我的，各种规定属于我的，而我所追求的目的也属于我的。即使我把这些规定和差别释放在外，即把它们设定在外部世界中，它们照旧还是我的，因为它们经过了我的手，是我造就的，它们带有我的精神的痕迹。"③

应然与实然、价值与事实既然是人类理性研究的对象，必然与人类理性的发展进化程度有关。自公元前6世纪时希腊哲学家赫拉克利特在其《自然论》中首次提出神法与人法之分，神法就是自然法之后，自然法就成为西方法律思想史中的重要概念和学说。人是理性的动物，"理性因素使人类能够发展道德能力，这是因为尽管人具有正当行为的自然能力，但是，他并不自然地正当行为：理性必须与生活中的许多不确定的可能性相适应。"④ 自然法恰恰是人类道德能力发展的产物。自然法与实在法也成为应然与实然、价值与事实问题思考与诠释的侧面展开。

① ［德］黑格尔著：《法哲学原理》，范扬、张企泰译，商务印书馆1961年版，第12页。
② ［荷兰］斯宾诺莎著：《伦理学》，贺麟译，商务印书馆1983年版，第171页。
③ ［德］黑格尔著：《法哲学原理》，范扬、张企泰译，商务印书馆1961年版，第13页。
④ ［英］韦恩·莫里森著：《法理学：从古希腊到后现代》，李桂林、李清伟、侯健、郑云端译，武汉大学出版社2003年版，第49页。

从古希腊开始，自然法就与正义有着天然的联系。在亚里士多德那里，平等是正义的尺度，正义存在于某种平等之中，并以价值和公民美德作为平等的衡量标准。但是，每个人的价值和社会美德是有差别的，因此，其对城邦的贡献不同，价值不同，自然应当处于不平等的地位。至此，亚氏的比例平等原则认同和维护着当时希腊的社会分层和等级特权。经验层面人的不平等反映在意识层面同样是不平等的。亚里士多德虽然被认为是自然法之父，但其在理念世界的正义、平等与经验世界不平等的认识冲突表明其并没有完全将平等上升到观念的高度。也就是说，在古代社会，自然法中虽然蕴含着理性。但是，这种理性不同于近现代社会的理性，它是建立在现实中的具体事实基础上的一种理想认识。它们的理性是认识存在于现实中的特别具体的理想。这种理性不知道实在与应在、理论与实践的区别。① 因为，"他们不会有那种超越围绕在周围的自然和社会环境之上的正确与善的观念。他们那紧密联系在一起的情感与观念的社会共同体通过否认人们道德上的疑问而鼓励人们把应在与实在等同起来，因此，他们的法律、宗教和艺术都将表达这一观念，即从根本上说，理想与现实就是不可分离的。"②

在罗马时代，斯多葛学派接受和发展了希腊的自然法思想，认为自然法就是理性法。人作为一种理性动物，在服从理性命令的过程中，人乃是根据符合其自身本性的法则安排其生活的，并以自然法代表某种和谐的秩序和理性。平等原则是斯多葛学派自然法观念中的重要内容。他们认为人在本质上是平等的；因性别、阶级、种族或国籍不同而对人进行歧视的做法是不正义的，是与自然法背道而驰的。③ 斯多葛派平等的自然法思想对于改进罗马实证法的规定曾经发挥了重要作用。但是，包括斯多葛派在内的主张人人平等的古代人，他们并没有将人人平等上升到应然的层面，也不是将人人平等作为一种观念来对待。他们之所以认为人人平等，是他们认为人是平等的，而不是应该平等的。诚如梅因所指出的，人类根本平等的学理不仅来自自然法的推定，而且，安托宁时代的罗马法学家在提出"每一个人自然是平等的"观点时，其所含意义

① ［美］R. M. 昂格尔著：《现代社会中的法律》，吴玉章、周汉华译，凤凰出版传媒集团、译林出版社 2008 年版，第 125 页。

② 同上书，第 122 页。

③ ［美］博登海默著：《法理学——法律哲学与法律方法》，邓正来译，中国政法大学出版社 2004 年版，第 21—22 页。

真和他所说的完全一样。① 也就是说，"是平等"的表述表明罗马人当时不仅在认识上认为人类应该平等，而且认为人类在事实上也确实是平等的。由此可见，罗马人并没有将自然法看做是应然的存在，而是认为自然法和市民法都是实然存在。

同样，"在古代社会，价值和事实是不可分的。个人的德性是由个人的事实身份决定的。"② 也就是说，人在社会中的身份地位决定着他的德性的高低，社会身份高，德性自然也就高，而如果身份地位低微，则德性自然较差，即对一个人的价值评价与其社会身份的事实是一致的。正如麦金太尔对希腊社会道德与社会结构关系所作评价时指出的一样，"价值问题就是社会事实问题"③。罗马社会，人们仍然沿袭希腊社会时的状态，价值与事实不分、法律与道德不分。"罗马法学家仍然没有清晰地区分法律与道德。"④ 由此，在现实的罗马社会中，每个人拥有的身份不尽相同，社会地位高低不等，价值的评价自然应该不同，即不可能所有人在价值上是平等的。所以，理性认识的应然作为一种价值的存在、观念的存在，其与实然、事实的不区分无法形成平等观念。

中世纪时期，基督教在思想领域一统天下。而且，"自然法观念的历史表明，基督教在其形成之初就接过了自然法观念。"⑤ 因此，教会思想家的思想和基督教教义就成为我们考察平等观念的主要对象。教会法学派的集大成者托马斯·阿奎那将法律分为永恒法、自然法、神法和人法四种类型，并且将永恒法置于自然法之上，使自然法披上了神学的外衣。而人法是对以神为代表的上帝发布的理性命令的遵循和落实。在永恒法和自然法中，理性提供了人们寻求普遍性的可能，而在神法和人法中又必须回归到具体和特殊之上。因此，理性为普遍平等观念的产生奠定了基础，而特殊的现实又阻碍了其产生。对这种观念与事实，或者说理想与现实关系的分析，也可以借鉴昂格尔从贵族社会的特性角度所进行的分析。他说："贵族社会的特殊性鼓舞着每一个等级把善、美和神性与自己的名誉等同起来，这就是说，把它们与自己区别其他等级的奋斗

---

① ［英］梅因著：《古代法》，沈景一译，商务印书馆1959年版，第53页。

② 于立深著：《契约方法论》，北京大学出版社2007年版，第107页。

③ ［美］麦金太尔：《德性之后》，龚群、戴扬毅等译，中国社会科学出版社1995年版，第155页。

④ ［德］海因里希·罗门著：《自然法的观念史和哲学》，姚中秋译，上海三联书店2007年版，第26页。

⑤ 同上书，第32页。

和德行等同起来。可是，与此同时，社会中的普遍性却引导每一个等级去寻找，并允许其掌握一种更为全面的理想概念，它超出各个等级之上并且适合于一切阶层。"① 探求全面理想的鼓励预示着某种普遍观念产生的可能，而特殊性又要求必须注重现实。于是，"当贵族社会接受了基督教这样的超验宗教时，神化现存社会制度与在更高层次上反对现存制度的对立就更加尖锐了。作为这种矛盾的一种结果，我们可以期待着在贵族社会的文化和日常生活经验中发现一种动摇，它时而倾向于把理想与现实结合在一起，时而又倾向于使之分离。"② 也就是说，中世纪时期，实然与应然、事实与价值问题虽然有了一定区分，但并没有完全形成实然与应然、事实与价值的区分。普遍性的观念平等的认识尚未形成。

## （三）古代民事主体的平等蕴含

### 1. 自由人之间的平等

人格的等级性虽然是罗马市民法的典型特点，但是，作为简单商品经济产物的罗马市民法却天然地具有平等性。因为商品经济是天生的平等派，它天然地要求平等。而且，民事主体的平等也是罗马经济发展繁荣的因素之一。只不过这种平等不具有普遍性，也不能适用于所有人，而是特定人之间的平等，即自由人的平等。自由人享有法律上同样的权利，可以拥有财产和继承，可以结婚，可以彼此缔结契约。因此，市民法虽然确立了自由民与奴隶之间的不平等，但自由民之间却是平等的。只不过其同一人格之间的平等具有很大的历史局限性。

### 2. 契约关系中的平等

契约是平等的工具，在契约关系中同样能发现和寻找到平等的事实。契约的平等性首先体现在缔约主体之间的人格平等上。不论缔约双方在契约之外存在什么关系，也不论在这种关系中双方是否处于平等地位，但一旦进入契约关系，双方必须将对方视为与自己同样的人并处于平等的地位，由此形成合意。也就是说，"契约以当事人双方互认为人和所有人为前提。"③ 契约的平等性还

---

① ［美］R. M. 昂格尔著：《现代社会中的法律》，吴玉章、周汉华译，凤凰出版传媒集团、译林出版社 2008 年版，第 129 页。

② 同上。

③ ［德］黑格尔著：《法哲学原理》，范扬、张企泰译，商务印书馆 1961 年版，第 80 页。

体现在缔约双方之间权利义务的对应性上。契约虽然设定了民事主体之间的束缚，但是这种束缚对应着权利，并且具有相互性。契约双方通过互设的权利、义务达成了交换目的，由此形成的对待给付关系实现了契约当事人之间权利义务的平等。

契约是债法的核心，而"债法作为调整商品流转关系的法，代表了罗马法较高的成就。"① 虽然"罗马的家庭乃是在权威的基础上组织起来的，而不是在对等的权利义务关系的基础上组织起来的。"② 这是由严格法阶段家长制城邦政治社会的性质决定的。"但是，由于自由民（亦即罗马公民和各户家长）拥有相互毗邻的宅地，在街上经常碰面，并在各种社会活动中相互允诺，所以他们的权利和义务也就形成了罗马法理学思想，并自然而然地促使罗马法学家乃至今日之罗马法学家去思考和讨论租赁、买卖、委任合同、合伙契约等问题，就像人际关系中的对等权利义务（作为关系的附属事件，人们可以相互提出这样或那样的赔偿主张）。"③ 通过这些具体的契约，逐渐形成了口头契约、文书契约、要物契约和诺成契约等契约形态，契约概念也为人们所熟识并广为使用。契约使人们与其身份相脱离，不再受身份的束缚和影响，而呈现出一种个体的人之间的自愿结合。人走出了家庭或家族，成为社会的单位。人开始了"从身份到契约的进步"。正如塞尔茨尼克所做的概括：契约由个人之间的自愿关系构成，而不是由团体或家庭成员关系美德产生的非自愿义务。④ 在契约对等的权利义务中，主体经验到了平等事实。中世纪时期虽然依附和从属是其整个社会的典型特征，但在依附契约中，领主与附庸之间的权利义务也具有一定程度的对等性。

### 3. 万民法中罗马市民与异邦人之间的平等

罗马市民法作为早期血缘关系的产物，将某些特权仅赋予其认为具有血缘关系的罗马市民，而拒绝给予非罗马市民，从而形成罗马人格要素中的市民身份。罗马市民法的属人主义原则使"每个人均根据自己城邦的法而成为法律

---

① 何勤华、魏琼著：《西方民法史》，北京大学出版社 2006 年版，第 106 页。
② ［美］罗斯科·庞德著：《法律史解释》，邓正来译，中国法制出版社 2002 年版，第 85 页。
③ 同上书，第 86 页。
④ 于立深著：《契约方法论》，北京大学出版社 2007 年版，第 27 页。

主体。罗马人根据罗马法而生活，异邦人则根据自己城邦的法而生活。"① 但是，罗马在其扩张中必须不断面对的一个问题就是其与异邦人之间的关系问题。因此，罗马从未也不能忽视外邦人的存在，更不能忽视经济发展的要求。而且可以说，"罗马人与异邦人的关系问题，它也是推动罗马向前发展的一种动力。"②

罗马与拉丁同盟关系的传说使拉丁人在罗马法中处于比较特殊的地位：拉丁人有与罗马通商和通婚的权利。这些权利的规定和授予宣示着他们自古以来的统一性。这种内在的统一性使双方在公元前493年缔结的《卡西安条约》里规定："罗马人与各拉丁人城市之间将实现与天地共存的和平，……"明确了罗马与拉丁人城邦之间的平等。即便在不存在统一性地方，罗马与异邦人之间基于经济的需要也往往确立彼此之间的平等关系。典型如罗马与迦太基的条约中承认罗马人或其盟友在迦太基的势力范围内进行贸易的行为效力。③ 即通商权的确认实际上承认了双方之间的平等。

伴随着罗马的进一步扩张，罗马与各异邦之间的通商往来日益频繁，既往通过条约或通商权的承认而发展起来的关系已经不能满足现实经济发展的新需要。罗马人不得不面临将国际贸易纳入法律调整的现实。也就是说，"商业繁荣自然而然地导致形成一系列体现着商品经济现实的法律关系；这些法律关系无需局限于对契约的承认和保障，无需局限于对通商权的扩展和让与的承认和保障，这样做本来就是不适当的和不够的，它可能导致不平等或者使法丧失实质性价值。"④ 于是，基于国际贸易发展的现实需要，在罗马与异邦人之间建立起了互通关系。在这种互通关系中形成了对罗马和异邦人都有效的共同规则，即万民法。万民法是基于自然理性而具有普遍性的法，它同等地适用于所有民族。因此，虽然市民身份造就了罗马市民与异邦人之间不平等，但异邦人却在万民法中获得了与罗马人同等的地位。而且，异邦人在市民法中因市民身份而产生的不平等也最终因市民权的普遍授予而消失。

---

① ［意］朱塞佩·格罗索著：《罗马法史》，黄风译，中国政法大学出版社1994年版，第229页。
② 同上书，第331页。
③ 同上书，第332页。
④ 同上书，第335页。

### 4. 继承中的男女平等

早期的罗马家庭是具有政治功能的政治性群体，对政治关系的考虑使得早期罗马法中的遗产继承具有不同于现代遗产继承的意义，其目的不在于继承遗产而在于继承家庭的最高权力。"继承人准确地说曾是宗亲集团或家族最高权力的接班人，而且只是作为其结果，才可以作为财产的继受人，也就是说，原始的遗产继承是为这种最高权力的转移而不是为财产的转移服务的。"① 因此，继承人资格是遗产继承的基础，即"继承人资格是实质性的，对财产的取得只是一种后果，依赖于对上述资格的取得。"② 由此决定，早期罗马法中遗嘱继承优于法定继承，而且不仅妇女被绝对否认遗嘱能力和继承人资格，连家子的遗嘱能力也是遭到否定的。因为，"继承人的设立最初不是单纯的财产行为，而是对家庭权力继承人的任命；'家子'不是君主，而是'家庭'中的臣民。"③ 后来随着特有产的形成，家子具有了对特有产的遗嘱能力，而妇女仍然没有遗嘱能力和继承人资格，形成早期罗马遗产继承的宗亲基础，而不考虑血亲关系。但是，一方面伴随家父权的衰落使罗马家庭政治共同体的特性逐渐减弱，另一方面继承中的财产性质逐渐增强，妇女的继承资格和遗嘱能力获得逐步的承认。至共和国末期时，自权人妇女已经获得了立遗嘱的资格，优士丁尼时代基本普遍承认了女子的继承权。在法定继承方面，《十二表法》将"自家人"规定为第一顺序，且包括处于夫权之下的妻子，而将近宗亲属规定为第二继承顺序。这一规定不仅将妇女纳入了法定继承人范围，而且对血缘关系的考虑已经优先于宗亲属关系，开始了向血亲继承的转向。至安东尼之后的裁判法的继承包括四个顺序：第一顺序子女，第二顺序是法定继承人，第三顺序是血亲，第四顺序是配偶。在第一顺序的子女中，血缘关系得到了完全承认。血亲和妇女配偶的继承权也得到了承认。④ 至此，在罗马法中，虽然还没有完全依血缘决定继承范围和继承顺序，继承权男女平等也没有成为一些原则，但女子的继承资格和遗嘱能力基本得到了肯定，已经出现了继承权男女平等的事实。

---

① ［意］彼德罗·彭梵得著：《罗马法教科书》，黄风译，中国政法大学出版社 1992 年版，第 421 页。
② 同上书，第 433 页。
③ 同上书，第 454 页。
④ 同上书，第 481—482 页。

日耳曼的继承虽然在法定继承与遗嘱继承出现的先后顺序上不同于罗马继承，但同罗马继承一样是男女不平等的。但它并没有完全排斥妇女的继承地位，也没有完全否认妇女的遗嘱能力，只是在继承份额和以遗嘱处分财产的数量上有所限制。在遗嘱继承普遍起来之后，教会将遗嘱的制作作为一种宗教行为来对待，并将遗嘱本身视为一种宗教文件，[①] 由此将遗嘱继承纳入教会法的管辖范围。同时，由于遗嘱作为向上帝捐献的法律形式，而无遗嘱死亡就具有了罪孽的性质，教会也因此获得了对无遗嘱继承的管辖权。在遗嘱继承和无遗嘱继承中，虽然男女不平等是不争的事实，但教会法一方面赋予女子，包括已婚妇女普遍的遗嘱能力，另一方面在法定继承中增加女子的继承份额，并通过规定妻子的法定份额不被剥夺而将妻子纳入法律保护之中，使继承权向男女平等迈进了一步。

不平等是古代民事主体的典型特征，但在不平等的遍布中仍然能够发现一些平等诉求，并在一定程度上获得了立法的尊重与肯认。但是，我们不能由此认为古代已经形成某种平等的观念认识，这种平等还只是停留在事实层面，而并未上升到观念层面。而且，即便事实层面的平等也是不充分、不完美的，仅仅体现为民事主体不平等常态中的特殊样态而已。

# 本章小结

整个古代民事主体的历史是不自由、不平等的历史。无论是罗马法中的民事主体，还是中世纪教会法和世俗法中的民事主体都体现出不自由、不平等的特征。自由是古代民事主体的人格依据，而非人格属性。自由身份的欠缺阻碍着民事主体的人格获取。在罗马法中，奴隶因自由身份的欠缺如同牲畜一般沦落到客体而非主体地位。中世纪的农奴虽然不同于罗马时期的奴隶，却因对土地的依附而依附于人，并同样失之自由。如果说自由身份阻碍民事主体的人格获取，但仅是使一部分人被剥夺自由而否认其民事主体人格的话，则民事主体的不平等是一个更为普遍的现象与特征。不仅自由人和非自由人之间是不平等的，而且自由人之间也是不平等的。因为，等级性是整个古代社会的特征。在

---

① ［美］哈罗德·J. 伯尔曼：《法律与革命》，贺卫方等译，中国大百科全书出版社 1993 年版，第 287 页。

以人格为组织社会手段与工具的古代，社会的等级区分是受到法律的绝对支持的。这种社会等级分层映射到法律上就是人格的等级差别与不平等：罗马法中以身份作为民事主体的人格依据恰恰是法律上支持社会等级分层的结果，并由此形成了罗马法中人格的等级性。中世纪更是身份决定人的一切社会关系、决定一个人所能享有的全部权利和义务的时期。而且，由身份所形成的人身依附更是造成了一个人对另一个人的依附与从属。依附成为中世纪时适用于所有人的最重要的人际关系纽带。在纵横交错的依附与从属中，民事主体之间是不可能平等的。但是，如果我们细心寻找，还是能够在满眼遍布的不自由、不平等中发现某些民事主体的自由思想和平等事实的。古代民事主体的自由思想诉求支持与激励着人们对自由的永恒追求，平等事实则为观念平等的造就铺垫了事实基础。当然，由于古代民事主体尚没有形成事实与价值、实然与应然的区分，所以，在古代民事主体的历史中，我们找到的只是某些自由、平等的事实样态。

# 第二章 近代民族国家中的
# 理性民事主体

　　伴随着古代民法向近代民法的演变，民事主体也实现了古代民事主体向近代民事主体的历史转型。这种历史转型是通过资产阶级的政治革命而完成的。资产阶级政治革命推翻了封建统治，建立了民族国家。在形式上，新的统一的民族国家确立了人民在政治上的主权地位，收回了原本属于人民但却曾经一度被攫取的国家权力，为人在民法上的新地位奠定了宪政基础和保障。在内容上，民事主体获得了在法律上全面自由和平等的地位，自由、平等也从而成为近代民事主体的主要特征和价值内涵，由此实现了人的本质复归。

　　民事主体在法律上自由、平等地位的确立与近代大陆法系国家的法典化密不可分，可以说是近代大陆法系国家法典化的结果。而《法国民法典》和《德国民法典》是近代法典化的代表，并由此形成了近代大陆法系的两大分支。因此，《法国民法典》和《德国民法典》中的民事主体基本上就能够代表近代民事主体。

## 第一节　《法国民法典》中的民事主体

### 一、自然法理性光辉照耀的民事主体

　　近代资产阶级革命首先而主要的是一次思想革命，自然法思想在革命中发挥了极大作用。作为近代法国资产阶级革命产物的《法国民法典》所塑造的民事主体更是自然法光辉普照的结果。但这一时期的自然法已经不是建立在人对自然依赖基础上所形成的希腊、罗马时期朴素的自然法，也不是经院哲学时

代的神学自然法，而是唯理主义时代的自然法，或者称之为古典时代的自然法。格劳秀斯和普芬道夫成为这种自然法的转折点。

"自然法是正当理性的命令，它指示任何与合乎本性的理性相一致的行为就是道义上公正的行为，反之，就是道义上罪恶的行为。"① 这是格劳秀斯为自然法提供的著名定义。这一定义使他把自然法和人类的理性相连，认为人天生具有一种能使他们在社会中和平共处的社会生活的能力，并有过和平而有组织的社会生活的诉求。在人对社会生活的诉求中，人的理性得以强调，并使作为正当理性命令的自然法在格劳秀斯的思想中一直发挥着某种作用，由此为格劳秀斯开启古典自然法的大门奠定了基础。

格劳秀斯虽然为古典自然法奠定了基础，并因为首先将自然法与实证法融合到国际法中而成为国际法的鼻祖，但因其否认人的理性是自然法的唯一源头，而认为人的理性与上帝并存，并居于上帝之下，我们只能将格劳秀斯的思想定位于经院哲学时代的神学自然法向古典自然法的过渡。因此，有学者认为并不是格劳秀斯真正开启了古典自然法的时代。"准确地说，这个所谓的自然法时代并不始于格劳秀斯。这个时代毋宁始于普芬道夫，他曾致力于阐述格劳秀斯的学说。"②

普芬道夫受霍布斯和格劳秀斯的双重影响。他既吸收了霍布斯人性自私、具有恶意和攻击性的认识，又赞同格劳秀斯关于人性具有追求和平和有组织社会生活的倾向，从而得出自然法是人性这种双重特性的反映的结论。在此基础上，普芬道夫得出自然法的两大基本原则：保护生命和肢体，保全自身及其财产；不可扰乱人类社会。在第二个法则基础上，又提出了其认为很重要的法律上的平等原则，即"任何人都不能对他人施加压力，从而使他人能在其诉讼中适当地控诉侵犯其平等权利的行为。"③ 由于普芬道夫切断了其自然法与永恒法的背景联系，没有将神性放进其自然法之中，上帝和神就不再与自然法相连。由此导致即使没有上帝，自然法也依然具有效力的结果。"从此以后，不再是上帝的本质，而是人的自然，从本质上和抽象地观察的人的自然，被视为

---

① ［荷］格劳秀斯著：《战争与和平法》，［美］A. C. 坎贝尔英译，何勤华等译，上海人民出版社 2005 年版，第 32 页。

② ［德］海因里希·罗门著：《自然法的观念史和哲学》，姚中秋译，上海三联书店 2007 年版，第 69 页。

③ *Elementa jurisprudentiae*，transl. W. A. Oldfather（Oxford，1931），Bk. Ⅱ，observ. iv, 4.

自然法之源头。"①

古典自然法发展到洛克和孟德斯鸠那里，则成为论证个人权利不可剥夺的理论工具。洛克的自然法预设了一种自然状态。在这种自然状态中，人是自由的、平等的，但却不是放任的。处于自然状态中的人要受理性的支配，这种理性就是自然法。他说："自然状态有一种为人人所应遵守的自然法对它起着支配作用；而理性，也就是自然法，教导着有意遵从理性的全人类：人们既然都是平等和独立的，任何人就不得侵害他人的生命、健康、自由或财产。"② 由此，生命、健康、自由和财产是人在自然状态中就具有的，是与生俱来、不可剥夺的先验的权利。为了保护这种自然权利不受侵犯，自然法又赋予每个人以执行权，可以将侵犯自己权利的人置于其权力的支配之下。但是，人人都拥有执行自然法的权力却可能因为自私、偏袒，以及报复心理而导致混乱和无秩序。因此，为弥补自然状态的不足，人们放弃其在自然状态下的自由而缔结社会契约，进入到社会状态。因此，人们进入社会状态的目的在于"谋他们彼此间的舒适、安全和和平的生活，以便安稳地享受他们的财产并且有更大保障来防止共同体以外任何的侵犯"③。保护生命、自由和财产，尤其是保护财产不受侵犯成为政治社会和政府的目的。不过，应当注意的是，生命、自由、财产等权利虽然在国家和政府状态下得到保护，但是，这些权利却不是由国家和法律赋予的，而是天赋的先验权利。也就是说，"生命、自由和财产的权利造就了法律，而不是法律造就了那些权利。"④ 因此，传统上被视为人类某种秩序的自然法，被视为在其创造时就作为上帝的意志被启示于人类理性中的关于宇宙的形而上学秩序的某种道德反映的自然法，在洛克这里就成为了出于个人自利的一束个人权利的唯名论象征。⑤ 受启蒙思想影响而形成的天赋人权的观念也成为自然法的来源。

孟德斯鸠以权力分立的政治理论而著名，也正是在他所设计的政治制度中

① ［德］海因里希·罗门著：《自然法的观念史和哲学》，姚中秋译，上海三联书店2007年版，第88页。
② ［英］洛克著：《政府论》（下篇），叶启芳、瞿菊农译，商务印书馆2008年版，第4页。
③ 同上书，第59页。
④ ［德］海因里希·罗门著：《自然法的观念史和哲学》，姚中秋译，上海三联书店2007年版，第81—82页。
⑤ 同上书，第82页。

体现了其对自由的关注。这恰恰为洛克的自然法的遵守提供了政治制度上的阐释。孟德斯鸠对自然法的阐述是从对法的认识开始的。他认为，从广义上说，法是由事物的性质产生出来的必然关系。一切事物都有他们的法，都遵循着一个根本理性。而法就是这个根本理性和各种存在物之间的关系，同时也是存在物彼此之间的关系。① 而自然法则是单纯渊源于我们生命本质的、预先存在着的规律。这些规律是不可变易的。但是，作为智能存在物的人的本性可能遵循这些规律，也可能因其本性限制而偏离原始的规律。② 也就是说，作为事物本性的规律的自然法"部分地表现在人性恒定普遍的趋向和特性之中，部分地表现在人性变化不定的趋向和特性之中。"③ 而和平、寻找食物的基本需求、自然的相互爱慕，以及过社会生活的内在要求存在于人性普遍的趋向和特性中，也由此成为自然法的四条基本原则。④ 由此可见，孟德斯鸠仍然高扬理性的自然法精神。

理性的自然法从人的特性来进行说明和论证，人的理性自主得以突出和强调。因为，既然自然法是理性的规律，而理性是"人类一种自然的能力，是行为或信仰的正当理由，评判善恶是非的根本标准"⑤。那么，人的理性能力能够认识自然法，理性成为认识法律的唯一源泉。也就是说，"法律就在理性之中，思辨性推理能够从其自身中、从对于其自身抽象性质的沉思中，推导出表现为公理形态的一切法律，一切道德，一切正当。"⑥ 在人的理性能力推导过程中，理性的载体——拥有理性的人自然得以凸显，也由此成为被其推导和认识的法律主体。

同时，由于"把自然法视为理性的建构，意味着自然法是绝对有效的、不证自明的、一贯的和必然的，即使上帝也不能改变。"⑦ 因此，自然法也是实证法的渊源。实证法只能遵循而不能违背自然法。于是，《法国民法典》在

① ［法］孟德斯鸠著：《论法的精神》（上册），张雁深译，商务印书馆1959年版，第1页。

② 同上书，第3页。

③ ［美］博登海默著：《法理学——法律哲学与法律方法》，邓正来译，中国政法大学出版社2004年版，第62页。

④ ［法］孟德斯鸠著：《论法的精神》（上册），张雁深译，商务印书馆1959年版，第5页。

⑤ 张文显著：《二十一世纪西方方法哲学思潮研究》，法律出版社1996年版，第44—45页。

⑥ ［德］海因里希·罗门著：《自然法的观念史和哲学》，姚中秋译，上海三联书店2007年版，第70页。

⑦ 张文显著：《二十一世纪西方方法哲学思潮研究》，法律出版社1996年版，第44—45页。

法典最终草案的序编中开宗明义地阐明:"存在着一种普遍的永恒的法,它是一切实在法的渊源:它不过是统治着全人类的自然理性。"① 在理性的自然法精神照耀下,法典第 8 条"所有法国人都享有民事权利"的规定不仅实现了生物人与法律人在外延上的统一,而且奠定了整个《法国民法典》的基调:自由、平等和个人主义。

就生物人与法律人的外延统一而言,《法国民法典》的进步之处在于一改既往立法以外在于人的身份、财产等要素作为主体资格的依据,而是以人性为出发点,基于人所共具的理性来界定民事主体资格构成。因为,在自然法中,人都无差别地具有理性。那么,实证法既然要遵循自然法,就不能在民事主体资格上人为地设定差别,而否定自然法中人的理性同一。而要承认理性的同一就不能再以外在于人的东西为界定主体资格的标准。于是,人的理性自然成为依据。人都具有理性,人就都应该在实证法上成为民事主体,这是《法国民法典》构设其民事主体资格的逻辑路径。就是基于这样的逻辑思考,生物人得以不加区分地成为《法国民法典》中的民法主体。

在这里应当注意的是,生物人在《法国民法典》中成为民事主体,而不是生物人是民事主体。作为法律人的民事主体是一个实证法上的概念,其主体资格是实证法赋予的,而赋予主体资格的标准或依据、将哪些人、人或财产的集合纳入主体范围内必须历史地加以分析和看待。而生物人并不是一个法律概念,无论就历史而言,还是现在看来,法律上的主体并不以有生命的人的存在为前提或依据。只是,有生命的人被纳入实证法的考虑对象,人因其生命的存在而成为实证法上的民事主体与人的伦理价值判断是一致的。虽然,《法国民法典》并不是因为生物人的生命,而是因为生物人的理性而将其承认为实证法上的民事主体。② 但是,这仍然完成了实证法上的主体资格从身份向伦理的转变。即便法典制定者们当时可能并没有明确地意识到这一点。斯宾诺莎曾说:"凡符合我们的本性之物必然是善的。"③ 《法国民法典》从人的本性,即经济理性出发而将生物人肯认为实证法上的民事主体,这与我们的本性是一致

① [法]阿·布瓦斯泰尔著:《法国民法典与法哲学》,钟继军译,载徐国栋著:《罗马法与现代民法》第 2 卷,中国法制出版社 2001 年版,第 290 页。

② 马骏驹著:《人格和人格权讲稿》,法律出版社 2009 年版,第 54 页。

③ [荷兰]斯宾诺莎著:《伦理学》,贺麟译,商务印书馆 1983 年版,第 190 页。

的。因此，仅从这一点而言，《法国民法典》是善的、进步的。当然，我们也不能过分夸大这一点。《法国民法典》虽然使生物人成为民事主体，但是，其所确立的生物人的民事主体地位仅限于具有法国国籍的人，外邦的生物人被排除在民事主体范围之外。这虽然反映出其法典编纂所具有的民族国家的特性，[①] 但却由此体现出一种狭隘的民族主义。

民事主体从身份向伦理的转变使生物人因理性而具有的伦理价值也成为民事主体的内在因素。如果说，《法国民法典》是自然法法典的典范，"自然法的威力不在于它的独断制定，相反，在于它是实在法效力的根据。因此，自然法是那些其合法性不来源于合法的制定，而来源于内在的神学性的规范之总和。"[②] 那么，在以自然法为指导的法国民法典中，自然人成为民事主体，并且民事主体唯一的合法性根据正是人的伦理因素。我们可以将生物人向民事主体的转换过程表述为：生物人——理性——民事主体。理性是连接生物人与民事主体的伦理依据。

另外，《法国民法典》对法律人的规定既没有采用罗马法中的"人格"表述，也没有像《德国民法典》那样创设出"权利能力"的概念，而是以"享有民事权利"来表述。享有民事权利的人是权利主体，权利与义务相对应，但权利不包含义务。而无论是罗马法中的"人格"，还是权利能力者，都是权利与义务的结合体。也就是说，法律主体或民事主体是在法律上享有权利并承担义务的人。这样的表述意味着法律主体与权利主体在法国民法中还没有明显区分。[③] 这既与《法国民法典》的编制体例和当时的立法技术有关，更与权利天赋的自然法思想有关。在启蒙运动和资产阶级革命中宣扬的天赋人权不仅深入到法国人民的思想中，也深刻地印在了民法典制定者的心中。天赋的权利理性人都享有，理性的人在转换成法律上的人时也应该享有这些权利。于是，法律人就成了权利主体。

## 二、个人主义的民事主体

理性自然法以人性为出发点而不是从神性出发来认识人与自然、实在与应

---

① ［德］K. 茨威格特、H. 克茨著：《比较法总论》，潘汉典、米健、高鸿钧、贺卫方译，法律出版社2003年版，第142页。

② ［德］马科斯·韦伯著：《论经济与社会中的法律》，张乃根译，中国大百科全书出版社1998年版，第287页。

③　马骏驹著：《人格和人格权讲稿》，法律出版社2009年版，第63页。

在的关系。但是，它不是从人的整体人性而是从人的个体性来进行论证。人在本质上并不是社会性的，而是个体性的。无论是格劳秀斯、普芬道夫，还是霍布斯、洛克、孟德斯鸠，乃至卢梭，这些古典自然法在各阶段的代表们都是以人的个体性为出发点。虽然普芬道夫发展出人的群居性，但他认为人并不具有社会性，而是因为从人的自私本性而言，这对他有利。对普芬道夫而言，"人是一种合群的动物，而不是社会动物。"① 因此，古典自然法思想的先驱们如同社会契约论者们一样，预设了一个自然状态中人的孤立的个体的存在。由此，理性自主的人是个体的存在，理性的自然法必然是个人主义的。恰恰因为个人主义是理性自然法思辨的起点，这种自然法才成为启蒙运动和资产阶级革命者手中的有力思想武器。因为，"这种个人主义的自然法尤其适合于瓦解传统的、僵化的社会秩序，给君主们提供那种当然不再只是专断意志之单纯对象的臣民，相反，臣民们现在成为具有先天的主体性权利的法律主体。"② 既然个体的人为了谋求彼此间的舒适、安全、和平生活及保护财产的目的通过协议联合成共同体。③ 那么，在脱离自然状态而进入到社会状态后，人的个体性仍然是人的本质存在，个体的人也仍然是社会的唯一构成。以理性自然法为思想基础的《法国民法典》必然是个人主义的。

个人主义精神在《法国民法典》中首先体现在一元化的主体结构上。权利是归属于某一主体的，即权利具有主体性。"一切法国人均享有民事权利"，《法国民法典》正是从权利的主体性角度肯认个人的主体性的。个人不仅是《法国民法典》规定的民事主体，而且是唯一的主体，法人或其他团体组织在《法国民法典》中没有任何地位。

《法国民法典》没有规定法人主体或许有统治者害怕封建团体复辟的因素，但更主要的原因在于个人主义的自然法思想认为团体可能侵害个人的意志自由及其直接存在的范围。④ 这种个人主义的自然法在使个体的人直接站立在上帝面前的同时，也使个人直接与国家相连，其间没有任何中间存在。因为，任何中间存在或者使个体受到团体的影响，或者依附于团体，从而使人的理性

---

① ［德］海因里希·罗门著：《自然法的观念史和哲学》，姚中秋译，上海三联书店 2007 年版，第 86 页。

② 同上书，第 72 页。

③ ［英］洛克著：《政府论》（下篇），叶启芳、瞿菊农译，商务印书馆 2008 年版，第 59 页。

④ 龙卫球著：《民法总论》，中国法制出版社 2002 年版，第 182 页。

自主不复存在。个人与国家直接对立的极端状态是否认中间一切形态的存在。于是，极端个人主义的自然法思想使法人及各种团体被统统排除在《法国民法典》的民事主体之外，不具有获得主体性的可能。

个人与国家之间的中间存在的消灭不仅否认了法人等团体的主体性，也使自然法中作为社会形态的婚姻、家庭制度不再是历史形态中的东西，而是一种关系的存在，是个体与个体之间的关系。因为，在个人主义的自然法思想者那里，"婚姻、家庭、财产和国家不是源出于自然法之社会形态的制度，不是以胚胎的形式存在于社会性动物的理念中，并由必要性而从那里形成的（因而，就其本质而言是独立于意志的）。"① 由此导致的结果就是，"获得关注的就不再是家庭，而是婚姻中的'关系'及父母与子女的关系，它们被视为个人与个人之间的关系。"② 既然夫妻之间、父母子女之间的关系被认同为自然法的内容，则对他们之间关系的处理就应该遵循从理性之中推导出来的原则，并且这些原则是永恒不变的。如果采用这样的态度来对待婚姻、家庭，则实证法对这些关系的处理就不可能是历史性态度。因为，这样的态度没有能力认识到："若考察其本质的话，只有该制度（家庭）具有自然法的特点，而法律对个人间关系的调整则在社会的演化可以有所不同，由此实证法可以从整个复杂的环境中有所不同；就像在家长的权威，所有权的形态，婚姻中的财产权中那样。"③

个人主义的出发点使个人的主体性得以极大凸显，使个人从组织严密的团体中得以解脱，但是，绝对的个人主义"也导致思想家们不承认社会生活的必要形态。""它们很少搞清楚社会生活的形态之渐变次序，它们存在于人作为一种社会动物的本性中。它们对家庭作为一种具有自身本质性目的的社会制度缺乏正确的认识（它们只研究了婚姻及父母与子女的关系）。它们也不关心职业团体或法人结构，因而也没有关注在生活的各种领域中介于国家与个人之间的各种各样的社会形态。它们也不关心著名的辅助性原则，据此原则，最高级的共同体即国家，应当让其他社团承担其应当且能够完成的职能和目标。它

---

① ［德］海因里希·罗门著：《自然法的观念史和哲学》，姚中秋译，上海三联书店2007年版，第90页。
② 同上。
③ 同上。

们确实只知道个人与国家的对立。"①

"环绕着自然性与合理性的光环，各种各样的自然法就都面对着人们不断呼吁进行改革的那些时代的现实条件，指向了一种理想。18 世纪末的法典化就曾经试图实现这些理想。"②《法国民法典》只承认个人主体性而否认法人的团体人格就是其实现自然法理想的践行。但是，理想毕竟不是现实，而且，理想往往与现实有很大的距离。现实生活中，各种各样的团体广泛存在，且日益活跃与发展。"在民法典没有给予主体地位的情形下，它们被习惯法接管过去。1807 年，商业实践终于推动法国制定商法典，在技术上认可了特定类型的商业组织具有主体性身份。嗣后，民法典也通过修正，承认经登记的各种形态的商业组织具有主体身份。"③ 但是，也正如该学者所指出的那样，虽然法国立法者接受了团体制度，但在法国民法最深度的法律结构中，其立法思维所承认的法律人格，只是个人或自然人；团体或法人不是法律价值观念中的主体，它只是商法所承认的作为商业经营技术意义上的主体。其团体主体的价值基础仍然是个人的主体性。④

《法国民法典》是个人主义的全面胜利。个人主义精神不仅体现在一元化的主体结构方面，可以说，从所有权、契约制度，到侵权责任，再到婚姻家庭领域，整个民法典中都贯穿着个人主义精神。

所有权不仅是天赋的权利，也是社会的基石之一。作为法国革命的中坚力量，同时也是法典编纂者的有产市民阶级，首先要在民法典中确立所有权的地位，明确立法者对所有权的态度。于是，法典第 544 条规定："所有权是对于物有绝对无限制地使用、收益及处分的权利，但法令禁止的使用不在此限。"这一规定确立了所有权人对物的绝对支配权，并在奠定资产阶级民法最重要的原则——所有权绝对原则的基础地位的同时，彰显了个人主义的所有权观念。当然，这种个人主义并不是纯粹的个人主义。所有权人对物的支配权还是有所限制的。但我们并不能由此否认体现在这一规定中的个人主义精神。

同时，法典第 1134 条和第 1382 条、1383 条规定的资产阶级民法的另外两

---

① 〔德〕海因里希·罗门著：《自然法的观念史和哲学》，姚中秋译，上海三联书店 2007 年版，第 74—75 页。

② 同上书，第 71 页。

③ 龙卫球著：《民法总论》，中国法制出版社 2002 年版，第 183 页。

④ 同上。

项原则——契约自由原则和过失责任原则也往往被认为是个人主义的体现。一般地说，"法律上的个人主义具有双重观点，一是个人为法律的目的；二是个人为法律及主观实体权利的根据。"① 法国学者也承认个人是法律的目的。因为，"这一观点表现了基督教以及整个人道主义思想的精神实质。如否定这一观点，就极有可能将社会导向一种极权政治制度。"② 但是，与契约自由相联系的是个人主义的另一种含义：即个人是法律或至少是主观实体权利的根据。主观权利理论一般认为，权利是人性固有的。个人权利就是根据自我判断从事于己有利的活动。③ 而个人自我判断、自我选择的法律形式就是契约。于是，契约成为个人权利的根据和源泉。个人也应该随自我判断的结果承担责任。契约自由和过错责任也由此与个人主义相连。现在我们虽然不能说契约是个人权利的唯一根据和源泉，过错责任也不能涵盖民事责任的全部。但是，契约自由和过错责任却对个人的选择、判断给予了肯定，也对个人价值表现出极大的尊重。

个人主义不仅在由民事主体参与的社会生活中获得了胜利。而且，在婚姻家庭领域，民事主体的个人主义趋向也得以加强。按照理性原则，即便在婚姻家庭关系中，夫妻之间、父母子女之间也应该是自由、平等的，彼此之间没有身份上的依附与归属，也没有权利上的差异。在男女平等和继承权平等中，婚姻家庭中的每个个体都获得了尊重。由此，"婚姻和身份制度的世俗化得以维持。权利的平等性在继承方面也得到了事实上的确立和承认。"④

## 三、自由、平等的民事主体

个人主义的自然法很容易滋生出自由、平等的观念。因为，就这种自然法的个人主义特点而言，其主要体现为这个时代的自然法思想家们大多将自然状态视为找到自然法的正确地方。⑤ 而且，除霍布斯和斯宾诺莎将自然状态设想

---

① GOUNOT, Etude critique de l'individualisme juridique, cite par Flouret Aubert.

② 尹田著：《法国现代合同法》，法律出版社1995年版，第22页。

③ ［法］雅克·盖斯旦、吉勒·古博著：《法国民法总论》，陈鹏、张丽娟、石佳友、杨燕妮、谢汉琪译，法律出版社2004年版，第128—129页。

④ 同上书，第100页。

⑤ ［德］海因里希·罗门著：《自然法的观念史和哲学》，姚中秋译，上海三联书店2007年版，第85页。

为每个人处于无法无天的、野蛮的战争状态之外，大多数的自然法思想家都认为在自然状态中，每个人处于自然的自由和平等之中，典型如普芬道夫和洛克。正是因为设想的自然状态不同，才由此导致进入社会状态后所采取的谋取和平、维护财产的制度设计之不同。我们采纳多数人的设想。在自然状态中，人具有处理他的人身或财产的无限自由，但是他并没有毁灭自身或他所占有的任何生物的自由。也就是说，在自然状态中，人是自由的，但却不是放任的。理性的自然法支配和指导着有意遵循理性的全人类。① 同时，自然状态中的人也是平等的。因为，既然"同种和同等的人们毫无差别地生来就享有自然的一切同样的有利条件，能够运用相同的身心能力，就应该人人平等，不存在从属或受制关系。"所以，"一切权力和管辖权都是相互的，没有一个人享有多于别人的权力。"② 正是因为人是自由而平等的，他们才能通过缔结社会契约而进入社会状态。既然自由、平等是自然状态下人的本性体现，则由自然状态孕育出来的作为人的本性规律体现的自然法必然要求遵循人的本性：自由、平等。自然法确立的自由、平等是人的一种应然状态，实证法作为自然法的落实，其遵循自然法的结果就是在法律上确认民事主体的自由、平等。

《法国民法典》是市民阶级的法典，而"市民存在的基础在于个人自由——特别是从事经济活动自由的保障和对所有权——主要是土地所有权的保障。"③ 因此，民事主体的自由成为法典的核心精神。由《法国民法典》所确立的资产阶级民法三大基本原则——所有权绝对、契约自由和过失责任，分别是财产自由、经济自由和行动自由的体现。这些自由与法典的个人主义也是一致的。正是借助于这些保护和促进自由的规定，资本主义社会才迅速发展起来。

《法国民法典》在确立民事主体自由的同时，也奠定了主体地位平等原则。"一切法国人均享有民事权利"的规定不仅确立了个人的主体地位，而且确立了个人民事主体地位的平等性。在法国大革命前，其社会由贵族、教士和第三等级构成，前两个等级是特权阶级。法律支持这种社会分层，并使特权阶级享有一系列的特权。因此，"各种特权的存在是旧法的一个特点。"④ 那么，

---

① ［英］洛克著：《政府论》（下篇），叶启芳、瞿菊农译，商务印书馆 2008 年版，第 4 页。

② 同上书，第 3 页。

③ ［德］K. 茨威格特、H. 克茨著：《比较法总论》，潘汉典等译，法律出版社 2003 年版，第 144 页。

④ ［法］雅克·盖斯旦、吉勒·古博著：《法国民法总论》，陈鹏、张丽娟、石佳友、杨燕妮、谢汉琪译，法律出版社 2004 年版，第 91 页。

特权是什么呢？西耶斯在其名著《论特权》的开篇中指出："对于获得特权的人来说，特权是优免，而对于其他人来说则是丧气。"并进一步指出，"无论何种特权，其目的自然都在于免受法律的管束，或赋予法律所未禁止的某种事物以专属权利。"① 社会的等级分层，尤其是特权阶级的存在，不仅在政治上造成第三等级处于无权属状态，而且在民事立法中也维护着主体地位的不平等，以此使特权阶级处于优越地位。

革命颠覆了旧王朝的统治后，作为革命主力的第三等级，同时也是《法国民法典》制定者的市民阶层自然将其权利和平等要求落实于其中。因此，作为反映自由和平等革命需求产物的《法国民法典》宣示一切法国人平等地享有民事权利，废除了各种特权。而且，《法国民法典》的制定者没有局限于民事主体法律上的平等，还力图通过经验主义的做法来实现事实上的平等。这主要体现在家庭法中将非婚生子女视同婚生子女、明确了继承平等原则，以及禁止通过遗嘱或赠与方式将某些特殊的利益给予某一个子女而牺牲其他子女的利益。② 这种民事主体地位上的法律平等和事实平等的经验规定落实和体现了自然法上的自由、平等。而且，由于这种自由、平等的规定不是以人的经验为依据，而是以自然法观念的结果为依据，是经验的感觉在认识上的概括、总结和升华，是意识的产物。因此，它不再是自由、平等的事实，而是观念的存在。自由、平等观念由此在实证法中形成。当然，鉴于其狭隘的民族主义，这种观念上的自由、平等也仅限于法国人。

不过，应当注意的是，《法国民法典》的家庭法部分，既是落实法律平等之处，也是遗留不平等之处。如前所述，《法国民法典》第8条的规定实现了民事主体资格判断标准由身份向人格的转变，并通过身份因素的去除而实现了主体地位平等。但是，由身份所代表的封建因素并没有在法典中全面清除。这主要集中在婚姻家庭领域。例如，法典第213条夫对妻的保护、妻对夫的顺从的规定，仍然使妻子处于丈夫的支配或隶属之下。第217条对妻子处分财产须得夫的参与或同意的规定，实际上剥夺或限制了妻子的行为能力。可见，在《法国民法典》中，夫妻关系上的身份观念和不平等色彩还是比较强烈的。

---

① ［法］西耶斯著：《论特权、第三等级是什么》，冯棠译，商务印书馆1990年版，第1页。

② ［法］雅克·盖斯旦、吉勒·古博著：《法国民法总论》，陈鹏、张丽娟、石佳友、杨燕妮、谢汉琪译，法律出版社2004年版，第93页。

除夫权的遗留之外，父亲对子女过分权利的规定也显示出了极强的父权倾向。这些父权的规定，使得子女仍然处于父亲的权力之下，地位不平等显而易见。可以说，"《法国民法典》通过赋予父亲人身支配权、管束权，强调父亲的权力，其'父本位'观念体现得更突出。"①

民法典在婚姻家庭领域残留了诸多身份因素，由此导致民事主体地位平等原则落实得不彻底，一方面体现了立法者在观念上还没有彻底和真正地树立起自由、平等意识，另一方面也体现了国家政权在家庭面前的小心翼翼。当然，因身份因素残留而导致的不平等，随着以后立法的修改逐渐得以修正，民事主体在婚姻家庭领域的自由和平等最终得以实现。

# 第二节　《德国民法典》中的民事主体

## 一、德国民法中民事主体素描

《德国民法典》与《法国民法典》的编制体例和结构安排虽然有很大的区别，但我们不能就此说《德国民法典》优越于《法国民法典》。不过，在民事主体制度方面，《德国民法典》确实较《法国民法典》更进一步。

首先，《德国民法典》将一切人纳入民事主体范围，实现了人格平等。《德国民法典》不是如《法国民法典》从权利享有的角度，而是创造出权利能力的概念，并"将'权利能力'视为法律意义上的人——包括'自然人'和'法人'——的本质属性。"② 当然，因为"权利能力，首先是指人能成为权利的主体的能力"，③ 其同样间接地将主体与权利相连。可以说，在这一点上两大法典是殊途同归的。不过，《德国民法典》将作为主体本质属性的权利能力不再局限于具有本国国籍的人，而是扩展到所有人。对这样的规定，法典第一草案的说明给予如下解释："不论现实中的人的个体性和其人种，承认其权利能力是理性和伦理的一个戒律。"④ 正是基于这样的认识，人没有区别地成为民事主体。

---

① 何勤华、魏琼著：《西方民法史》，北京大学出版社 2006 年版，第 261 页。

② ［德］卡尔·拉伦茨著：《德国民法通论》，王晓晔等译，法律出版社 2003 年版，第 48 页。

③ 同上。

④ ［德］罗尔夫·克尼佩尔著：《法律与历史——论〈德国民法典〉的形成与变迁》，朱岩译，法律出版社 2003 年版，第 58 页。

不论其种族、民族、性别、年龄，以及意志，人毫无例外地具有民事主体资格。

不过，应当注意的是，人成为民事主体，并不是说人是民事主体。无论是权利能力，还是民事主体，都是实证法上的概念。人的主体资格是实证法授予的，其下隐藏着这样的一个法学结构，即只有人格人是法律主体，而人并非必然是法律主体。[①] 古代民事主体的历史深刻地印证着这一点。只是在《德国民法典》中才实现了人与民事主体的同一。同时，借助于权利能力的概念，所有人成为民事主体，成为人格人，其法律意义和政治意义更为显著：人人平等，真正而彻底地消除了等级差别。于是，权利能力的普遍化也通过人类的平等而伟大起来，即使其与结构相配合，即使人格人概念通过一种"角色"被转译，其仍被评价为进步和解放。[②]

权利能力虽然真正在法律上实现了人格平等，实现了人与民事主体的同一。但是，权利能力作为一个纯粹的实证法概念，由其所实现的民事主体的人格平等不再是自然法上基于人的理性而产生的平等，而是十足的实证法上的形式意义上的平等。这种平等几乎丧失了伦理人的一切特点。也就是说，"《德国民法典》中使用的'人'，是一个形式上的概念。构成这一概念的必要条件只有权利能力，而不包括行为能力和过错能力。因此，这个形式上的'人'的内涵，没有它的基础——伦理学上的'人'那样丰富。在伦理学上的'人'所具有的所有特性中，它只具有唯一的一个：权利能力。"[③]《德国民法典》中民事主体的这一变化是实证主义对自然法胜利的结果。

其次，法人主体的添加确立了民事主体二元结构的定位。如果说《法国民法典》中对法人主体的忽视是受个人主义自然法思想影响而带有一定理想色彩的话，《德国民法典》则更为现实些。这或许与《德国民法典》制定时团体组织的社会发展有关，但更为重要的原因在于由权利能力概念所确立的民事主体是一个形式化的人的概念。一切人都有权利能力，并不意味着权利能力人具有人的一切。恰恰相反，权利能力是去除了人的一切因素的结果。因此，"这个形式上的'人'的内涵，没有它的基础——伦理学上的'人'那样丰

---

① ［德］罗尔夫·克尼佩尔著：《法律与历史——论〈德国民法典〉的形成与变迁》，朱岩译，法律出版社2003年版，第59页。

② 同上书，第61页。

③ ［德］卡尔·拉伦茨著：《德国民法通论》（上册），王晓晔等译，法律出版社2003年版，第57页。

富。在伦理学上的'人'所具有的所有特性中，它只具有惟一的一个：权利能力。对人的概念的形式化，使法律制度可以将人的概念适用于一些形成物。它们虽然不是伦理学意义上的人，但法律制度赋予它们'权利能力'。这些形成物就是'法人'。"① 也就是说，权利能力并没有使民事主体的内质限于自然人，人的形成物同样可以因为权利能力的获得而成为民事主体。于是，《德国民法典》将法人与自然人并列，形成民事主体二元结构，并使自然人和法人共享法律上的平等待遇。

## 二、德国民法中民事主体的精神根源

如果说，在《法国民法典》制定时，虽然已经出现对自然法的反对之声，但自然法尚处于支配地位，并最终成为法典思想基础的话，则在《德国民法典》制定时，对自然法的攻击则处于优势，由此使自然法与实证法的联系渐行渐远了。休谟作为怀疑论的代表，认为人是由激情而不是由理性统治的，否认人的理性力量。他说："理性只是，并且也应该只是情感的奴隶，除了服务和服从情感之外，不能称还有别的功能。"② 与此相类似，浪漫主义者也以其崇扬的善感性而否认理性，在法律领域，浪漫主义运动认为法律是非理性地活动的人民的精神产物，并表现在法律惯例和习惯法的创建活动中。③作为浪漫主义运动法律分支的历史法学派更因崇扬民族精神而将矛头对准自然法。

《德国民法典》是学说汇编学派的产物。这一学派致力于建构体系性的民法学。支持学说汇编学派的是法学实证主义的法律观，或者称为学术实证主义。法学实证主义"只从法学的体系、概念与定理中推论出法条及其适用，外于法学的，诸如宗教、社会或学术的评价与目的，均不具创造或改变法律的力量。"④

---

① ［德］卡尔·拉伦茨著：《德国民法通论》（上），王晓晔等译，法律出版社 2003 年版，第58—60 页。

② A Treatise of Human Nature, Bk. Ⅱ, Part Ⅲ, §3, ed. by L. A. Selby-Bigge（Oxford: Clarendon Press, 1888）, p. 415。

③ ［德］海因里希·罗门著：《自然法的观念史和哲学》，姚中秋译，上海三联书店 2007 年版，第100 页。

④ ［德］弗朗茨·维亚克尔著：《近代私法史》（下），陈爱娥、黄建辉译，上海三联书店 2006 年版，第 415 页。

诚如 Windscheid 所指出的，"伦理、政治或国民经济上的考虑均不是作为法律家所关心的。"① 从而，法学实证主义从概念出发，将整个民法学建构成一个逻辑严密而合理的体系脉络。这样建构起来的私法体系不仅是一个封闭的体系，而且是一个自足的体系。由概念出发形成的各项法律制度与法规范相配合构成封闭的既存法秩序，在这个法秩序中，借助于逻辑推演而完全可以完成法的适用，即合逻辑地适用法概念就可以得出正确的法判决，而根本无需考虑法概念之外的任何因素，也无需考虑各种社会现实。也就是说，如此建构起来的"既存的法秩序始终是一个由制度与法条组成的封闭体系，其独立于（由制度与法条所规整之）生活关系的社会现实之外。"②

体系的封闭也意味着其体系的自足性。可以说，法学实证主义之所以如此构建其概念体系，恰在于其如下的确信："学术语句在逻辑上之概念与体系的正当性足以证立语句的正当性。"③ 概念与体系的逻辑正当，由此证立语句的正当性和裁判的正当性，其他因素和社会现实因素的排除在证立体系的独立性的同时，也证立了体系的自足性。恰是体系的封闭性和自足性使法学实证主义认同自由主义时代要求的私法自治、主观权利等政治和经济要求。

## 三、《德国民法典》中民事主体的实证形象

按照现代实证主义哲学奠基人孔德的认识，实证主义作为人类思想进化的最后阶段，它否弃了哲学、历史学和科学中的一切假设性建构，仅关注经验性的考察和事实的联系。④ 由此，"实证主义作为一种科学的态度，它反对先验的思辨，并力图将其自身限定在经验材料的范围之内。"⑤ 法律实证主义也必然只注重经验材料的分析和归纳，先验的超实证的东西不再能够成为考虑的因

---

① 转引自［德］弗朗茨·维亚克尔著：《近代私法史》（下），陈爱娥、黄建辉译，上海三联书店 2006 年版，第 415 页。

② ［德］弗朗茨·维亚克尔著：《近代私法史》（下），陈爱娥、黄建辉译，上海三联书店 2006 年版，第 416 页。

③ 同上。

④ Comte, *The Positive Philosophy*, transl. and condensed by H. Martineau（London, 1875），Ⅰ，2.

⑤ ［美］博登海默著：《法理学——法律哲学与法律方法》，邓正来译，中国政法大学出版社 2004 年版，第 120 页。

素。对于法律实证主义者来说，只有实在法才是法律，而实在法就是国家确立的法律规范。① 至此，伦理、正义等价值因素及法理念彻底与实证法发生断裂。

由概念所建立起来的私法体系必然是一个抽象的结构，而"作为一般抽象的私法，其体系原则上不是取向于社会生活秩序（一般邦法典则相反），毋宁是主观权利的概念性表现形式：请求权、物权与人格性权利。"② 这种不考虑法的外在面向的民法典所设计的民事主体形象必然是抽象的理性人。抽象的理性主体完全脱离实存的人，由此，实存之人的特殊性、具体性全然不在实证法的考虑范围之内。此理性人自主负责，完全依契约性的法律行为完成私权的设定，契约之外的社会事实也不在其考察范围之内，由此形成契约的形式正义。作为意志外化表现的财产也完全由主体的自由意志支配，与他人和社会无关，自不产生对社会的义务。诸如此种，均是法学实证主义的结果。

法律中的人不是实存的人，实存的人必须通过一系列的手术完成向法律上人的转换，即第一次手术通过切断情感并纯化意志而使人符合理性标准，第二次手术则通过"经验的"与"思维的"区分，使人灵魂出壳，成为真正的理性人。③ 两次手术的结果，理性人的民事主体形象被刻画出来。理性人由于去除了具体的实存之人的种种偏好和欲望，因而是真正自由的。同时，正因具体的实存之人有种种欲望和偏好，因此，具体的人需要"戒律或禁止的绝对命令，即外在的、法律的合法性、必要性"。④ 与此相反，理性人既然已经割除了实存之人的各种欲望与偏好，就无需外在的伦理命令的约束，这恰与法律实证主义的价值中立相呼应。

## 四、德国民法中民事主体的伦理性证立

法学实证主义所建立起来的私法体系将伦理、政治和经济等因素排除在

---

① ［美］博登海默著：《法理学——法律哲学与法律方法》，邓正来译，中国政法大学出版社2004年版，第122页。

② ［德］弗朗茨·维亚克尔著：《私法史》（下），陈爱娥、黄建辉译，上海三联书店2006年版，第456页。

③ 李永军著：《民法上的人及其理性基础》，载《法学研究》，2005年第5期。

④ ［德］康德著：《道德的形而上学》，转引自［德］罗尔夫·克尼佩尔著：《法律与历史——论〈德国民法典〉的形成与变迁》，朱岩译，法律出版社2003年版，第77页。

外，即不考虑私法中的价值因素。可以说，价值中立是法学实证主义的主要特征。但是，价值的中立化并不意味禁止立法者考虑价值因素，也并不意味法学实证主义拒斥伦理因素。"法秩序本身不是伦理，毋宁只是加以促成，它本身有其'独立存在'。"① 这样的表述本身即意味法律和伦理的相关性。法律虽然不是伦理，但却是促成伦理的手段或工具。也就是说，就原本意义而言，法学实证主义并不是初始即与伦理相脱离的，其伦理性的远离是后世发展中哲学奠基渐渐消失的结果。这种哲学奠基的消失，是伴随法学实证主义转变成法律实证主义而完成的。当然，这种哲学奠基的消失也源于法学实证主义本身存在的自我毁灭根源。因为，"此种实证主义将（超实证地课予义务的）法理念排除于方法意识之外；自从法学建构无法再透过这种理念来正当化后，勇毅的事实感受当然就要求根据实际的原因来说明法规范：如是，为说明（已决定之）人类目的（以便由目的来说明法律），就必须说明人类行为的因果性。法律形式主义与自然主义在一种放弃超实证的法理念，而取向其替代物的法律观中，必然会前后继起。"② 这也是为什么法律实证主义在达到巅峰之后发生异化而骤变为法学自然主义的原因。

　　法律实证主义所建立起来的封闭的私法体系首先要考虑如何架设主体制度。在这里必须要解决的是民事主体的人格依据。但由于法律实证主义割裂了法律与伦理的联系，民事主体的人格依据就不能再如同《法国民法典》那样是伦理因素了，而只能是一个实证法上的依据。于是，权利能力的概念遂应运而生。借助于权利能力，人成为民事主体，人之外的存在，如组织或财产也获得了与人相同的民事主体资格。因此，在《德国民法典》中，人成为民事主体并不是因为其是人，而是因为实证法赋予其权利能力。诚如温德沙伊德所言："该人是因为并只有通过法律授予方具有权利能力"，③ 进而成为民事主体的。

　　于是，"法律人格的依据从法国民法上'人的理性'，演变为德国民法中的'权利能力'，从而完成了民事主体的实质基础从自然法向实在法的转化。

---

　　① [德] 弗朗茨·维亚克尔著：《近代私法史》（下），陈爱娥、黄建辉译，上海三联书店2006年版，第415页。

　　② 同上书，第432页。

　　③ 转引自 [德] 罗尔夫·克尼佩尔著：《法律与历史——论〈德国民法典〉的形成与变迁》，朱岩译，法律出版社2003年版，第60页。

从此，人的伦理属性，至少在法律技术的层面，被这个实在法的概念所掩盖了。"①

## 五、德国民法中民事主体社会面向的忽视

法律根源于社会，社会生活秩序是法的社会基石，也是法的外在面向。也就是说，"法的外在面向事实上就是社会现象。"② 私法总是和一定的社会现实、一定的社会生活秩序联系在一起的，民法典更应该反映和总结社会生活秩序，并对社会生活秩序的发展做出某种预示。但是，以法律实证主义为精神根源的《德国民法典》在将伦理、政治、经济等因素排除在立法之外的同时，也使其建立起来的私法体系和民事主体制度排除了法的社会面向，忽视了活生生的社会现实。

《德国民法典》制定时，虽然小企业、手工业和小型农业在经济生活中仍然占据主导地位，但是，法人等团体及其联合已经开始发展，整个国家基本上也已经进入工业化阶段。《德国民法典》也正视了这一现实，通过民事权利能力的法技术工具，将法人这种组织性的团体纳入民事主体范围，并逐渐发展成为主导的形象。也就是说，《德国民法典》制定之时，个体的人虽然仍然是社会的存在形式，但非人格性的主体，即法人和其他组织性的主体已经大为发展，个人主义所建基的个体存在在《法国民法典》制定之时已经不再是社会经济的唯一主体，发展至《德国民法典》时已经不再是主要的主体。伴随法人等团体主体的发展，以及工业化进程的深入，出现并形成了另外一个不同于以往的阶层——产业工人。"同其他居民阶层相比，产业工人的情况具有明显的特殊性。他们没有自己的土地或其他财产，因而必须依靠从事雇佣劳动才能维持自己的生计。"③ 他们无法如以往的阶层那样能够自给自足，其雇佣劳动在某种程度上决定了他们对生产者的依赖。而且，随着德国工业化进程的进一步深入，法人等企业组织的不断崛起与扩大，以及 19 世纪急剧增长的人口，产业工人的数量迅速增长并阶层化。也就是说，法人等非人格性主体的大量存

---

① 马骏驹著：《人格和人格权讲稿》，法律出版社 2009 年版，第 60—61 页。

② ［德］弗朗茨·维亚克尔著：《近代私法史》（下），陈爱娥、黄建辉译，上海三联书店 2006 年版，第 542 页。

③ ［德］卡尔·拉伦茨著：《德国民法通论》（上册），王晓晔等译，法律出版社 2003 年版，第 67 页。

在与发展使社会日益呈现多元化。

就法律地位而言，虽然主体呈现出多元化发展的趋势，但非人格性主体与人格性主体还是应处于同等地位，但现实却远非如此。因为，一般说来，非人格性主体比人格性主体具有更大、更强的经济实力和影响力，人格性主体又往往依靠和依赖于非人格性主体而生存。因此，在很多情况下，非人格性主体处于优势的支配地位。于是，法人等非人格性主体的发展形成了多元社会和多元的经济势力，其不仅消解了个人主义所立基的个体的人的社会存在。而且，多元主体之间地位的事实不平等更进一步消解了个人主义的自由、平等要求，并背离了与个人主义辉映的人文主义精神。在这种情况下，国家在某些方面的帮助或许就成为必须的了。但是，《德国民法典》却无视这种社会现实，依旧将个人作为法律或主观权利的来源，意思自治和契约自由也由此继续被维持。而多元社会和多元经济势力所要求的一些规则和原则在法典中并无体现。如情势变更原则、承租人保护、因契约自由所可能导致的反自由问题、对劳动者提供保护也因可能违反契约自由原则而没有得到立法和司法实践的承认等。国家通过拒绝为市民法秩序和弱势主体提供帮助而否认了私法的社会功能。

《德国民法典》是法律实证主义胜利的产物。不过，《德国民法典》制定时，法律实证主义已呈颓势，或者说，已经与社会的发展不相适应了。以其为思想源泉也由此注定了《德国民法典》保守性的一面，并为民事主体的未来发展埋下了危机的种子。"许多法律的共同悲剧，质言之，其系伟大法律思想的果实而非种子，这个阴影也笼罩着民法典。"[1] 用这样的话来描述和总结《德国民法典》是再恰当不过了。

## 第三节　近代民事主体观念自由、平等的塑造

### 一、近代民事主体最大限度自由的展现

民事主体发展至近代，几乎所有的人都解除了奴役而获得了自由之身。自由身份不再具有稀缺性，也不再是民事主体的人格依据，而是成为主体的人格

---

① ［德］弗朗茨·维亚克尔著：《近代私法史》（下），陈爱娥、黄建辉译，上海三联书店2006年版，第459页。

属性。人生而自由的自然法观念成为实证法中的现实。而且，刚刚摆脱奴役的人们对自由的渴求使实证法赋予了近代民事主体最大限度的所有的自由、契约的自由和人格的自由。

### （一）所有的自由

私有的概念在近代之前就已经产生了，因此，私人财产所有权并不是近代民事主体的特权，古代民事主体就已经享有个体性质的财产权了。罗马法时期家父对物的支配权就是所有权性质的权利。而且，"家父对土地的权利，自比较古老时代起就认为是个人的所有权。"① 后来出现的家子和奴隶对特有产的权利也具有了所有权的性质。中世纪时期，领主对土地的支配权也是领主权力的重要内容。但是，无论是罗马法时期家父的土地财产权，还是中世纪的领主财产权都不同于近代民事主体的财产所有权。我们知道，罗马的家庭是与种族制度相连的，家父作为家族的代表，其享有的财产所有权必然受制于种族或家族利益。因为，"种族如要成为不变的、巩固的种族，在其下必须有巩固的物质基础。在种族及其中存在的财产之间，必须存在一定的确实的结合。"② 受种族利益约束的家父财产权不可能是完全不受约束的个人所有权，种族或家族不可避免地会以种种有力的手段干涉家父财产权的行使，从而使家父无法获得对所有物的绝对的支配权，也无法获得基于所有权产生的自由。就领主权而言，其如同家父权一样，既包括物的支配，也包括人的支配，是一种概括的支配权。这种概括的支配权并不完全与物相连，而更多的是与身份有关。而且，纵横交错的人身依附关系在一定程度上也会影响领主对土地的支配。因此，古代民事主体的财产所有权虽然具有个体性质，也可以称为个人所有权，但是，这种个人所有权往往受制于某种外在的力量，基本上是一种身份关系，从而形成人的依赖关系。在人的依赖关系发挥主导作用的社会中，个人财产所有权并不能发挥多大作用，也并不能够给主体带来多大的自由，主体对所有权的支配需求自然也不很强烈。因为，"只要一个人感到自己不是一个个体，而仅仅是某个集体如家庭、家族、村庄或宗教团体的一个成员，那么他对于自己作为个

---

① ［日］我妻荣著：《债权在近代法中的优越地位》，王书江、张雷译，中国大百科全书出版社1999年版，第158页。

② Jhering, Geist. Bd. I. S. 197. 转引自［日］我妻荣著：《债权在近代法中的优越地位》，王书江、张雷译，中国大百科全书出版社1999年版，第159页。

人排他性地支配物的要求就不会很明显。"①

但是，私人财产权却给近代民事主体带来了最大限度的所有的自由。近代资产阶级革命去除人的身份特性而使民事主体转向近代，人的社会地位不再由身份决定，人与人之间的关系也不再是身份的连结，而是平等地成为法律主体。此时，每个法律主体首先感到自己是一个独立的个体，而作为独立的个体他会感受到一种需求，一种由自己来构筑自己的环境、由自己来处分的需求，这就要求将财产、将物据为己有。② 因此，财产权赋予主体支配的自由，主体可以凭其意志支配所有物。他不仅可以排除他人的意志干涉，而且可以排除任何其他外在力量。种族利益、身份等都与所有权人的意志不再相干。所有的自由成为纯粹的物的支配的自由。而且，有产阶级革命所给予私人财产权的地位在使所有权人将其意志表达于外部领域的同时，也使其在此外部领域中获得了最大限度的所有的自由，并由此奠定了私人财产权在近代民法的地位，成为近代法律的基本目标。

近代民事主体所有的自由迎合了近代资本主义经济的要求。近代资本主义经济是商品的经济，也是交换的经济。交换是一切经济组织生产的目的。也就是说，"'交换'成了维持经济组织的根本杠杆。"③ 而交换的前提是交易主体对交换物享有私的所有权。因此，所有的自由为资本主义经济的迅速发展提供了必要条件，并使社会进入到以物的依赖性为基础的社会阶段。

在以物的依赖性为基础的社会中，所有的自由作为对物的支配的自由，虽然它只能支配物本身，而不再能支配人。但是，私人财产权神圣作为近代法律的基本目标并没有关注到无产的广大人民群众的利益。以物的依赖性为基础的社会也就是以交换作为主要的和基本的生产方式与生活方式的社会。在这样的社会中，无产者只能以其自身，即以其劳动力进行交换。在交换中，拥有生产手段的所有权人不仅能够自由地支配物本身，而且能够支配无财产的非所有权人。因此，私人财产权不仅给近代民事主体以最大限度的所有的自由，而且为民事主体的现代变革打下了伏笔。

---

① ［德］卡尔·拉伦茨著：《德国民法通论》（上册），王晓晔等译，法律出版社 2003 年版，第52 页。

② 同上。

③ ［日］我妻荣著：《债权在近代法中的优越地位》，王书江、张雷译，中国大百科全书出版社1999 年版，第 170 页。

### （二）契约的自由

在财产权成为近代法律基本目标的同时，契约也受到了法律的极大关注。因为，财产权虽然是自由的基础，它给人们提供了极大的所有的自由，但是，如果仅仅保护财产权而不保护契约的话，则人们获取财产的手段或途径就会受到影响。因此，近代"法律要注重保护对既得财产拥有的权利，更要注重保护获得财产的权利。"① 而契约正是近代社会人们获取财产的主要手段和途径，自由缔约权也把人的积极性和创造性极大地调动了起来，使人可以尽其所能地去创造财富、获取财富。

"19 世纪是契约的世纪"，② 这是完全正确的断言，其预示着契约在近代及其之后的社会中将发挥着无与伦比的作用。在此之前的古代社会，也存在着契约。而且，在罗马法时期，契约也曾经为罗马经济的发展发挥过重要作用。但是，在古代社会中，一个人的出身和身份不仅决定了他的社会地位，也决定着他所享有的一切权利和义务。在这样的社会中，契约不可能真正发挥作用。因为，在这样的社会中，个人的权利、义务往往是与其意志无关的。只有到了近代社会，契约才取代了源自家族所产生的各种权利义务而成为联系人与人之间关系的形式。人们之间成为契约关系而不再是身份关系。个人意志也才能成为其权利、义务和责任的来源与依据。可以说，从近代开始，"全部的社会生活都要利用它、依靠它。由于有了明示的或默示的，宣告的或意会的契约，才产生了所有的权利、所有的义务、所有的责任和所有的法律。"③ 这样的表述虽然现在看来有些过于绝对，但在 19 世纪无疑是正确的。

契约给主体提供了自由的手段，它使每个主体可以根据自己的意志选择、判断，并设定自己的权利和义务，而法律则应尊重缔约主体的意志选择。因此，契约自由意味着每个人可以自己安排自己的未来事务与生活，可以自由地去选择和行动，自由地去参与社会经济生活并分享经济发展的成果而实现自我利益和个人财富的增长。如此，契约给主体提供了极大的选择自由和行动自由，而法律对自由意志的尊重并使契约自由成为私法自治的核心。诚如德国学者所言："私法最重要的特点莫过于个人自治或其自我发展的权利。契约自由

---

① ［美］伯纳德·施瓦茨著：《美国法律史》，王军等译，法律出版社 2007 年版，第 92 页。

② 同上书，第 66 页。

③ 转引自［美］伯纳德·施瓦茨著：《美国法律史》，王军等译，法律出版社 2007 年版，第 67 页。

为一般行为自由的组成部分……是一种灵活的工具，它不断进行自我调节，以适应新的目标。它也是自由经济不可或缺的一个特征。它使私人企业成为可能，并鼓励人们负责任地建立经济关系。因此，契约自由在整个私法领域具有重要的核心作用。"①

契约自由成为主体自由的表现和私法的核心不仅在于契约是自由的手段，更在于契约自由与正义要求的一致性。康德的"自由意志"理论是 19 世纪契约自由的哲学来源。康德的"自由意志"既指意志可以独立于一切感性条件、摆脱各种特定善的观念的支配，进行自由的选择，又指具有自由意志的人定会选择一种有法的状态，为自我的自由立法，确定普遍的道德准则。② 也就是说，虽然意志本身不具有善的观念可以自由选择，但是，理性的缔约主体可以自行设定一种普遍的道德准则来指导自由选择。因此，意志不仅是自由的，也是正当和善的。诚如学者所言："自治本身就是一种'善'，自愿的选择之所以应该被尊重是因为这些选择是自我控制或者自我决定这种权利的合法运作，而不管外在的观察者会如何评价这些选择和个人或社会价值。个人具有权利去追求他们自己认同的善，这种追求不应该受到他人干涉或者被他人强加上其他的善。但是，至少他人的利益不要被个人与此相关的行为或选择所危害或伤害。"③ 契约自由从自由意志本身就获得了正当性。

契约是自由的，也是正当的和符合正义的。对缔约主体自我的尊重在契约领域表现为对自由意志的尊重、对契约的尊重。"如果说，法律的目的是对'给每一个人以其自我'提供保障，那么，自我越来越被认为是由契约保护的权利。正义就其本身的性质来说就在于对合法契约进行维护。"④ 而法律应该促进这种德性的发展，契约自由由此进入实证法的视域，契约也成为主体自由的最大领域。

### （三）人格的自由

身份是古代民事主体的人格内容，也是其典型特征。人的社会地位、主体

①　［德］罗伯特·霍恩、海因·科茨、汉斯·G. 莱塞著：《德国民商法导论》，楚建译，中国大百科全书出版社 1996 年版，第 90 页。

②　资琳著：《契约制度的正当性论证》，中国政法大学出版社 2009 年版，第 21 页。

③　Michael J. Trebilcock, *The Limits of Freedom of Contract*, Cambridge：Harvard University Press, 1993, pp. 8 - 9.

④　［美］伯纳德·施瓦茨著：《美国法律史》，王军等译，法律出版社 2007 年版，第 93 页。

的权利义务都由身份决定。在身份决定一切的社会中，人不能获得人格的承认，即人不是人格的理由与依据，身份才是人格的依据，也只有具有某种身份的人才能享有人格，并因此享有权利承担义务。人性被遮蔽于身份之下。至近代，民事主体的人格依据不再是身份，而是人性本身。由此，每个人都因其人性而获得了人格，成为权利义务的主体。也就是说，"所有的个人都从原来的身份隶属者地位解放，均被承认为有法律上的自由的人格。"①

人格的自由使每个人得以毫无例外地成为法律上的人，可以依其自由意志享有权利、承担义务，并因其人格而获得同等的尊重和法律上的地位，即人获得了自主性，也获得了人格的自由。

## 二、近代民事主体形式平等观念之造就

"近代民法的特点首先在于承认所有的人具有完全平等的法律地位。"② 人的完全平等是应然意义上的平等，而非实然意义上的平等，即是一种观念上的平等而非事实上的平等。在古代民事主体的历史中我们虽然能够发现一些平等的事实，但是却无法感受到平等的观念。近代民事主体在获得最大限度的个人自由的同时，也铸就了观念上的平等。近代民事主体平等的观念归功于权利能力这个法律技术的创设。

### （一）造就观念平等的技术工具与过程

近代之前，人在私法上的地位我们往往用人格来表述，而近代之后，人在私法上人的地位我们常常称之为"权利能力"，即"一个人作为法律关系主体的能力，也即是作为权利的享有者和法律义务的承担者的能力。"③权利能力的概念借鉴于罗马的人与人格分离学说，但却不再如"人格"仅指向自然人，而是将自然人主体和法人主体一并涵盖其中。在《德国民法典》及其之后，民事主体不再限于自然人，社会发展要求法律承认团体的主体地位。而仅与自然人相连的"人格"概念无法完成这一使命。于是，

---

① 〔日〕我妻荣著：《债权在近代法中的优越地位》，王书江、张雷译，中国大百科全书出版社1999年版，第173页。

② 马骏驹、刘卉著：《论法律人格内涵的变迁和人格权的发展——从民法中的人出发》，载《法学评论》2002年第1期。

③ 〔德〕卡尔·拉伦茨著：《德国民法通论》（上册），王晓晔等译，法律出版社2003年版，第119—120页。

权利能力的概念应运而生。可以说，正是为解决团体如同自然人主体那样享有权利、承担义务问题，即团体的主体地位问题才创设出了权利能力的概念。

如果用"人格"来表述自然人的主体地位，并使所有的人都享有法律上的平等人格时，则自然人的主体地位虽然仍然是实证法的规定，但却具有自然法的基础，宣示着人生而自由、平等的自然法原则。而且，人格的概念总是与人的伦理性相连：人因其理性而成为主体，并因理性而承担责任。人格的伦理基础决定人格人必须与人的范围一致。"所有的法律都为道德的、内在于每个人的自由而存在。因此，人格人或法律主体的源初概念必须与人的概念相一致，并且可以将这两个概念的源初同一性表达为：每个人，并且只有每个人，才具有权利能力。"①

涵盖团体的权利能力概念不仅是一个纯粹的实证法概念，而且是一个与自然法基础无关的实证法概念。这样的实证法概念要一并表达自然人和法人的主体资格，要将法律上的主体与经验的、具体的人形成区分，就必须涤净情感和意愿而导向理性，即必须经过手术才能被改造为法律上的主体。② 因为，经验的、具体的人受种种偏好、欲望和所有的主观原因的影响和制约，从而是不自由的，也是非理性的。所以，必须涤净人的这些欲望、偏好以及种种主观原因才能成为理性的自由的主体。即"只有通过非感性的决定基础强迫而行为的人才是自由的，并且这只能是人，只要他通过理性的内在立法约束住情感并基于此种方式成为道德律令之下的一个理性的物，即作为人格人除了受制于（自己单独或至少同时和他人）所给出的律令以外，不受制于其他任何命令。"③ 而这样的人是抽象的、思辨的人，区别于经验的、具体的人。也就是说，"道德或法律的人作为惟一的、独立于具体规定的、纯思想建构的、思辨想象中的人。"抽象的、思辨的人为民事主体的观念平等铺平了道路。

**（二）民事主体观念平等的实质**

借助于权利能力的法技术工具，并经过手术而生成了近代民事主体的观念

---

① ［德］罗尔夫·克尼佩尔著：《法律与历史——论〈德国民法典〉的形成与变迁》，朱岩译，法律出版社2003年版，第62—63页。

② 参见李永军著：《民法上的人及其理性基础》，载《法学研究》2005年第5期。

③ ［德］罗尔夫·克尼佩尔著：《法律与历史——论〈德国民法典〉的形成与变迁》，朱岩译，法律出版社2003年版，第77—78页。

平等。这种观念平等在实证法中一般体现为权利能力平等。由于权利能力平等是建立在民事主体的抽象性、思辨性基础之上的，因而，观念平等首先是抽象的平等而非具体的平等。因为，"每一种观念都是一种普遍化，而普遍化是属于思维的。使某种东西普遍化，就是对它进行思维。自我就是思维，同时也是普遍物。"① 人的思辨能力使其思考时能够将对象中感性的东西排除出去，从而才能形成一种思想、一种观念。抽象的、思辨的人去除了经验的、具体的人的个性差异和一切外在因素而使民事主体成为普遍物，由此才能形成平等的观念。也就是说，"平等是理智的抽象同一性，反思着的思维从而一般平庸的理智在遭遇到统一对某种差别的关系时，首先就想到这一点。在这里，平等只能是抽象的人本身的平等。"②

其次，民事主体的观念平等是资格平等和起点平等。权利能力在内涵上是一种资格，由权利能力平等所体现的观念平等也仅仅表现为一种资格上的平等和起点上的平等。即"是一种资格或者说是一种取得权利的可能性的平等，而非具体权利的平等。也就是说，是一种起点平等而非结果平等。由于人的能力不同，因此即使作为平等的起点相同，在具体取得的权利方面肯定是不平等的。"③ 因此，权利能力的平等不等于民事主体在实际享有权利和资源分配上是平等的。但通过赋予所有的人以一种同等的资格而使他们处于相同的起点，从而尽量避免在权利享有和资源分配上出现初始的不平等。

再次，民事主体的观念平等是形式平等而非事实平等和实质平等。抽象的资格上的平等仅仅为民事主体提供了一种平等的形式和可能，现实中具体的、经验中的人因其种种差异和特性在事实上是不可能平等的。而且，形式意义上的平等仅仅解决民事主体在资格和起点上的不平等问题，并不能解决由于社会等因素造成的民事主体在实际享有权利和分配资源上的不平等问题，它只能满足形式正义的要求，并不能满足实质正义的要求。因此，形式意义上的观念平等也不等于民事主体的实质平等。

近代私法通过权利能力平等形成了民事主体的观念平等。虽然这种观念平等仅仅是一种资格上的抽象平等和形式平等，但是，作为资产阶级革命的

---

① ［德］黑格尔著：《法哲学原理》，范扬、张企泰译，商务印书馆 1961 年版，第 13 页。
② 同上，第 57 页。
③ 李永军著：《论权利能力的本质》，载《比较法研究》2005 年第 2 期。

胜利成果之一，它却是近代私法的重大进步之一，观念平等也成为近代民事主体的主要特征。诚如学者所言：人的权利能力平等在今日被认为理所当然，然而，在当时应该说是西欧历史中划时代的重要事件。① 对自然人主体而言，观念平等更是具有十分重大的历史意义。因为，它使每个人在法律上获得了同等的伦理价值和尊重，并使所有的人毫无例外地只因其人性而成为法律上的人。

## 本章小结

资产阶级的政治革命不仅推翻了封建统治、建立了民族国家，也完成了古代民事主体向近代民事主体的历史转型。民事主体的自由、平等不再是少数人的特权，也不再是特殊的事实样态，而是成为所有人在法律上的共同属性与存在样态，并成为人们的一种观念认识，近代民事主体的观念自由、平等由此形成。《法国民法典》是近代理性自然法的观念产物。理性自然法以人性，即理性为民事主体的人格依据，从而使理性的载体——自然人被推导成为私法的主体，实现了生物人与法律人的统一。而且，理性自然法的人性出发点是建立在人的个体性之上的，从而奠定了近代私法的个人主义基础，并在《法国民法典》中确立了一元主体结构，也造就了所有权和契约自由的绝对性，以及过错归责的原则。自然法理性光辉的照耀和个人主义在《法国民法典》中的全面胜利，一方面使自然法超验的自由、平等思想在民法典中得以全面贯彻和落实，另一方面使所有人都获得了自由之身，并在法律上居于同等的地位。《德国民法典》抛弃自然法思想而成为纯粹的实证主义产物。在《德国民法典》中，人在法律上主体资格的获取不再是源于理性，而是源于"权利能力"这一实证法概念，并因此使自然人与法人获得了法律上的同一对待。权利能力平等就成为民事主体地位平等在实证法中的体现，抽象的理性人也成为民事主体的实证形象。实证主义的民法典在塑造出民事主体的典型形象的同时，试图排除价值因素而保持价值中立。因为，在实证主义学者看来，人生而自由、平等和天赋人权等自然法思想是超验而无法证实的，因而

①　[日] 星野英一著：《私法中的人———以民法财产法为中心》，王闯译，载梁慧星著：《民商法论丛》第 8 卷，法律出版社 1997 年版，第 156 页。

是无法在实证的法典中予以规定的。但是，他们又继受了康德的思想。在康德那里，人是伦理性的存在，人的自由、平等是法的命令。因此，实证法典虽然不能直接落实和规定超验的价值，但却必须落实法的命令。于是，自由与平等获得了实证法的承认，但却在运演过程中与作为价值导向的自由与平等渐行渐远。

# 第三章　现代民事主体的观念变革与制度显现

## 第一节　现代化：民事主体变革的时代动力

由传统转向现代或许是社会发展的必然。历史进入 20 世纪中叶，世界范围内一个巨大而引人注目的现象就是全球范围内的现代化变革。现代化是在传统基础上的更新，但"现代化毕竟是社会现实中希望之星，是前所未有的生活方式的飞跃。现代化是社会唯一普遍的出路。"① 作为历史必然，任何事物及社会制度都逃脱不过现代化的过程，但是，如何应对和实现现代化的变革又是所有事物和制度必须面临和思考的问题。在现代化的过程中，不仅法制面临着现代化的选择与考验，民事主体及私法制度也遭遇着现代化的拷问与质疑。近代民事主体的观念平等必须进行现代化的变革才能迎合与满足时代诉求，完成民事主体的现代发展。

### 一、现代化与法制现代化的一般解说

#### （一）现代化：连续与变革

自现代化理论提出之后，围绕"现代现象"引发了从 20 世纪 60 年代开始的现代化理论研究，并形成了林林总总的现代化理论。不过，一般意义上的现代化是与传统相对的一个进程，其一方面将现代化视为一个整体性的文化——社会变迁过程；另一方面又在相对的意义上把现代化看做"传统"与"现代"

---

① ［美］M. J. 列维著：《现代化的后来者与幸存者》，知识出版社 1990 年版，第 2 页。

之间的一个循环往复、不断创新的连续体。① 丢失和抛弃传统，则现代将失去立基点。但如果完全固守传统，又无法发展出现代。因此，只有在尊重和保留传统的基础上进行更新与发展才能形成现代化。因此，现代化表现为一个整体性的变迁过程，表现为一种与传统相连的变革。

作为一种延续，现代化不可能与传统完全割裂，而是意味着在传统与现代之间不存在不可逾越的鸿沟，意味着传统与现代的相对意义，并必然体现为渐进和关联。而作为一种变革，现代化也体现为一种传统生活方式及其体制向现代生活方式及其体制的历史更替，体现为突破原有社会形态的固有建构而在社会、经济、政治和文化诸领域所显示出来的革命性的巨变。因而，公丕祥先生认为，现代化既是一个变革的概念，又是一个连续的概念。② 可以说，历史的扬弃与超越构成了现代化。

在传统的整体性变迁过程中，引发变迁的因素多种多样。既可能包括政治性因素，也可能包括经济、社会、文化等因素。不过，能够肯定的是，哪一个因素的单独作用都无法引发社会的根本变革。反过来，现代化作为整体性的社会现象，其变革又必然对引发变迁的各项因素发生反作用，对各领域构成冲击和影响。如果面对现代化的冲击与影响，各个因素或者各个领域不为所动，仍然固守传统而不思变革，则将被现代化的潮流所抛弃。因此，如果不想被历史所埋没，不想被现代化的潮流所遗弃，就必须顺应潮流和历史，在现代化的助力推动下完成发展与超越。

## （二）法制的现代变革

法律不仅根源于社会，而且其本身也是社会的一部分。L. M. 弗里德曼曾说："法律制度显然是政治的、社会的和经济发展的一个组成部分，就像教育制度和其它文化领域一样。"③ 当然，作为社会的各个组成部分有时会保持发展的一致性，有时又可能呈现出某种发展上的不一致，但总体上不会有太大的差异。而且，作为社会组成的某一方面的发展将在一定程度上促进其他方面的发展。因而，虽然"法律发展具有自身明显的相对独立性，它与社会发展之

---

① 参见金耀基著：《从传统到现代》，人民大学出版社 1999 年版，第 91—117 页。

② 参见公丕祥著：《法制现代化的理论逻辑》，中国政法大学出版社 1999 年版，第 10—11 页。

③ Lawrence M. Friedman, "Legal Culture and Social Development", in Law and Society Review, Vol. 4, No. 1, 1969, p. 29.

间存在着某种不平衡的关系。这就是说，在特定社会条件下，法律并不是紧随着社会经济条件的变革而发生相应的变革，它有时会落后于社会生活并与其发展要求相矛盾，因而它的发展决不是同社会经济条件的一般发展成比例的。"①但是，法律作为社会的重要组成部分，一般情况下是与社会发展相平衡的。"法律发展本身是社会发展的一个重要组成部分，甚至在一定意义上是社会文明进程的指示器。法律作为一种社会规范以及价值体系，乃是社会生活本身发展所不可或缺的。法律以其特有的形式，标志着社会文明的发展进程及其阶段。"② 因此，法制现代化是现代化的重要内容，也是现代化的重要衡量标准。

如同现代化是一个动态的过程一样，法制现代化也表现为一个动态的历史渐进过程。它不是通过暴力革命进行的，因而不能如古代法律向近代法律的转型那样让我们有明显的感觉。它也几乎没有使法律的型态发生历史性的跃进，但我们仍得承认它是一场深刻的法律革命。因为，"革命这个词不仅用于指新体制借以产生的最初暴力条件，而且也指体制得以确立所需要的整个时期。"③法律不仅具有规范和制度层面的内容，更具有价值层面的内容。从这一角度而言，法律是一个价值体系。无论是制度还是价值观念，都存在现代化问题。但制度以观念为指导，观念的现代化是更深层次的现代化。从这一意义上而言，法制现代化作为一种革命不是暴力革命，也不是制度革命，而是思想观念和价值观念的革命。也就是说，法制现代化意味着法律的价值目标与依托发生了从传统向现代的实质转向。具体而言，从人治向法治、从形式自由、平等向实质自由、平等的价值观念转变标示着法制现代化的步伐与进程。

## 二、法制现代化进程中民事主体的演进与发展

### （一）法制现代化的核心：人的现代化

"现代化作为一个世界性的历史进程，乃是从传统社会向现代社会的转变和跃进，是人类社会自工业革命以来所经历的一场涉及社会生活主要领域的深刻变革过程。"④ 法制现代化作为现代化进程中的一个指示器，其现代化的内

---

① 公丕祥著：《法制现代化的理论逻辑》，中国政法大学出版社1999年版，第18页。

② 同上书，第19页。

③ ［美］哈罗德·J. 伯尔曼著：《法律与革命》，贺卫方等译，中国大百科全书出版社1993年版，第24页。

④ 公丕祥著：《法制现代化的理论逻辑》，中国政法大学出版社1999年版，第19页。

容及深度在一定程度上代表着整个社会现代化的内容和深度，法制现代化的核心也预示着现代化的核心。公丕祥先生认为，"法制现代化是一个包涵了人类法律思想、行为及其实践各个领域的多方面进程，其核心是人的现代化。"[①]

人是有思想、有意识的生命存在，他不同于无生命的万事万物，也不同于规范和作用于人的各种社会制度。事物和制度的现代化我们可以从事物和制度本身入手，在延续传统的基础上进行革新与超越。但人的现代化却无法对人的有形存在本身进行现代化，而只能从人的思想观念入手进行现代化，并通过思想观念和价值观念的转变而引导人的思维方式和行为方式的现代化。因此，人的现代化的关键和实质就是人的思想观念的现代化。

既然人的现代化是法制现代化的核心，那么，法制现代化就意味着"首先是从事这一变革的主体自身的现代化，是把表现传统法律观念并以传统模式行动的人转变为具有现代法律意识和行为的人的广泛过程。"[②] 人的思想观念的现代化是法律制度现代化的深层基础。如果没有思想观念的现代化，则无法真正实现制度现代化。

**（二）民事主体的现代化重点：观念现代化**

制度意义上的民事主体是私法制度的重要组成，载体和归属意义上的民事主体是私法的起点和目的。因此，无论是法律制度的现代化，还是法律思想观念的现代化都与民事主体有必然的关联。而且，如果说法律现代化的核心是人的现代化的话，那么，私法的现代化可以说就是民事主体的现代化。因为，民事主体就是私法中的人。民事主体能否实现现代化，以及现代化的程度在某种程度上就决定着私法能否现代化，以及现代化的程度。

由于制度的现代化归根结底取决于思想观念和价值观念的现代化，因此，私法的现代化即私法中的人——民事主体的现代化，也即意味着传统的民事主体价值观念、行为模式、思维方式等向现代民事主体价值观念、行为模式和思维方式的转换。而相对于制度的现代化变革而言，思想观念和价值观念的现代化变革可能是隐性的、迟缓的，但一旦这种观念为主体所认识和接受，则其所带来的影响却是巨大而持久的。当然，正是由于观念的影响是持久而根深蒂固的，冲破既有观念而形成新观念是比制度变革更加困难的事情。其间不仅要经

---

① 公丕祥著：《法制现代化的理论逻辑》，中国政法大学出版社1999年版，第67页。
② 同上。

过新旧两种观念的冲击与碰撞，而且还可能要经过种种诘难甚至反复，才可能最终实现历史性的跨越。现代民事主体的观念变革也可能同样要经历这种历练。

应当注意的是，虽然经过长期的努力可能获得观念的现代变革与更新，但是，并不能说新观念的形成就一定意味着旧观念的否弃。因为，如前所述，现代化虽然是一种变革，却是一种延续的变革。因此，现代化并不意味着与传统和过去的完全割裂，而是历史的扬弃。现代民事主体的观念变革也并不代表既有观念的完全舍弃，而是在既有观念基础上的发展与进步。具体而言，现代民事主体的观念由形式平等转向实质平等并不能因此否弃形式平等，只是对形式平等之不足进行修正与弥补。

### 三、理想与现实的冲突：民事主体观念现代化的动因

现实是一切问题的老师，也是一切思想的发源地。"所有深刻的思想都始于并终于企图把握最直接打动人心的事物。"① 永恒的古训告诉我们的是一个同样的道理。观念是意识的产物，属于认识论范畴，它不同于存在和现实。但是，任何一种观念都不可能是凭空产生的，必有其来源。现实正是观念的基础和来源，借助于思维对现实进行抽象和提升才能形成观念。因此，观念在一定程度上反映和升华着现实。关于民事主体的观念认识也来源于社会经济现实，是人类对自己在社会经济现实中的状态与地位所形成的认识。只不过这种认识可能与现实一致，也可能与现实不一致。但我们不能据此说与现实不一致的观念认识就是错误的。因为，观念作为一种意识和思维的存在，它虽然源于现实和存在，却高于现实和存在，这样才能形成理想的观念，才能使观念成为我们努力的方向，并对现实提供一种引导。所以，很多情况下，观念都或多或少地与现实有一定的差距，或者说，观念与现实的不一致是一种常态。但是，如果观念和现实之间的差距过于悬殊，则要么引发人们对现实的更大不满，要么引起人们对观念本身的怀疑。无论何者都不是我们期望发生的。因此，必须将观念与现实之间的差距维持在一定的度之内。那么，在既有的观念已经远远脱离现实，并且可能导致非正义的结果的情况下，如何复归观念的引导作用，并实

---

① ［美］R. M. 昂格尔著：《现代社会中的法律》，吴玉章、周汉华译，凤凰出版传媒集团、译林出版社 2008 年版，第 30 页。

现法的正义理念呢？

这时，如果我们期望通过改变现实而迎合或维持既有的观念将是十分困难的。因为，如果现实能够按照我们期望的那样发展和轻易改变的话，或许就不会发生理想与现实的悖离了。因此，试图通过改变现实而维持既有的观念似乎行不通。那么，就只剩下另外一条道路可供选择了，即改变观念。于是，遂发生了观念的变革。民事主体的观念现代化正是这样发生的。

近代私法确立了民事主体地位的观念平等，这种观念平等与当事人的经济现实虽然有一定的差距，但基本上还是一致的。因此，民事主体地位观念平等的确立不仅肯认和提升了人的价值与地位，而且很好地指导了经济现实。但是，随着社会的发展，尤其是工业化进程的加速与拓深，民事主体出现多元化和角色固定化，主体之间的事实差异日益加大，并在某些主体之间形成难以跨越的鸿沟。民事主体之间的差距是如此的巨大，民事主体地位的观念平等已经无法掩盖经济现实中的不平等，更无法指导和矫正现实的不平等。由民事主体地位观念平等所表达的形式正义也受到了质疑。面对实质正义的拷问，民事主体地位的观念平等发生了现代变革，即由形式平等走向实质平等。因此，正是理想与现实的冲突推动了民事主体观念的现代变革。

## 第二节  现代民事主体的观念变革

近代民事主体与现代民事主体的区分并不像古代民事主体与近代民事主体的区分那么明显。这主要是因为古代民事主体和近代民事主体在本质规定性上不同。古代民事主体以不平等为特征，而近代民事主体则以平等为典型。但近代民事主体与现代民事主体却具有同质性：自由、平等。不过，自由、平等却具有不同的内涵，体现了两种不同的自由、平等观念。也就是说，近代民事主体转向现代民事主体是通过观念转换完成的，即由个体自由转换成社会自由、形式平等转换为实质平等。这种观念转换并不是彻底否定主体的个体自由、形式平等观念。因为，形式上的自由、平等有其积极意义。只有借助于形式上的自由、平等才能实现法律上人的价值平等，实现人的尊严保护。但是，形式上的自由、平等无视人的差别性而一视同仁的态度却导致了现实中人的不自由、不平等，尤其是造成优势主体对弱势主体的欺压，严重背离了实质正义的法理念。因此，为了追求实质正义，法律上的自由、平等观念发生了转换，由形式自由、平等转向实质自由、平等，而价值观念的转变是法律制度变革的思想基础。通过这种观念转换完成了近代民事主体向现代民事主体的现代变革。

## 一、民事主体个体自由的价值注入

整个近代私法都是建立在个人主义基础之上的，而个人主义价值观的核心就是自由。近代民事主体最大限度的个体自由恰恰是与近代私法的个人主义基础一致的。个人主义强调个性尊重和个体价值，个体是法律的目的。但是，人既是个体存在也是社会存在。个人不是孤立的个体存在，而是处于社会中的个体。在社会状态中，个体与个体是有机联系的整体。近代个人主义的自由忽视了人的社会面向，由此才引发现代民事主体自由的社会转向。而且，近代民事主体的个体自由已经不是自然自由，而是属于社会自由范畴了。"社会自由是经过理性妥协和制度限制的自由，强调自由的权利性。"① 因此，权利成为自由实现的基本途径。财产权对个体来说是最重要的权利，我们就以财产权为例进行说明。

私权神圣是近代私法的三大基本原则之一。虽然私权神圣包括私人财产权神圣和人格权神圣两方面的内容。但是，近代资产阶级民法典的阶级立场更强调财产权的神圣性。神圣的财产权使民事主体的意志体现出绝对的支配性，实现了所有的自由。这种所有的自由与个人主义结合形成个人主义的所有权。个人主义所有权的个人目的决定法律意义上的所有权要求作为客体的物以满足主体的需求为宗旨。因此，作为所有权客体的物是人身之外的、能够满足主体需求的、可供主体支配和处分的一切东西。而法律意义上的所有权就成为主体直接支配物，并排斥他人干涉的权利，进而在权能上区分为占有、使用、收益和处分四项权能。在这种所有权中，权利人个人需求的满足和实现以占有为前提。只有占有某物才能支配和处分，实现主体的个人目的。而所有权的排他性从外在面向上保证主体个人目的的实现。由此可以看出，个人主义基础上的所有权完全以满足主体的个体需求为目的，所有权由此呈现出单纯的个体功能。以个体功能为导向的所有权只考虑和注重所有权的利益归属，而往往忽视所有

---

① 杨昌宇著：《自由：法治的核心价值》，法律出版社 2006 年版，第 40 页。

权在使用和行使过程中所可能产生的公共利益问题。因此，即便在强调所有权神圣的立法中早已经规定有某种限制，但是，这种限制并没有受到应有的重视。如《德国民法典》第903条在赋予所有权人随意处分和排除他人干涉的权利的同时，也设定了"以不违反法律或第三人的权利为限"的限制，但是，这句话在个人主义者看来是多余的。因此，个人主义功能的所有权带给主体的是最大限度的、几乎是没有限制的所有权。

但实际上，所有权不仅具有个体功能，还具有社会功能。作为个体的人需要支配和需求的满足，但所有权的排他性已经预示了所有权的外在面向。也就是说，"所有权的这一'消极'方面或排他性功能表明，所有权不仅是所有人同物之间的关系，而且它与任何法律关系一样，也是一种人与人之间的关系。法律给予所有权人并保护其行使的权能具有广泛的范围，但不是毫无限制的。"① 所有权的社会功能主要是在所有权行使过程中得以体现的。因为，只有在所有权的行使过程中，所有权人与他人之间的关系变得更为紧密，行使所有权的行为才可能对他人产生直接的影响。

对所有权行使所施加的不损害他人和社会公共利益的限制首先是一种道德义务，也可以说是一种伦理义务。道德和伦理要求人与人之间的彼此尊重。所有权直观体现为人对物的关系，而在深层次上则是人与人之间关系的体现。由对所有物的尊重而显现出的则是对所有人的尊重。近代私法已经确立了民事主体的平等地位，实现了人的尊重。但在商品经济社会，民事主体是交换的主体。而商品交换使民事主体处于彼此对立的状态，因而促使主体承认和尊重相互之间的所有权。也就是说，权利主体欲获得他人对自己所有权的尊重必须给予他人所有权以同样的尊重。不损害他人和社会公共利益的限制就是对他人所有权的尊重。

道德上的义务虽然可能对人的行为带来某种的影响，但却没有强制性，只能寄希望于人的道德水准的提高。因此，为确保每个人的所有权都获得真正切实的尊重，必须将这种道德义务、伦理义务法律化，即"将'所有权的社会负担'从道德的有效性领域上升到法律的有效性领域。由此，法律委托给伦

---

① ［德］卡尔·拉伦茨著：《德国民法通论》（上册），王晓晔等译，法律出版社2003年版，第53页。

理的社会功能完成了向法律义务的转变。"① 道德伦理义务向法律义务的转变早在《魏玛宪法》中就实现了。《魏玛宪法》第 153 条规定："所有权受到约束，它的使用同时应该为公共福利服务。"为公共福利服务，使所有权背负了社会义务，并在所有权的行使中呈现出社会功能。自《魏玛宪法》之后，伴随所有权由归属到利用的转向，虽然所有权的个体功能仍然是重要内容，但是，所有权的社会功能日益受到重视与强调，所有权的社会化成为一种趋势。

如果说所有权的个体功能是个人主义的典型体现，其使主体获得了最大限度的个体自由的话，所有权的社会功能在使所有权背负义务的同时则构成了对个体自由的限制。受到限制的个体自由不再具有绝对性和无限性，而是更多地表现为个体与个体、个体与群体，以及个体与社会之间的协调。于是，个体自由发生了向社会自由的观念转向。

## 二、民事主体平等观念的实质性转向

近代各国民事立法去除了现实生活中人的各种区别和规定，极尽抽象之能事，形成了民事主体的抽象人格。在抽象人格之下，自然人和法人等主体只具有符号意义，没有任何本质区分，统称为"法律上的人"。但近代各国民事立法基本上奠基于个人主义和自由主义之上，而这种个人主义和自由主义是以个体的人为基点的。立足于个人主义和自由主义所设计的近代民事主体制度，虽然在立法和实践中创立了自然人与法人的二元主体结构，但在 19 世纪最后 25 年之前，法人主体并没有真正发展起来，其形态主要是人合性组织，资合性的法人组织羽翼尚未丰满，规模和实力都不是很值得称谓。只是在 19 世纪的最后 25 年，法人组织才进入迅速发展时期。因此，可以说，在 19 世纪末 20 世纪初之前，法人主体尚未占据社会生活的中心，也没有形成社会的主要存在形式。当然，至《德国民法典》制定时，法人组织虽然已经发展起来，但是，"《德国民法典》仍固守'自由主义'的、启蒙哲学的社会模式，固守'孤立的、褪掉个人历史特性和条件的个人主义'的人类图样"，② 塑造了个人主义的民事主体形象。这也是《德国民法典》保守性的体现。因而学者言：德国

---

① ［德］G. 拉德布鲁赫著：《法哲学》，王朴译，法律出版社 2005 年版，第 143 页。

② ［德］罗尔夫·克尼佩尔著：《法律与历史——论〈德国民法典〉的形成与变迁》，朱岩译，法律出版社 2003 年版，第 42 页。

民法典与其是 20 世纪的开始毋宁是 19 世纪的尾声。因此，自然人主体，或者说，个人营业者不仅是 19 世纪初期《法国民法典》中主导的社会形象，甚至在《德国民法典》中仍然维持未变。于是，形成了近代民法所立基的两个基本判断，即平等性和互换性。① 借助于抽象人格理论，并立基于平等性和互换性两大基本判断，民事主体在完成从古代到近代历史跨越的同时，造就了近代民事主体形式平等观念，也成就了近代民法的功勋。

进入 20 世纪之后，科学技术革命飞速发展，促使人类社会发生翻天覆地变化的同时，也导致社会经济生活的巨变。人类的生产方式和生活方式也由此发生改变。相对于古代社会而言，近代的人类由农业社会进入到工业社会，自然经济转变为商品经济，但在自由资本主义时期，人类的工业化程度尚不是很高。如果我们将之称为前工业社会的话，20 世纪之后，尤其是 20 世纪中期之后的资本主义社会可以称为后工业社会。

进入后工业社会，随着社会分工日益精密，不仅从生产到流通，再到消费的链条被拉长，而且呈现网状结构的发展。曾经是前工业社会主导的社会形象和民事主体主要形态的个体营业者已经不再占据主导，曾经被认为是符合意识形态要求的企业的结合也开始走向限制。也就是说，至后工业社会时期时，组织形态的主体已经完全取代了个体营业者曾经占据的中心位置而成为人类社会经济生活中不容忽视的存在。个人主体只能退守到消费领域，成为稳定的消费群体。伴随人类生产方式和生活方式的改变，近代民事立法所立基的平等性和互换性两大基本判断也不复存在。② 这一基本判断的丧失，致使民事主体在各方面的地位都发生了实质性的变化，尤其是在生产领域和消费领域。正是这种变化迫使现代民事主体的平等观念由形式平等转向实质平等。

就生产领域而言，在前工业社会通过雇佣契约而形成的生产者与劳动者关系中，过于强调双方的意志自由，却没有考虑到双方财产实力的悬殊和由此造成的经济地位上的不平等。而契约自由恰恰是建立在缔约双方的主体地位平等之上的。也就是说，"契约自由是以存在于普通私人契约当事人之间的基本平等地位为前提的。"③ 对这种不平等的忽视导致狭义地理解和适用契约自由，

---

① 参见梁慧星著：《民商法论丛》第 7 卷，法律出版社 1997 年版，第 233—234 页。
② 梁慧星著：《民商法论丛》第 7 卷，法律出版社 1997 年版，第 241 页。
③ ［美］伯纳德·施瓦茨著：《美国法律史》，王军等译，法律出版社 2007 年版，第 130 页。

从而否定为劳动者提供关于雇佣条件的最低标准而保护劳工的立法企图。因为，在自由主义者看来，关于雇佣条件的立法"为劳动者设置了监护，使他们成为国家的受监护人，从而把他们看成了低能的人。这是'一种把劳动者置于立法机关的监护之下的侮辱性的企图……降低了他的人格'"。① 但是，到了后工业社会，劳资双方地位的不平等已经变得让人无法忍受，劳动者的生存受到了严重的威胁。

此外，在前工业社会，虽然商品已经成为人类的主要生存手段；商品交换也早已成为社会的主要生活方式。但一方面，流通链条的简短尚且能发生生产者与消费者直接缔约的可能和事实；另一方面，商品的种类不如现在繁多，商品的精密程度也远不能和现在相比，消费者对生产者、销售者和商品等信息的获得相对还比较容易和真实。而随着商品流通的网状发展，商品和服务本身的日益高端化，以及商业宣传力度的加大和范围的纵深发展，消费者不仅难以和生产者建立直接的联系，更难以获知关于商品和交易对方的真实信息，致使消费者与商品提供者之间处于严重的信息不对称状态。

近代民事立法形成的民事主体形式平等观念符合形式正义的理念，但生产、消费领域民事主体地位的实质不平等却使这种平等导向实质非正义。为了寻求实质正义，迎合社会的发展需要，现代各国的民事主体制度及相应立法开始了价值观念的转变，日益追求实质平等。实质平等的主体观念要求立法者和司法实践者关注民事主体的个体性因素，即关注那些曾经被近代民事立法所去除的有关主体的非理性的、特殊化的因素，而这种关注恰恰使近代民事立法所塑造的抽象的民事主体走向具体。有学者用"从契约到身份"的反向运动来指称这种现象与趋势。笔者认为，梅因"从身份到契约"所描述的社会进步实际上是一种观念的进步，即平等观念。但是，"从契约到身份"虽然试图以身份来表示对民事主体个性和差异的关注，却不能表明是平等观念的进一步发展，反倒真的可能走向反面，复归到不平等。而且，即便"从契约到身份"能够通过对民事主体个体差异的关注而导向实质平等，但其只是为实质平等趋势提供一种思路和概括，却没有触及民事主体观念变革的深层根源。就笔者看来，民事主体观念现代化变革的深层根源在于认识论人性，即理性消解所引起

---

① ［美］伯纳德·施瓦茨著：《美国法律史》，王军等译，法律出版社2007年版，第131页。

的"理性人"主体形象之解构。

## 三、人性多元对"理性人"的消解

理性是哲学的核心问题。就内涵而言，"理性从一开始就有两层含义：理性首先是一种使世界和人的存在成为可能的超越理智和客观性'规则'，即宇宙理性；其次才是人的理性，即人所具有的认识和遵守规则的精神能力。"[①]因此，从本源上看，理性"并不是人的自我意识的最初的最重要的属性，而是存在本身的属性。存在本身以这种方式而成为全体，表现为全体，即人类理性被极其适当地设想为这种存在的合理性的一部分，而不是被设想为同客观的全体相对应而认识自己的自我意识。"[②] 而只有到了笛卡尔时期，才开启了人类理性的主观认识能力，并使认识论的人的理性成为理性的全部。认识论理性将理性建立在人自身及其意识之上，使人摆脱了与神分享理性的局面，即实现了理性祛魅而归于人，由此使人获得了从未有过的崇高地位。

哲学的理性主义渗透到私法领域，于是从近代开始，大陆法系私法上人的典型形象被描述为"理性人"。"理性人"的主体形象意味着"每一个寻求利益最大化的人，均为自身价值或利益的最佳判断者。每一个理性的人都应该凭藉自身的判断对最有利于自身利益的事实或行为加以抉择，而不应该受他人意志之约束"。[③] 因此，"理性人"主体使人获得了私法上的独立人格与意志自由，并为人在法律上的地位平等提供了现实可能。

人具有理性能力，这是人区别于动物之所在。人的理性能力使人有可能获得并形成人类对自然、社会及人类自身的某些正确认识，从而使人获得自主性和能动性。因而，理性就成为认识论视域下的人性认识。"理性人"的私法主体形象正是建基于认识论基础之上的。这样，"理性人"的私法主体形象就预设了每个民事主体具有相同而统一的人性——理性，即每一个民事主体都具有同样完满的理性能力，每一个民事主体都能够通过自主选择和判断而实现自身的利益追求。

人类固然具有理性能力，但是，即便如此，能否就认为人类具有相同的理

---

① 沈湘平著：《理性与秩序——在人学的视野中》，北京师范大学出版社 2003 年版，第 65 页。
② ［德］伽达默尔著：《科学时代的理性》，国际文化出版公司 1988 年版，第 15 页。
③ 刘云生著：《民法与人性》，中国检察出版社 2005 年版，第 136 页。

性？能否就认为每个民事主体拥有毫无二致的理性能力，都能理性地选择和判断？就现在看来，我们应该给出否定的答复。因为，一方面，人类既具有理性的能力，也具有经验和非理性的能力。"理性行为不是人类唯一的行为方式，人类在社会生活中，往往依靠理性、直觉、试错或无数次的检验将从实践中得到的成功经验变为习俗，经人们的模仿，将之复制和普及。法律其实就是经验与理性相结合的产物。"① 因而，庞德要求我们永远记住："在我们的法律中记录着为理性所发展的经验和被经验所考验过的理性这样一种教导传统。"② 可以说，人类的理性能力创造了很多事物，但是，也有很多人类的成就是非理性的产物。另一方面，正如人性是复杂而多元的一样，理性本身也有多层面的内涵，并且不可能是均质存在的。人的主观理性只是理性的一个层面，与之相对的是客观理性。此外，还存在工具理性和价值理性、演进理性与建构理性、理论理性与实践理性、群体理性与个体理性等的区分与对立。认识论理性并不能涵盖理性的所有内涵。而且，就主观理性而言，还有普遍、完全理性与特殊、有限理性之争议。"理性人"民事主体所依赖的是主观理性中的普遍、完全理性观。这种理性观认为理性不仅是人人具有的、普世一致的精神能力，而且认为人的理性能力是无限的。奠基于此，每个民事主体都具有普世的理性能力，并且具有完全的理性能力。因而，每个"理性人"都能够在进行民事交易时掌握全部的市场信息和交易信息，都能够自由地做出理性的决策而获得完满的预期结果。

但是，随着哲学研究的深入，理性的普遍性和完全性受到了质疑。"不仅是不同民族、地区的理性是特殊的，就是不同的生活领域或科学领域的理性也是不同的，例如经济学、哲学、美学、宗教等领域"。③ 甚至有学者认为"理性的特殊性比普遍性更根本"。④ 理性不再是普遍的，也不再是完全的了，有限理性开始冲击完全的理性观。而且，在笔者看来，即便是有限理性也有程度上的区别与差异，不可能每个人的理性能力都是相同的。因此，理性不可能均质地存在。至此，特殊理性和有限理性消解了普遍理性和完全理性，并与经验

---

① 陈福胜著：《法治：自由与秩序的动态平衡》，法律出版社 2006 年版，第 43 页。

② ［美］罗斯科·庞德著：《通过法律的社会控制》，沈宗灵译，商务印书馆 1984 年版，第 24—25 页。

③ 沈湘平著：《理性与秩序——在人学的视野中》，北京师范大学出版社 2003 年版，第 76 页。

④ 韩震著：《重建理性主义信念》，北京出版社 1998 年版，第 120 页。

和感性一起打破了人性的统一。理性和感性都是人性的体现，而理性本身也是不均质的。

对理性的过度信仰塑造了"理性人"的民事主体形象，那么，在理性受到消解、人性走向多元的同时，"理性人"的主体形象也面临着消解。首先，理性的非普遍性只可能使一部分人拥有理性能力，而且要受到民族、地区等因素的影响。其次，有限理性和理性的不均质存在意味着民事主体不可能拥有完全的信息，具有完全的理性决策能力。再次，感性和经验的人性层次决定了民事主体可能从事非理性的交易行为。因此，"理性人"至多只能代表一部分主体，其既无法解释无民事行为能力人和限制行为能力人的主体性问题，又不能为现实中民事主体的信息不完全和非理性行为提供说明和帮助。在如今的社会中，"每个人属于许多重要的集团，不过，每一个集团只影响他生活中一个有限方面。因此，人性就被切割成一系列分离的、甚至是相互冲突的特殊活动。这种分离的背面就是：整个人被看作或被当作是一系列在任何集团生活中都不相联系的抽象的能力。"① 统一、永恒的人性不再具有现实性，人性走向多元、理性走向消解。依据统一、永恒的人性，即理性所塑造的"理性人"民事主体也不再能代表所有的民事主体。民事主体走向多元的同时也显示出更多的特性与差异。那么，以"理性人"为主导形象所确立起来的近代民事主体的观念平等来衡量和评判民事主体，并规范和指导其行为也不再具有正义性。人性多元、理性消解需要解构"理性人"的民事主体形象，并更新观念复归正义。

## 第三节　契约工具的异化与现代民事主体的观念变革

契约是现代社会民事交易的主要形式，也是民事主体活动的主要行为方式。可以说，现代社会是契约的社会，契约的精神内涵及实质在很大程度上代表着社会的价值诉求。自由、平等曾经一度成为契约的精神内涵。其中，契约给自由以具体内容，而给平等以结构。因为，契约"平等的特性源于契约这种工具的结构。只有契约的一方愿意并根据自己的意志作出承诺才受约束，受约束不是因为外部的力量而是源自于自己的意志的表达。约束与受约束体现了

---

① ［美］R. M. 昂格尔著：《现代社会中的法律》，吴玉章、周汉华译，凤凰出版传媒集团、译林出版社 2008 年版，第 122 页。

双方主体的意愿，同时满足了双方'按照自然生活'的状态，这就是对平等的最好表达。"① 但是，进入现代社会之后，因为近代私法所立基的两个基础性判断的丧失，契约逐渐背离自由、平等精神而走向异化、走向正义的反面。而正是在对契约异化的矫正与精神回归中，才引发了现代民事主体的观念变革。

## 一、契约的精神内涵——自由、平等

梅因说："所有进步社会的运动，到此处为止，是一个'从身份到契约'的运动"。而这种运动一旦开始之后，便呈现出无法阻挡之趋势，不仅迅速蔓延到大陆和英美，而且更使契约成为私法领域不可或缺的工具和媒介。契约在近现代社会的重要地位与作用源于契约迎合了近现代商品经济发展的内在要求：自由、平等，而自由和平等正是契约的精神所在，也是契约的价值内涵。

### （一）契约的自由精神

自由是人的本质规定性。但自由是什么，却难以有明确而固定的回答。在古典自然法学者看来，天赋的自由平等权利是自然法的基本原则。人人都有为自己缔结契约的不可剥夺的权利。天赋人权和自然法由此成为契约自由的依据。而契约是依赖于理性的协议，因此，"这种自然法的本质是'自由'，或者说'契约自由'。自愿的理性契约成了自然法结构最普遍的形式原则之一。"② 因此，正是契约"使自由有了内容，得到了解释。"③

自然法是实证法的来源和效力依据。人在自然状态中的自由和权利在社会状态中应当同样得以存续，人人有为自己缔约的权利遂毫无疑问地应该成为实证法的内容。于是，契约自由被近代各国民法典所承认和规定。而在自然法即理性法时代，契约即理性，理性即意志。由此，契约自由所代表的意志自由就使私法自治成为当然。

契约是理性人对自己未来事务所作的安排。这种安排为民事主体创设了权

---

① 孙毅著：《近代民事主体形成的条件与成因》，载《政法论坛》2005 年第 4 期。

② ［德］马科斯·韦伯著：《论经济与社会中的法律》，张乃根译，中国大百科全书出版社 1998 年版，第 289 页。

③ 伊利著：《财产、契约与财富分配的关系》第 2 卷，第 555 页（1914 年），转引自［美］伯纳德·施瓦茨著：《美国法律史》，王军等译，法律出版社 2007 年版，第 125 页。

利和自由，也设定了义务和约束。但其是民事主体自由意志的结果，而非源于外部强制。法律不仅不予干涉还要给予保护。正是在这种自由意志的表达中民事主体实现了对自己未来事务的安排，实现了其所欲追求的利益和幸福。契约也由此成为民事主体权利义务的根据和来源，并在由契约，也即由意志所设定的权利义务中，民事主体实现了意志自由。"从身份到契约"的转向也预示着近代民事主体摆脱奴役奔向自由。

契约成为主体意志自由的载体，契约自由也成为主体意志自由的结果。而且，"对契约的权利不是被看作自由的一个方面，而是被看作自由的精髓，被看成永恒的和绝对的。除非在最严格的限度之内，否则，对这样的权利不能有任何损害。"① 只有建立在这样的认识上，才可能出现《法国民法典》第1134条的规定："契约在当事人之间具有相当于法律的效力"。因为，只有这样的规定将才能表达立法者对自由的崇敬，也只有这样的规定才能宣示契约对当事人的神圣。

**（二）契约的平等精神**

契约不仅是自由的体现，也蕴含着平等精神。契约的平等精神首先体现在契约为主体提供了平等的形式结构。黑格尔说："契约双方当事人互以独立的人相对待。"② "互以独立的人相对待"不仅意味着每个缔约人将缔约他方视为与自己同样独立、自由的人，而且意味着将缔约他方视为与自己平等的人。契约主体形式结构的平等性源于契约主体的抽象性。如前所述，自德国民法采用权利能力的法技术工具之后，近代私法中民事主体的典型形象就成为抽象的理性主体了。因为，只有去除个体差异和外在影响的抽象的主体才能成为形式上平等的主体。建立在自由意志理论基础上的契约主体正是被预设为理性的抽象主体的。所以，"尽管尊重自由意志的出发点有可能是对每个个体作为独特的个体的尊重，但是一旦抽象到与具体情境无关的绝对意志以及由此产生的选择能力时，自由的个体也就相互平等了。"③ 因此，契约在预设缔约双方主体自主性和自由内容的同时，也预设了缔约双方主体的平等结构。缔约一方与缔约他方处于平等的地位，拥有同等的选择自由。

---

① ［美］伯纳德·施瓦茨著：《美国法律史》，王军等译，法律出版社2007年版，第125页。
② ［德］黑格尔著：《法哲学原理》，范扬、张企泰译，商务印书馆1961年版，第82页。
③ 资琳著：《契约制度的正当性论证》，中国政法大学出版社2009年，第63页。

其次，契约的平等精神还体现在契约交换价值上的均等。契约是自由意志的体现和结果，但契约不仅是自由意志，而且是意志的合意。合意的自由意志成为当事人权利义务的根据和来源，但是，单纯的合意或自由意志并不是当事人的目的，也不是契约效力的真正根源。① 利己的市民社会主体订立契约的目的是为了利益的交换。因此，私法中的意志并非纯粹的意志，而是"物化"的意志。② 既然交换是缔约的目的，缔约人就希望他通过契约的履行在失去某物的同时换取相应的回报。即他虽然失去了一个物的所有权，但却换取了一个永恒同一的东西。"那个永恒同一的东西，作为在契约中自在地存在的所有权，与外在物是有区别的，外在物因交换而其所有人变更了。上述永恒同一的东西就是价值。"③ 从而，价值就是满足当事人缔约需求的交换目的。因此，契约作为理性人的自由合意，其目的是获取双方需要的价值。那么，地位平等的双方必然要求进行等价的交换。由此，"契约的对象尽管在性质上和外形上千差万别，在价值上却是彼此相等的。价值是物的普遍物。"④ 但是，"这种价值不能是一种主观价值，而只能是一种客观价值，否则就不能将两个不同的物进行比较。"⑤ 这种客观价值在通常情况下就是市场价格。借助于市场价格的评判，契约设定了交换双方在价值上的等价。因此，可以说，"正是通过契约，更确切地说是通过对等交换的法律要求，平等这个概念得到了完全充分的表达。"⑥

契约的自由、平等精神是通过契约的媒介作用而得以发挥和实现的。契约是商品交换的主要形式和工具。"作为工具，契约被广泛地利用着，并且，总是被用以服务于一种目的。"⑦ 近代启蒙思想家们就是找到了契约作为他们论证人类社会结合形式的。如卢梭指出："要寻找出一种结合的形式，使它能以全部共同的力量来卫护和保障每个结合者的人身和财富，并且由于这一结合而使得每一个与全体相连合的个人又只不过是在服从其本人，并且仍然像以往一

---

① 参见李永军著：《契约效力的根源及其正当化说明理论》，载《比较法研究》1998 年第 3 期。

② 李永军著：《论私法合同中意志的物化性》，载《政法论坛》2003 年第 5 期。

③ ［德］黑格尔著：《法哲学原理》，范扬、张企泰译，商务印书馆 1961 年版，第 84 页。

④ 同上。

⑤ 资琳著：《契约制度的正当性论证》，中国政法大学出版社 2009 年版，第 64 页。

⑥ 同上书，第 53 页。

⑦ 孙毅著：《近代民事主体形成的条件与成因》，载《政法论坛》2005 年第 4 期。

样地自由。"① 于是，契约就进入社会契约论者的视野并成为了他们论证的工具。而在近代法律视域内，契约工具的目的则是实现主体的自由和平等。

## 二、契约工具的异化

### （一）契约精神内容的异化

就精神内容而言，现代契约已经在很大程度上背离了契约的自由属性。首先，广为应用的附合合同在很大程度上否定或剥夺了合同接受者的缔约自由和决定合同内容的自由。在附合合同中，一方处于要么接受，要么走开的状态。当然，附合合同的潜在缔约者可以选择拒绝合同而走开。但是，在附合合同的提供者多为公共生活用品和公共服务提供者的今天，想走开是何其困难！而他一旦选择接受缔约，想参与合同内容的决定更是不可能！因此，在附合合同面前，接受者或者潜在的接受者其契约自由是多么的不真实。如果真的想要这里存在自由意志，那就只能将附合合同想象为是自己真想这样。

其次，经济上的从属性使缔约者难以有真正的契约自由。契约预设了缔约双方的平等地位和平等人格，也要求所有权的相互承认和尊重。但是，虽然财产权是平等的，而财产却是天生不平等的。在法律达尔文主义的作用下，不平等被假定是更强有力、更具有独创性或更加努力造成的结果。因而，在一个人享用他以自己超人的力量、过人的独创精神或加倍努力换来的成果时，对他加以干预则违反了社会物种进化的自然法则。② 私有权神圣不可侵犯符合法律达尔文主义的要求，顺应了物种进化的自然法则。而这种自然法则的顺应在迎合资产阶级保护私人财产要求的同时，造成财富的极端分化与不平等。所有权不再仅仅是对物的权利，而是变成了财富和财力。"如果在'所有权'中，'所有性'，即物与其所有者在质上结为一体，被加以强调，那么，从现在起，作为'财富'的事物总和都将只被计算成货币价值，只被理解为在商品市场上的以数量表示的财力。"③ 在财富中，在交换中，所有权的性质发生了转变，所有权具有了经济权力。因此，在富者与贫者缔约时，贫者的缔约自由是难以想象的。也就是说，"'经济上不自立时，人们是不自由的。'这种经济上的从

---

① ［法］卢梭著：《社会契约论》，何兆武译，商务印书馆 2002 年版，第 19 页。
② ［美］伯纳德·施瓦茨著：《美国法律史》，王军等译，法律出版社 2007 年版，第 136 页。
③ ［德］G. 拉德布鲁赫著：《法哲学》，王朴译，法律出版社 2005 年版，第 141 页。

属性使‘契约自由……在适用于一名雇主与一名普通的单个雇工签订的契约时，成为一个幌子’。”“这些人出于经济上的需要，为了不足以维持生计的收入付出他们的劳动。说他们享有契约自由，真是无情的嘲讽。”①

再者，在信息严重失衡的状态下，消费者的缔约自由也难以保证。缔约双方的意志自由建立在双方信息对称之上。而在现代社会，随着法人主体的拓展与优势，加之民事主体地位互换性的丧失，个人主体在退守到消费领域之后，作为单纯的消费者，面对铺天盖地的广告和琳琅满目的商品时，其不再拥有对称的信息，甚至连一些必要的、真实的信息也难以获得。对商品及缔约他方信息完全茫然的消费者在与全然掌握这些信息的商品出售者或服务提供者缔约时，其缔约意志的真实成分有多少也是未知。总而言之，在现代社会，契约自由已经远不是当初近代民法所设想的模样，由这些契约所形成的不完全是自由，很多情况下反而是不自由。

### （二）契约平等结构的异化

就形式结构而言，现代契约也逐渐偏离了契约的平等结构。契约平等结构的偏离主要是外在因素添加到主体抽象性之中带来的必然结果。

契约主体的平等是抽象主体的平等。主体的抽象性意味着人的欲望、特质、能力、财产等都是被剥离于主体之外的，是与主体无关的东西。“也就是说，契约主体被看做具有独立选择能力的人，当事人的特殊意图和动机、当事人的个人特质和道德品质、当事人的利益等在这里对于当事人而言都是外在于抽象的自由意志之物”，② 也是外在于主体的。如此才能形成脱离具体情境的抽象缔约主体的平等。但是，规范意义上的法律关系是抽象的，而现实的法律关系则是具体的。而在法律关系具体化过程中，原本作为外在物的东西不可避免地融入到了抽象主体之中，从而具体化了主体。外在物在具体化主体的同时也导致了主体平等结构的倾斜。

外在于主体的东西既有缔约主体本身自然天赋的因素，也有社会的因素。就自然天赋因素而言，现实的、具体的缔约双方主体的天赋、能力等自然差别是客观存在的，因而主体的平权地位及平等关系的实现程度是很不一样的。但自然因素并不是使缔约双方主体地位失衡的主要原因。更主要的原因在于社会

---

① ［美］伯纳德·施瓦茨著：《美国法律史》，王军等译，法律出版社2007年版，第131页。
② 资琳著：《契约制度的正当性论证》，中国政法大学出版社2009年版，第21页。

的因素，即民事主体所赖以存在的社会条件的差别，包括主体的社会地位、生活状况、拥有资源的手段等。如果说，因民事主体先天自然因素的差别而造成的现实不平等尚且能够忍受的话，则后天社会条件所造成的民事主体地位的现实不平等在很多情况下是令人难以忍受的。

在影响民事主体地位平等的社会因素中，经济条件的差异是更为重要的因素。缔约双方的经济条件，即所拥有的财富量和所能控制的经济资源可能不同，甚至有很大的差别。这种经济条件从权利的角度分析，就是财产所有权。在缔约双方的经济地位明显不同的情况下，优势方可以将所有权的绝对支配效力与契约结合，通过对物的绝对支配实现对人的支配。因为，人作为主体可以将其意志贯彻到任何物之中，使物为主体所支配，实现主体的某种目的。虽然，意志具有目的性，而物作为外在性的客体没有自身目的。① 但是，主体却可以将自己的意志和目的施加于物之上而使客体物成为实现主体目的的手段。正如斯宾诺莎所言："每个人生性总是想要别人依照他的意思而生活。"② 契约是自由的，契约双方主体的地位也应该是平等的，但强制他人的天性本已预示了不平等的倾向，再加之支配性的所有权与契约结合更使得缔约双方主体的现实地位不再平等。由此导致的不平等在劳动关系中尤其明显。

诚如有学者所言，劳动力私人性的承认是近代民事主体得以确立的内在理论前提。③ 在雇主与劳动者之间通过契约而形成的雇佣关系中，蕴含了劳动力私人性的承认。因为，能够通过契约交换的，必须是其拥有的。在雇佣契约中，劳动力具有了价值形态，如同商品一样成为交换的对象。但是，在这里，一方面，缔约双方之间的经济地位明显不对等，生产资料所有权和契约结合的结果造成劳动者根本没有能力和机会与雇主讨价还价，致使劳动报酬与劳动力价值不对等、劳动条件无法保障；另一方面，作为交换对象的劳动力附着于人身之上，与人身不可分离。虽然劳动者的生命存在可以提供源源不断的劳动力，但对劳动力的强迫或贬低却与对人的强迫和贬低同时发生。非为契约交换对象的人自身，即人的生命、身体，以及人格尊严因此而受到影响。正是以雇佣契约解决生产者与劳动者之间的关系导致难以协调的社会矛盾，劳动法才逐

---

① ［德］黑格尔著：《法哲学原理》，范扬、张企泰译，商务印书馆 1961 年版，第 53 页。

② ［荷兰］斯宾诺莎著：《伦理学》，贺麟译，商务印书馆 1983 年版，第 124 页。

③ 孙毅著：《近代民事主体形成的条件与成因》，载《政法论坛》2005 年第 4 期。

渐脱离民法而走向独立。

"天地间没有任何个体事物不会被别的更强而有力的事物所超过。对任何一物来说，总必有另一个更强而有力之物可以将它毁灭。"① 私法自治仍然是现代民法的精神，契约自由也仍然是现代合同法的一项基本原则。但是，在现代社会，契约作为自由、平等的工具已经在很大程度上背离了自由、平等精神，契约工具出现了异化。而契约作为商品交换的基本形式和媒介工具，其普遍和广泛使用使异化的契约实质性地影响到了现实社会中人们的方方面面，影响到了现代社会中人的经济存在方式，并使抽象主体所表达和欲求的法律上形式的自由、平等不断地受到实质正义、平等的衡量与拷问。最终，迫使民事主体的观念发生变革与转向。

## 三、契约正义：契约异化的矫正与契约的精神回归

### （一）契约的价值内涵与正义诉求

在人类形成社会之后，就一直在寻求一种秩序的生活，法律、道德和宗教等都是人类寻求秩序生活的制度安排，但由社会制度所实现的秩序生活是否是我们期待的，是否能够实现我们的目标，则不是制度的秩序价值所能够解决的，而必须寻求正义价值。诚如博登海默所言："秩序，一如我们所见，所侧重的乃是社会制度和法律制度的形式结构，而正义所关注的却是法律规范和制度性安排的内容、它们对人类的影响以及它们在增进人类幸福与文明建设方面的价值。"② 因此，群体的秩序生活必须以正义为基本目标。从古希腊开始，自由和平等就与正义相连，并成为正义的要求与内容。"真正的自由和真正的平等……是正义所要求的。"③ 可见，马克思主义的正义观也是以人的自由和平等为基本内涵的。

契约虽然是媒介主体交易的工具与形式，但承载着民事主体的价值诉求，并具有了自由、平等内涵。契约自由、平等的价值内涵也使契约与正义产生关

① ［荷兰］斯宾诺莎著：《伦理学》，贺麟译，商务印书馆1983年版，第171页。

② ［美］博登海默著：《法理学——法律哲学与法律方法》，邓正来译，中国政法大学出版社2004年版，第261页。

③ 《马克思恩格斯全集》第3卷，人民出版社2002年版，第482页。

联，并成为正义的表现形式。因此，在古典契约法中，契约自由与契约正义是同义的。因为，在他们看来，每个人都是自己事务的最佳判断者，也就是说，"当事人就他人事务作出决定时，可能存在某种不公正，但他就自己的事务作出决定时，则绝不可能存在任何不公正。"① 人们正是试图借助于契约自由来寻求正义诉求的实现与满足的。19 世纪作为契约的时代恰恰彰显着人们的正义渴望。

不过，应当注意的是，由古代契约自由所体现出来的契约正义是建立在契约的平等结构基础上的，即在缔约双方主体地位大体平等基础上的契约自由代表着契约正义。而契约的平等结构不过是民事主体地位平等在契约中的应用与落实，因此，民事主体的抽象性与平等的观念性决定契约平等结构的形式性。那么，在形式平等基础上所形成的契约自由及其所追求和实现的正义也只能是一种形式正义。在形式正义的指导下，"自由订立的契约就等于法律，当事人必须严格按照契约的约定履行义务，即所谓契约必须严守，正是体现了这种形式正义。法官裁判契约案件也必须按照契约的约定，必须严格依据契约的条款裁判，至于当事人之间的利害关系，订立契约时是否一方利用了自己的优势或对方的急需或缺乏经验，或者履行契约时的社会经济条件已经发生根本的变更等，均不应考虑。"② 正是在这种绝对的契约自由中，社会的形式正义得以被维护。

## （二）实质正义诉求中契约的精神回归

契约的平等结构成就了契约自由，也成就了近代私法的形式正义理念。但是，现代社会，契约的形式结构失衡，民事主体地位的平等性被打破，契约的精神内容也失去了自由的内涵，契约工具走向异化。异化了的契约不再能够维持契约自由、平等的价值内涵，于是，在契约的异化中，由古典契约的价值内涵所支撑起来的形式正义被质疑。因为，形式正义是建立在契约平等结构基础上，并在契约自由中得以充分体现的。但社会的现实使人们感到，在很多情况下，他们在契约中享受到的不是自由而是强制、不是平等而是歧视。而这种强制与歧视恰恰是由于契约工具的异化造成的。结果，契约工具的异化使以契约

---

① ［德］康德著：《法的形而上学原理》，沈叔平译，商务印书馆 1991 年版，第 50 页。
② 梁慧星著：《从近代民法到现代民法》，载《民商法论丛》第 7 卷，法律出版社 1997 年版，第 235 页。

自由为核心的契约制度不再能够满足人们的正义诉求和正义目标。于是，实质正义成为主体的正义诉求和契约的制度目标，契约自由遂转向契约正义。因此，有学者指出："现代契约法的中心问题，已不是契约自由而是契约正义的问题。"[①]

契约工具的异化，即契约形式结构的失衡而形成了强者的自由和弱者的不自由并引发了实质正义的诉求。因此，契约实质正义的诉求满足必须矫正失衡的主体地位，复归缔约主体真正的意志自由。而失衡的主体地位的矫正不是民事主体的抽象人格和抽象平等所能够完成的，毋宁说是它们造成的。但是，我们却不能因此而否定抽象人格和抽象平等，因为，由它们所成就的形式正义给予每一个人以法律上同等的机会和同等的对待，也满足着人们在契约领域中的基本正义诉求。因此，我们只能在人们的基本正义诉求，即形式正义得以被维持和维护的同时去寻求实质正义的实现。这样，我们就只能一方面从导致主体地位失衡的外在因素入手，另一方面从契约中的意志自由入手寻求契约实质正义的实现。前者在很大程度上与缔约一方的财产和资源优势有关，因此，通过制度设计均衡财产和资源分配达到矫正的目的。后者曾经是契约正义的同义语，正是在契约自由中体现和落实了契约正义。而失衡的主体地位导致了一方的自由与他方的不自由，因此，实质正义的价值目标要求必须对契约自由进行必要的限制。施加了矫正与限制的契约是去除异化的、复位的契约，在复位的契约中才能实现契约价值内涵和契约的精神回归，才能实现真正的自由和平等。

## 第四节　现代民事主体观念变革的制度显现

法制现代化诱发并推动了民事主体的观念变革，并开启了民事主体的现代历程。但观念作为人对世界的超验认识是内蕴和隐性的，在实证主义仍然占据主导的今天，内隐的观念变革必然寻求实证法上的外化和显现。在实证法上，民事主体观念变革之外显主要从两个层面展开，一个层面是民法的原则，另一个层面是私法的具体制度。这两个层面的外显又是分层次的，一般地说，民法

---

① 王晨著：《日本契约法的现状与课题》，载《外国法译评》1995 年第 2 期。

原则的指导地位决定其是高位阶的外显，是价值观念的原则化形式。而私法的具体制度则以基本原则为指导，是价值观念的具体化与制度化形式，相对于基本原则而言，是低位阶的外显。虽然位阶不同，但原则和具体制度共同外化与显现着现代民事主体的观念变革，由此也使现代私法紧随着历史脉动而发展。

## 一、现代民事主体观念变革在私法原则中的外显

在一定意义上说，私法的原则本身就是价值观念，或者说是由价值观念或道德观念而生成的法律化形式。而且，私法原则是私法具体制度的依据与指导，因此，民事主体观念的现代变革必然首先在私法原则上获得外显，这主要体现在诚实信用原则和禁止权利滥用原则在私法中的确立与应用上。

诚实信用原则的历史渊源可以追溯到罗马法时期。亚里士多德主张的道德的善为诚实信用原则在罗马法中的应用提供了哲学基础的说明与依据，并使诚实信用贯穿于整个罗马私法与程序法。但自近代之始，诚实信用在私法中沦落为契约的履行原则，并受到契约自由原则的限制。如《法国民法典》第1134条规定："前项契约应以善意履行之。"《德国民法典》第242条也规定："债务人应依诚实和信用，并参照交易上的习惯，履行给付。"诚信原则在私法中的地位衰落大体有三方面的原因：1. 法学实证主义几乎控制了全部法学领域，源于自然法的道德法理论及其准则基本被排除在实证法的体系之外；2. 近代民事主体地位平等性与互换性的真实存在；3. 市场的充分竞争与自由。① 这些原因导致的结果是，私法更注重形式自由、平等，也更尊重个体的意志与自由，意思自治在私法中成为核心的基本原则，民事主体的个人意志决定一切，诚实信用仅仅是实现民事主体意志的辅助原则，没有必要在整个私法领域中借助于诚实信用原则来指导、解释和进行司法裁量。

现代，民事主体地位的平等性与互换性日益虚假，市场也不再完全自由与充分竞争，完全意思自治的结果往往在民事主体之间形成分化与对立、支配与被支配的状态，矫正失衡的主体地位与利益平衡成为需要。于是，在对意思自治和合同自由进行批判的基础上，诚实信用原则实证化为私法的基本原则。首先完成这一工作的是1911年的《瑞士民法典》，其第2条第1项规定："每个

---

① 柯华庆著：《合同法基本原则的博弈分析》，中国法制出版社2006年版，第184—185页。

人都必须依诚实信用行使其权利和履行其义务。"此后，很多国家都将诚实信用作为私法的基本原则规定。由此可见，诚实信用基本原则地位的确立实际上是与现代社会的发展变化息息相关的，也是民事主体实质自由、平等观念变革的结果与显现。

民事主体观念变革的另一个原则显现是禁止权利滥用。罗马法中私权观念的绝对色彩是极其强烈的。"行使自己的权利对他人不是错误。"[①] 法学阶梯中的这一规定突出地反映出这一点。也就是说，罗马法曾经在制度上摒弃任何对权利的限制，只不过由于社会共处的需要不可避免地增添了一些对权利的限制。在极力张扬个体意志与自由的近代私法中，权利也是有界限的。因为，权利虽然给予权利人以利益，使其得以通过向义务人主张权利而实现其利益。但是，权利所给权利人带来的利益往往是通过限制他人的自由而获得实现和满足的，因此，"没有哪一项权利是没有任何限制的。"[②] 只不过这种界限与限制在近代私法中被民事主体的个体意志所忽视与湮灭了。这种忽视与湮灭在近代之初尚不能产生过于严重的后果，而近代中后期这种后果则开始显现了。权利人权利的极端化日益与公共生活和公共利益相冲突。而"正义是法律制度的本质目的所在，但是毫无限制的行使权利将会违背这一目的。"即"极端的权利，最大的非正义"[③]。而且，现代民事主体日益多元，主体之间的利益关系更为复杂，个体行使权利的行为与公共生活及公共秩序的关联更为紧密，滥用权利对他人和社会利益造成的损害后果也更为严重。因此，个体利益与社会利益、个体自由与社会自由之间的协调成为实证法必须解决的问题。于是，一度被实证法和个体意志忽视的公共生活和公共利益受到关注，禁止权利滥用成为一项原则规定。

相对于公法原则而言，私法原则是显学，具有明示价值的功能，可以直接指导、解释和补充立法，解释和弥补当事人的意思，并授予法官以一定范围内的自由裁量权。民事主体观念变革获得私法原则的外显之后，就可以借助于私法原则的功能而使观念变革落实于立法、司法和主体行为的指导与应用上，使

---

① 《法学阶梯》：L.17。

② ［德］迪特尔·梅迪库斯著：《德国民法总论》，邵建东译，法律出版社2000年版，第107页。

③ ［法］雅克·盖斯旦、吉勒·古博著：《法国民法总论》，陈鹏、张丽娟、石佳友、杨燕妮、谢汉琪译，法律出版社2004年版，第701页。

观念不再是纯粹的超验认识，而有了实证落实与实践检验。诚实信用原则和禁止权利滥用原则从正反两方面外显着现代民事主体的观念变革。

## 二、现代民事主体观念变革在私法制度中的外显

私法原则直接宣示并外显着现代民事主体的观念变革，而且，借助于私法原则的指向与引导作用，现代民事主体的观念变革还在实证法的制度层面获得了外化与显现。现代民事主体观念变革在制度层面的外显是多方面的，可以说，几乎私法的所有制度都在一定程度上外显着这种观念变革。这里仅重点就几个私法制度进行外显分析。

现代民事主体的观念变革在人格权中的外显主要体现为现代各国私法上具体人格权的不断扩张与一般人格权保护条款的出现。人格权是指向主体本身的权利，人格权的保护范围及保护方式在一定程度上影响和决定着人在私法上根本目的性的实现与否及其实现程度。古代民法中基本没有主体人格保护的内容，罗马法中的不名誉不是作为对人的保护而是作为人格的等级依据存在的。近代私法受传统理论影响，认为权利的对象是外在于人的存在，人的伦理价值是内在于人的。生命、健康、身体、自由、尊严、名誉等恰恰是内在于人的，这些内在于人的伦理价值无法成为实证法上的权利对象。因此，近代私法小心翼翼地将人的伦理价值纳入人之本体而给予保护，没有将其作为权利的对象。但是，现代社会的发展使人的伦理价值急剧扩张，"人的伦理价值在近现代社会的扩张，造成了一个令人无法回避的事实，即那些新兴的人的价值，已经远远超越了'人之所以为人'的底线。可以说，人的伦理价值的'外在化'是社会发展的大势所趋。新兴的伦理价值的出现，促使了'伦理价值外在化'观念的形成。"[1] 人权运动的高涨对人的伦理价值的外在化提出了进一步的扩张要求，并超越传统的伦理价值领域而扩展到人之本体之外的诸如肖像、隐私、知情、生活安宁等价值因素上，甚至有的伦理价值因素已经延伸到了"交易的领域"。[2] 这样，人的伦理价值的外在化使"人之本体保护"转向"权利保护"，人的伦理价值的扩张也使得具体人格权的范围不断扩大。但是，一方面，封闭、自足的实证法体系仍然无法应对社会发展而产生的伦理价值扩

---

① 马骏驹著：《人格权法专题研究》，载《法学杂志》2007年第5期。
② 同上。

张的现实需求；另一方面，在各种具体的伦理价值之上确实存在一种更为基础与一般的伦理价值。于是，一般人格权获得了实证法的合理承认。

现代债法领域中出现的弱者保护，尤其是劳动者和消费者保护是民事主体观念变革在制度上非常典型的显现。近代私法所立基的两个基本判断，即民事主体地位的平等性与互换性至现代已经被无情地颠覆。现实的情况是企业主与劳动者、生产者与消费者的分化与对立，现代化的大公司和大企业在商品交换中处于明显的优越地位，消费者无从判断商品的品质。这一切使企业主与劳动者、生产者与消费者之间形成实质上的支配与被支配关系。① 民事主体形式自由、平等的观念遭遇到现实的无情嘲讽。于是，在现代化变革中，一些曾经被近代私法忽视的阶层与利益受到关注，从而使现代私法呈现出明显的社会化趋向。私法的社会化趋向或者说社会原则更加注重民事主体之间的地位均势与公平。在一方明显处于弱势的情况下，法律制度就必须采取措施，为维护典型的弱方的利益而创造某种平衡态势。② 对弱者利益的强化保护成为现代民事主体观念变革的必然要求与结果，消费者保护和劳动者保护成为现代法律保护弱者的集中体现。其中，消费者保护多以单独立法的形式进行，而劳动法则脱离私法而获得独立。此外，格式合同的规制、契约自由的限制等也是现代民事主体观念变革作用于债法领域的结果。

现代民事主体观念变革的另一个制度显现是侵权责任领域中危险责任的确立与适用范围的不断扩大。以个人主义为基础的近代私法强调个性和个体自由，强调私法自治和意思自治，力图给主体提供尽可能大的活动空间与自由领域，这需要借助于过错归责来完成。这种过错归责侧重于对侵权行为的否定性评价与侵权行为人的人格责难，从而最大可能地维护作为主体人格要素的自由。但是，在生产领域、交通工具、高度危险等活动中适用过错归责导致风险分配不合理和产业工人利益受到损害等严重不公平的结果，形式正义不再能够为侵权责任制度提供价值依据。而且，现代社会，主体日益多元、利益关系趋于复杂，个体与他人和社会之间关系日益紧张，作为主体人格要素的自由不能

---

① 梁慧星著：《从近代民法到现代民法》，载《民商法论丛》第7卷，法律出版社1997年版，第241—242页。

② ［德］卡尔·拉伦茨著：《德国民法通论》（上册），王晓晔等译，法律出版社2003年版，第69—70页。

再依靠纯粹的个体自由而获得满足和保障，社会自由成为主体人格自由的价值诉求。在社会自由的取向下，"较为合乎社会公平的做法，应该是由开辟了某个危险源或维持这个危险源并从中活动利益的人来全部或部分地承担损害。"①于是，危险责任在现代私法中得以确立。而且，现代社会的技术时代特征必然使危险责任的范围不断扩大。因为，"在技术时代，损害与其说是个别人的失职造成的，不如说是由于技术设备的失灵或由于航空交通、铁路交通和道路交通的危险所造成的，因此法律必须对这些损害进行补偿和平衡，对这些损害的补偿也具有越来越重要的意义。"②

现代民事主体的观念变革除在上述制度中获得外显外，现代私法中所有权背负社会义务、身份法中妇女权益保障被突起等也是现代民事主体观念变革的结果与显现。可以说，私法在制度层面的现代发展都可以归入观念变革的显现之中。因为，现代社会的发展变化不仅使人的生存环境与条件随之改变，也使人与人、人与社会之间的关系发生某些微妙的变化。根源于社会并以社会关系为调整和规范对象的法律必须对这种变化做出适时的调整。而人是社会关系的参与者和推动者，人的需求推动了社会关系的发展变化。在社会关系变化的前提下，人又向法律提出了新的诉求。是否对人的诉求给予回应在一定程度上反馈着法律的进步与否。如果法律无视社会关系的变化和人的诉求更新，则法律停滞并落后于社会发展；反之，则法律伴随社会发展而获得了新发展。因而，正是人的需求和观念推动了社会关系的变化与发展，并促进了法律制度的革新。当然，人推进法律制度革新的目的是使其为人服务。从而，人成为制度的目的。

# 本章小结

现代化是一个内涵十分丰富的概念，既表征着物质文明和社会生活的进步，也促进了社会制度的健全与完善及思想观念上的吐旧纳新或改弦易辙。法制现代化作为现代化的一个重要组成部分，私法现代化内蕴其中。民事主体现

---

① ［德］卡尔·拉伦茨著：《德国民法通论》（上册），王晓晔等译，法律出版社2003年版，第82页。

② 同上书，第83页。

代化作为私法现代化的基本内容，主要表现为观念和制度上的现代化。私法在当代的发展，包括原则发展和制度发展都是私法现代化和民事主体观念变革的结果与显现。私法及其主体制度现代化变革的根本原因在于人的深层观念现代化，因此，观念上的现代化是更深层次的现代化。正如人类历史的许多事物或现象都显现出某种悖论性的状态一样，现代化在预示与指引人类文明发展的同时，也给人类社会带来某种窘境与危机。近代私法的形式理性成就了民事主体形式自由、平等，满足了形式正义的要求，实现了法的安定性之目标，而私法的现代化变革则导向实质理性和实质自由、平等，以寻求实质正义和法的妥当性目标之达成。但是，这种现代化变革又引发形式理性与实质理性的争执，引发自由与平等、创新与守成的冲突，从而使民事主体陷入当代发展的危机之中。现代化变革是与现代化的反思与批判相伴随而展开的。民事主体的现代化变革也必须在批判与反思中寻求再生。

# 中 篇
# 基础与价值篇

# 第四章　民事主体历史演进的社会基础和深层动力

## 第一节　民事主体的经济动力

"法律的最深厚的根源，存在于一定社会的物质生活条件之中，存在于现实的人们的经济关系之中，存在于人们在相互交往的活动过程中所形成的权利要求之中。"[①] 民事主体制度所根源的一定的社会物质条件就是商品经济。因为，商品经济是交换的经济，而民事法律关系的绝大部分内容都是与交换有关的，民事主体也是商品交换关系的主体。同时，商品经济也是自由的经济，它不仅给民事主体提供了自由、平等的空间，也塑造了主体的自由、平等。

### 一、人的经济存在方式决定民事主体制度的本质

对一般的法律而言，我们可以说法律根源于一定社会的物质生活条件。而就民法而言，其不仅根源于一定社会的物质生活条件，甚至其本身就是"将经济关系直接翻译为法律原则"[②]。因而，民法总是与一定社会的经济关系相连，并直接反映一定社会的经济关系的。一定社会的民事主体制度就是由这一社会的经济关系，即由这个社会中人的经济存在方式决定的。

罗马社会从整体上讲是一个奴隶社会，但却并存着商品经济，由此才形成"以私有制为基础的法律的最完备形式"[③]，并包括着资本主义时期大多数的法

---

① 公丕祥著：《法制现代化的理论逻辑》，中国政法大学出版社 1999 年版，第 12 页。
② 《马克思恩格斯全集》第 37 卷，人民出版社 1971 年版，第 488 页。
③ 《马克思恩格斯全集》第 20 卷，人民出版社 1971 年版，第 113 页。

律关系。但在当时，家庭不仅是社会的基本构成，也是社会的基本生产单位，其与外界的联系是通过其代表——家长进行的。因此，家子、家女、奴隶等都被屏蔽在家庭内部，成为家长权力的管辖范围，不可能获得民事主体的资格。随着特有产的形成和发展，家子、奴隶才逐渐摆脱家庭而参与经济生活，并在获得个体性的同时成为民事主体。异邦人在市民法中被拒绝给予市民身份进而否认其市民法的主体资格，但是，罗马的对外贸易要求异邦人参与罗马的经济生活。于是，异邦人首先在万民法中被授予民事主体的资格与能力，最终因市民身份的全面授予而进入市民法。

随着罗马的灭亡，罗马曾经一度发达的简单商品经济被落后的日耳曼式农牧生产方式取代。好斗善战的日耳曼人注重土地的封赏，进入封建割据时期后，土地的占有和分封更是成为整个社会生活的重点。围绕土地而展开的经济生活更多的时候是静态的，自给自足成为中世纪的经济方式。土地成为人们争夺与控制的对象，是否能够拥有土地财产权也就成为民事主体的重要评判标准。因此，大小领主和教会团体就成为中世纪重要的民事主体。

但是，无论是在罗马法时期，还是在中世纪时期，人在现实经济生活中的地位是不平等的，而且，某些人甚至被剥夺自由而陷于奴役。因此，人在法律上所享有的权利和承担的义务也是不相等的，即民事主体在事实上和在法律上都是不平等的。

资产阶级革命推翻封建统治之后，资本主义经济取代封建的自给自足经济，商品生产和商品交换成为经济的主要形态和内容。人的经济存在方式随之发生革命性的改变。在商品经济社会，每个商品生产者的目的不再主要是供给自己而是供给和满足他人，每个人的生活依赖于商品的供给，这迫使每个人走出家庭进行自主经营和商品交换。社会分工进一步促进了商品交换的发展，并使交换成为商品生产的唯一目的。每个人都要参与商品交换，并在商品交换中与对方处于平等的地位。每个人都是平等的商品经济参与者决定了人应该被赋予平等的主体地位。

商品经济进一步发展，社会分工进一步细化，人在经济生活中的角色被固定，生产者、劳动者、消费者的角色对立逐渐形成。自由在经济领域的无束缚发展使社会财富日益集中，财产的权力优势开始形成并发挥作用。人在现实经济生活中出现了实质不平等，事实平等的诉求开始冲击和挑战法律上的观念平等。

由此可见，在不同社会、不同历史时期，民事主体在法律上的状态与地位归根结底是由该社会中人的经济存在方式决定的。人在经济生活中的有能力和无能力，以及能力大小和地位平等与否，直接反映在法律上就是民事主体资格的有无、民事权利能力的多少，以及地位是否平等问题。也就是说，"民事主体制度反映人的经济存在方式。""人的经济存在方式是经济基础，民事主体制度是上层建筑，经济基础决定上层建筑。有什么样的经济存在方式就有相应的民事主体制度，人的经济存在方式的不同都会反映在民事主体制度中。"[①]

## 二、商品经济为民事主体提供了交往的基础与形式

商品交换是商品经济的核心与支撑，而在任何商品交换中，必不可少的要素有三：市场、财产权和契约。其中，市场提供了商品交换的场所；财产权是商品交换的前提和基础，也是交换的结果和目的；契约是商品交换的主要形式。但实际上，更为基础、也是更需必备的另一个要素是：人，即商品交换的主体。如果没有人的要素，市场无法建立，财产权和契约也失去了存在的意义。反过来，市场主体也依赖于市场、财产权和契约，或者说，完备的市场、财产权和契约也促进了市场主体的发展与完善。

首先，市场培育了民事主体。商品交换依赖于市场。市场不仅为商品交换提供了场所，也培育了交换的主体。虽然民事主体作为民事法律关系的参加者，其所参与的民事法律关系不全是商品交换关系。但是，在商品交换是近现代社会人的主要生活方式和生产方式的情况下，不参与商品交换的民事主体是不存在的。市场虽然是人建立的，但反过来市场也塑造和培育了主体。因为，在市场中进行商品交换的人，他只关心交换的对象——商品，而并不关心交换他方是否与自己有何种血缘或亲缘关系。这既使商品交换得以在血缘或亲缘团体之外进行，也使得市场获得了非人格化发展的事实。而市场的非人格化形成促进了民事主体的非人格化。于是，借助于人的理性能力，抽象的民事主体得以形成。

市场为民事主体提供了绝大部分生存空间，也使人与法律交易相连，延伸

---

① 孙毅著：《近代民事主体形成的条件与成因》，载《政法论坛》2005年第4期。

了人的自由领域，即将人的自由扩展到经济领域，使交易自由成为主体自由的重要内容。"在法律意义上，'自由'意味着享有实际的和潜在的权利，但是，在没有市场的社会里，这种自由并不以法律交易为基础，而直接与法律本身的指令与禁止性命题为前提。另一方面，在法律秩序的框架内，交换就是'法律的交易'，即法律的权利要求之转让、放弃或实现。随着市场的不断发展，这些法律交易变得越来越多，越来越复杂。"①

其次，商品交换为民事主体进行交换提出了产权要求。"我可以转让自己的财产，因为财产是我的。"② 财产属于我意味着其财产权在法律上属于我，也就意味着我才能进行交换。马克思和恩格斯则更为明确地指出："从法律上来看这种交换的前提无非是每一个人对自己产品的所有权和自由支配权。"③ 财产所有权和自由支配权是形成有效交易的前提，也是达到交易的目的——获得新的产权所必须的。如果对不拥有产权的东西也允许进行交换并无例外地承认交换行为的有效性的话，则市场无法有序发展，交易秩序也将动荡不堪。因此，商品交换要求清晰、规范的产权制度。

在产权清晰的前提下进行的交易能够满足主体的交换需求，并使交易对象实现效益最大化。而且，财产一旦进入市场进行流通，它就不仅是民事主体进行交换的对象，更是主体实现利益增长的资本和财富。因此，进入市场的财产对于主体来说，不仅意味和体现为静态的财产，更意味着动态的、不断增长的财富。

再次，商品交换为民事主体提供了交换的基本形式。商品交换虽然是商品经济的实质内容，但是，交换的进行必须借助于一定的形式。契约作为意志的妥协与统一遂成为商品交换的媒介。它使"一方根据其本身和他方的共同意志，终止为所有人，然而他是并且始终是所有人。它作为中介，使意志一方面放弃一个而是单一的所有权，他方面接受另一个即属于他人的所有权；这种中介发生在双方意志在同一种联系的情况下，就是说，一方的意志仅在他方的意志在场时作出决定。"④ 契约实现了意志的统一，也媒介了权利义务的交换。

---

① ［德］马科斯·韦伯著：《论经济与社会中的法律》，张乃根译，中国大百科全书出版社 1998 年版，第 101 页。

② ［德］黑格尔著：《法哲学原理》，范扬、张企泰译，商务印书馆 1961 年版，第 73 页。

③ 《马克思恩格斯全集》第 30 卷，人民出版社 1995 年版，第 450 页。

④ ［德］黑格尔著：《法哲学原理》，范扬、张企泰译，商务印书馆 1961 年版，第 81—82 页。

契约成为交换的重要甚至唯一形式。也可以说，作为以交换为目的而存在的商品，其交换目的的实现几乎都是借助于契约完成，并由此实现商品所有权的作用的。即"商品所有权如不与买卖契约相结合，不变为价金债权，其作用就不能产生。"① 在今日的信用经济中，契约更是成为人们安排未来事务的重要手段。

## 三、商品经济塑造了民事主体的自由、平等

近代自由、平等的民事主体与近代商品经济是相对应的，甚至可以说，正是近代的商品经济塑造了近代民事主体的自由与平等。

商品经济是自由的经济，竞争的自由、交换的自由、财产的自由、权利的自由等都成为自由经济的内涵。但是，这些自由全部是建立在主体自由基础之上的。民事主体的自由是意志的自由、行动的自由。这与人类自由的自觉活动的特性是相一致的。但是，民事主体的自由意志和自由行动在以身份为主要特征的社会中是得不到充分体现的。因为，在这样的社会中，关系决定一切。这种关系就是马克思所说的人的依赖关系。人的依赖关系决定权利义务的产生，个人意志在其中基本上不能发挥什么作用。只有人类社会进入到第二阶段，即以物的依赖性为基础的人的独立性阶段，形成和建立了普遍的社会物质交换、全面的关系、多方面的需要以及全面的能力的体系之后，② 人才脱离了对他人的依赖，个体的意志才替代关系成为权利义务的根据和来源。而以物的依赖性为基础的人的独立性阶段就是商品经济阶段。因为，商品经济在本能上具有个人本位趋向，其关注个性解放、人格独立，个人自由也因此成为商品经济的主要法律目标。③ 也就是说，商品经济给主体意志和行动以极大的自由空间，使主体可以自主地决定和行动。"只有交换主体拥有对自己的行为进行选择的自由，并且能够自由地表达自己的交换意愿，成为相互离异的、独立的主体，商品交换才能得以发生。"④ 因此，商品经济和商品交换塑造了民事主体的自由。

---

① ［日］我妻荣著：《债权在近代法中的优越地位》，王书江、张雷译，中国大百科全书出版社1999年版，第13页。

② 参见《马克思恩格斯选集》第30卷，人民出版社1995年版，第107—108页。

③ 参见郑永流著：《商品经济与计划经济中主要法律价值的对比》，载《中南政法学院学报》1991年第4期。

④ 公丕祥著：《法制现代化的理论逻辑》，中国政法大学出版社1999年版，第110页。

同时，民事主体的意志自由使主体的行为呈现出广泛性和多样性，也使市场交易行为丰富而多样，并由此发挥出市场的巨大优越性。因为，"市场的巨大优越性是它允许广泛的多样性的存在。"①

商品经济还是要求交换双方主体平等的经济。自由和平等都是商品经济的必然要求，但是，"在自由与平等之间，虽然存在着某些共通的层面，但它们各自的价值内涵及其外部表征却迥然相异的。"② 也就是说，按照莱斯利·利普森的认识，自由主要是一种个人主义的观念，而平等则是一种社会观念。自由是以个人为主从自己的观点去看别人，但平等则与此不同，它意味着一种关系，是指个人在社会结构中与别人的关系。③ 因此，论及平等，必然涉及他人与他人进行比较。只有在涉及他人的关系结构中，才能说平等或不平等。

人总是处于关系结构之中的，这正是人的社会性的必然要求和体现。但以往的关系结构是人的依赖而非物的依赖。在人的依赖关系中，个人不仅缺乏独立性，而且在与他人相比较的关系中，必然体现为依附和从属，体现为地位的不平等。而进入商品经济社会，每个人都只是作为商品的交换者和需求者出现，在面对商品时只有需要的差别而没有其他的差别。商品成为主体之间关系的唯一媒介，人的依赖由物的依赖代替。这样，在对物的依赖中，也即在交换中双方必然以平等的主体出现。也就是说，"在商品交换关系中，被交换的商品的自然特性以及交换者的特殊的自然需要，这一自然差别形成了市场主体彼此平等关系的客观基础。"④ 因而可以说，地位平等是商品经济的必然要求和产物。

在交换主体双方地位对等的前提下，必然要求交换遵循等价的原则。只有交换双方认可交换的对象在价值上是等价的，交换才能进行，并进而使交换成为社会的主要经济形式。在交换过程中，交换主体只是作为交换物的现时占有者和未来的所有权人而存在，主体的其他个性不是交换所考虑的内容，主体的价值也只有通过客体化的交换物才能得以体现。交换物在价值上是等价的，交换的主体也由此获得了价值上的平等。在这里，交换主体只是作为一个同一

---

① ［美］米尔顿·弗里德曼著：《资本主义与自由》，商务印书馆 1986 年版，第 16 页。
② 公丕祥著：《法制现代化的理论逻辑》，中国政法大学出版社 1999 年版，第 107 页。
③ 参见［美］莱斯利·利普森著：《民主的基本原则》，载《交流》1986 年第 3 期。
④ ［德］黑格尔著：《法哲学原理》，范扬、张企泰译，商务印书馆 1961 年版，第 108 页。

的、一般的、无差别的社会劳动的代表而相互对立存在，并在交换中实现了主体的地位平等。诚如马克思和恩格斯所指出的："主体只有通过等价物才在交换中互相表现为价值相等的人，而且他们通过彼此借以为对方而存在的那种对象性的交替才证明自己是价值相等的人。因为他们只是彼此作为等价的主体而存在，所以他们是价值相等的人，同时是彼此漠不关心的人。"① 而交换的形式是契约，因此，在通过契约而进行的交换中，主体实现了价值上的平等，也实现了法律地位上的平等。在这个过程中，契约作为交换的媒介扮演着重要作用，并由此成为主体实现自由、平等的工具。

## 第二节　民事主体的社会基础

社会不是以法律为基础的。那是法学家们的幻想。相反地，法律应该以社会为基础。社会是一切法律的基础，也是私法的基础。作为私法基础的社会，即市民社会。私法中的人——民事主体——作为法律上的人，是国家的产物。近代之后的民事主体更是与民族国家相对应的。在民族国家的视域下，几乎每个人都是某一国家的臣民，即公民。但是，私法中的人却并不生活于国家之下，而是生活于社会之中，是市民社会中的人。而且可以说，正是政治国家与市民社会的区分才使民事主体得以产生，市民社会的发展推进了民事主体的演进和发展。

### 一、政治国家与市民社会的分离培植了私法中的人

在与政治国家相对应的意义上使用市民社会概念一般认为始于近代市民社会理论，并将此归功于黑格尔。黑格尔认为，"市民社会是处在家庭和国家之间的差别阶段，虽然它的形成比国家晚。其实，作为差别的阶段，它必须以国家为前提，而为了巩固地存在，它也必须有一个国家作为独立的东西在它面前。"② 但是，市民社会与政治国家的关系是十分复杂而多变的。从历史上看，二者时而分离，时而复合。二者之间的关系变化也在一定程度上反映和推动私法及民事主体制度的历史发展。

---

① 《马克思恩格斯全集》第46卷（下），人民出版社1980年版，第474页。
② ［德］黑格尔著：《法哲学原理》，范扬、张企泰译，商务印书馆1961年版，第197页。

近代之前的市民社会与政治国家虽然在很大程度上具有高度的一致性，但有时也出现某种分离。如罗马时期，市民社会就曾经一度在国家的支持下获得某种程度的独立，从而使奴隶制的罗马国家呈现出经济繁荣的局面。正是罗马市民社会的发达与独立使罗马私法取得了高度的成就。而且，之所以在罗马法时期就提出来了公法与私法的区分，很重要的原因在于罗马市民社会与国家的分离。在与国家分离的市民社会中，人获得了一定空间的私人领域，其私人事务成为他们生活的内容之一，并使人显现出一定的独立性。当然，这种分离是不彻底的，国家在很大程度上仍然影响和决定着市民社会。因此，罗马的人格内容既有私法的人格内容，又有公法的人格内容。而且，在当时的市民社会中，并不是所有的人都有私人领域，都自己管理自己的私人事务，只是一小部分人享有这种资格，由此使人格呈现出不平等的特点。而中世纪时期，市民社会与政治国家则呈现出高度的一致性，或者说政治国家吞并了市民社会。人们不再具有私人空间和私人事务，几乎所有的事务都是政治性的。"就是说，在中世纪，财产、商业、社会团体和人都有政治的；国家的物质内容是由国家的形式设定的，每个私人领域都具有政治性质，或者都是政治领域；换句话说，政治也是私人领域的性质。在中世纪，政治制度是私有财产的制度。但这只是因为私有财产的制度就是政治制度。"① 因此，前面我们说过，中世纪时期能否拥有财产，是能否成为民事主体的唯一判断标准。而民事主体对土地等财产的享有和支配并不纯粹是满足私人的生活目的，更主要的是一种政治需要。"市民生活的要素，例如，财产、家庭、劳动方式，已经以领主权、等级和同业公会的形式升为国家生活的要素。它们以这种形式规定了单一的个人对国家整体的关系，就是说，规定了他的政治关系，即他同社会其他组成部分相分离和相排斥的关系。"② 市民社会不再具有独立性，成为政治社会本身。每个人都具有政治等级和政治地位，人的一切内容都由其政治等级和政治地位决定，民事主体失去了生存的社会基础。

近代之后，市民社会又走上了与政治国家分离之路。资产阶级的政治革命推进了市民社会与政治国家的分离。伴随着近代民族国家的独立，市民社会也获得了独立，并形成了真正意义上的市民社会及其理论。"政治革命打倒了这

---

① 《马克思恩格斯全集》第3卷，人民出版社2002年版，第42页。
② 同上书，第186页。

种统治者的权力，把国家事务提升为人民事务，把政治国家组成为普遍事务，就是说组成为现实的国家；这种革命必然要摧毁一切等级、同业公会、行帮和特权，因为这些是人民同自己的共同体相分离的各种的众多表现。于是，政治革命消灭了市民社会的政治性质。"① 市民社会与政治国家的全面分离使人的私人领域得以最大扩展，一切私人事务都由主体自己管理和决定，民事主体生存与发展的社会基础日益扎实。

可以说，如果没有与政治国家并存的市民社会，市民生活的性质和内容都由政治国家决定，则作为调整市民生活规则的私法不会存在和发展，私法中的人——民事主体也必将窒息而亡。只有市民社会获得独立的存在，民事主体才有了生存的空间和领域，市民社会的发展和完善才能推进民事主体制度的完善。

## 二、市民的需要是民事主体活动的内在动因

马克思说：人的需要即人的本性。因为，人首先是一种存在。作为一种存在意义上的人，其有自然肉体和存在的需要。这种肉体和存在的需要是自然的需要，它是人与动物共同具有的需要。这种需要即便在自然状态中也能获得满足，而且，"仅仅使用自然的偶然性直接提供给他的手段"就能获得需要的满足。② 但是，人不仅是自然的存在，更是社会的存在和精神的存在，是一种发展的存在。作为社会和精神的存在，作为发展的存在，人需要享受和发展。因此，人除了自然的需要外，还有各种各样社会的需要、精神的需要和发展的需要。这些需要是人这种高级存在所独具的，而且，这些需要仅仅依靠自然的偶然性直接提供的手段是无法获得满足的。人必须进入社会状态，在社会中获得满足。在社会中，满足人的社会需要和精神需要的主要物质是资源。

资源虽然同人一样是一种存在，但它却是一种被动的存在而非主动的存在。也就是说，人借助于资源能够满足自己的需要，但资源却不能主动地满足人的需要。人必须以自己的实践，即必须以自己的劳动使资源满足自己。而资源如果对于人而言不具有稀缺性，也就是说，资源足够丰富，能够满足所有人的任何需求，那么，或许社会就不会发展成为今日的商品社会了。而实际上，

① 《马克思恩格斯全集》第 3 卷，人民出版社 2002 年版，第 187 页。
② ［德］黑格尔著：《法哲学原理》，范扬、张企泰译，商务印书馆 1961 年版，第 208 页。

资源对于人而言处于稀缺和匮乏状态。人为了满足自己的需要不仅需要劳动，还需要他人的协同。人的一切活动目的都在于满足和实现自己的需要。也就是说，需要是人的实践活动的内在因素和动力，正是人的需要和满足人的需要的实践活动，铸成人的社会本质或本性。① 因此，社会中的人为了存在和继续发展首先要解决的就是自己的需要及其满足。这个社会就是市民社会，市民社会中的人就是市民。

但是，在市民社会中，市民需要的满足仅仅通过个人的劳动似乎不可能得到全部的满足，他更多的时候要借助于他人的劳动来满足自己的需要。因为，市民社会中，市民虽然能够通过劳动作用于外在物，并使其满足自己的主观需要。但是，在很多情况下，满足市民需要的外在物并不一定是无主的自然存在，而可能是属于他人的所有物。尤其是市民的需要日益殊多与精细，社会分工日益精密，满足需要的手段也越来越细分与繁复的情况下，市民个体的劳动并不能够满足自己的需要，他必须通过他人的劳动才能实现需要的满足。因此，黑格尔认为，"通过个人的劳动以及通过其他一切人的劳动与需要的满足，使需要得到中介，个人得到满足——即需要的体系"是市民社会的第一个环节，也是基础的环节。②

通过自己及他人的劳动实现需要及其满足，需要成为市民社会中人的活动的内在动力。在市民社会中，每个人都是为了自己的需要与满足而活动，利己遂成为市民的本性。"但是，如果他不同别人发生关系，他就不能达到他的全部目的，因此，其他人便成为特殊的人达到目的的手段。"③ 而市民社会中的每个人都是利己的，他在将别人作为达到目的的手段的同时，别人也将他作为满足其需要的手段。于是，每个人既是自己的目的，也是他人的手段。但他在将他人作为手段来满足自己需要的时候，是以他人的劳动为中介的。每个人都想通过他人的劳动满足自己的需要，那么，就只能通过劳动的交换来进行。于是，在分工的社会中，交换成为必然。分工越精细，需要越细致，交换越繁复。而且，市民的利己性使主体之间及其活动更加相互依赖。但需要始终是民事主体进行交换的内在动因。需要的增加与发展刺激着主体的欲求，使主体不

---

① 袁贵仁著：《人的哲学》，工人出版社 1988 年版，第 23 页。
② ［德］黑格尔著：《法哲学原理》，范扬、张企泰译，商务印书馆 1961 年版，第 203 页。
③ 同上书，第 197 页。

断地细化和扩充满足需要的手段，市民社会也由此获得不断的发展与进步。同时，市民社会的发展，使交换反过来刺激主体进一步的需要。因为，"需要并不是直接从具有需要的人那里产生出来的，它倒是那些企图从中获得利润的人所制造出来的。"① 民事主体在满足自己的需要的同时不断地扩张着自己的欲求。

### 三、市民社会是民事主体活动的基地

政治国家与市民社会的分离培植出了民事主体，人的需要又成为推动民事主体活动的内在动力。但是，一方面，人不可能生活在真空中，另一方面，人满足自己需要的实践活动又不可避免地必须同他人发生关联。因此，人的社会性战胜了利己性。或者说，利己虽然是市民的本性，但他却必须与人协同与配合才能满足自己的全部需要。相互依赖、相互协同与相互配合的人们形成社会。在社会中，人们对满足自己需要的资源不是通过政治权力的分配获取的，而是通过劳动的交换获取的，即是通过市场配置得到的。通过市场，而不是通过政治结构和政治权力来界定的社会恰恰是市民社会。在市民社会中，每个人都将他人作为满足自己需要的手段。"但是特殊目的通过他人的关系就取得了普遍性的形式，并且在满足他人福利的同时，满足自己。由于特殊性必然以普遍性为其条件，所以整个市民社会是中介的基地。"②

在由市场规定性所决定的市民社会这个基地上，任何能够满足主体需要的东西都是有价值的，都是可以依照市场规则进行交换的。由此"决定了市民社会中具有外在价值的东西都被认为可以通过契约并依照契约性规则进行交换和让渡，而且拥有的手段是攫取。"③ 交换和让渡要求每个主体都必须是自由和平等的，手段的攫取性决定了主体的私利性。每个民事主体都是为了自身的利益进行活动，但又不得不与他人协同与合作。而且，随着市民社会需要体系的日益膨胀、满足需要手段的日益殊多，以及社会分工的日趋精细化，迫使主体之间需要与满足的依赖也不断强化。每个主体都必须借助于他人来满足自己的需要，同时也成为他人需要满足的手段。市民社会就在主体的相互依赖、相

---

① ［德］黑格尔著：《法哲学原理》，范扬、张企泰译，商务印书馆1961年版，第207页。

② 同上书，第197页。

③ 李永军著：《民法总论》，法律出版社2006年版，第9页。

互竞争，与相互协同中发展，并不断地为民事主体的交往提供更为广阔的基地。

市民社会为民事主体提供了广阔的活动空间，其市场规定性不但使所有民事主体在身份上处于平等地位，而且使民事主体的自由获得了极大释放。但是，市场并不是万能的，它也有失效的时候。如市场自身不能解决公平分配和发展目标的问题、公共产品供给问题、自然垄断问题、外部性问题和信息偏在问题。① 由此决定了由市场规定的市民社会的缺陷与不足，国家成为必要。但如果因为市民社会自身的缺陷与不足而使国家全面侵入或替代市民社会，则消灭了市民社会，也丢失了民事主体活动的基地。政治国家曾经一度吞并市民社会的历史证明着这一点。因此，只有意识到市民社会的不足，并在市场失效之处发挥国家的作用，纠正和弥补市民社会不足，才会使市民社会进一步发展，并为民事主体提供规范而健康的市民社会基地。

## 第三节  民事主体的文化基础

人是法的主体，也是法的对象，更是法的目的。因而黑格尔说："法的命令是：成为一个人，并尊敬他人为人。"② 而与人有关的理论学说总是离不开人性问题。休谟则更为明确地指出："一切科学总是或多或少地和人性有些联系，任何科学不论似乎与人性离得多远，它们总是会通过这样或那样的途径回到人性。"③ 但人性是复杂而多样的，人的特性可以在多层次、多角度上体现和反映人的本质。我们无意也无力来参透人性，只是借助于前人关于人性的研究来解说民事主体的文化基础。

理论假设是科学研究的重要工具，也是解释和改造世界的重要方法。人性的研究也更多的是借助于理论假设而进行的，并主要在伦理学视域、认识论视域和生存论视域形成三种人性假设，即人性善恶假设、理性人与经验人假设，以及个体性和社会性假设。本节关于民事主体的文化基础分别从三大视域的人性假设展开分析。

---

① 参见袁礼斌：《市场秩序论》，经济科学出版社 1999 年版，第 220、221 页。
② ［德］黑格尔著：《法哲学原理》，范扬、张企泰译，商务印书馆 1961 年版，第 46 页。
③ ［英］休谟著：《人性论》（上篇），关文运译，商务印书馆 1991 年版，第 6 页。

## 一、"人性恶"假设：民事主体自由、平等人格的伦理根基

人性善抑或恶，是伦理学中的一个重要问题，并由此形成人性本善和人性本恶两种学说假设。一般地说，具有东方传统的文化往往倾向于赞同人性本善的假设。中国古代的儒家学者是性善论的主要主张者。"人之初，性本善"，这是孔孟人性观的经典表达。法家虽然主张性恶论，却没有成为中国的主流文化。如韩非子认为："好利恶害，夫人之所有也……喜利畏罪，人莫不然。"（《韩非子·难二》）从而寻求以法律来避恶扬善。因此，中国主流文化的儒家思想所主张的性善论就成为中国文化的人性基础。而西方文化则以人性本恶假设为基础，认为人是贪婪而自私的，每个人都追逐自己的私利。奥斯丁将"地上之城"描述为："自私统治着这个国度，各种自私自利的目的相互冲突，使它终将沦为罪恶的渊薮。"[①]

就人性本身而言，可能为善，也可能为恶，抑或是不善不恶、亦善亦恶，即人性未必一定是恶的，但作为近现代调控社会秩序主要手段的法律制度而言，抑恶扬善应该是其基本目标与功能。而且，抑恶扬善，首先要抑恶。因此，从这一角度而言，以对人性的不信任与防范为指向的人性恶假设与法律制度的功能是一致的。西方法治传统也正是以性恶论的假设作为其人性根基的。发源于西方的整个近代民法及其主体制度也基本上是建立在人性恶的假设之上的。所以，我们可以说，"最好的假设并不一定是最接近复杂现实的假设，而是那种尽可能简单明了并具有尽可能大的解释与预见能力的假设。"[②]

人性自私而贪婪，人的欲望、需要由此得到关注和满足。每个人都追逐自己的私利，则每个人都应该是自主的，他可以根据自己的意志去行动，去满足和实现自己的需求。主体的自主性和利己性得以承认。就民事主体而言，其为了自身需要的满足不仅要进行自主的行动，还要与他人协同行动。而民事主体的自主活动在满足主体自身需要的同时也满足了他人需要，并促进了社会发展。

同时，既然每个主体都具有相同的恶性，彼此之间形成对抗，则应承认每

---

① ［美］G. F. 穆尔著：《基督教简史》，郭舜平译，商务印书馆1981年版，第162页。
② ［法］亨利·勒帕日著：《美国新自由主义经济学》，李燕生译，北京大学出版社1988年版，第26页。

个主体具有独立的人格，并赋予每个主体以同等的自主地位。也就是说，"在性恶论假设下之人格必然呈现为一种对抗型人格结构，即每一个主体之人格具有内在自主性及外在对抗性，使具体个体与他人区分开来，藉此于法律上获得一种个体价值立场认同与行为自由权利。"① 人性恶假设使民事主体的独立人格和平等地位得以成为可能。

## 二、不同人性观基础上的两大法系民事主体形象之分

人之本性是理性的，还是感性的，即人是理性之人还是经验之人，在认识论视域中形成了理性人与经验人的人性认识。有学者甚至认为："在西方哲学中，性之善恶虽然是一个与人性有关的问题，但人性研究主要集中在理性与经验之争。人到底是理性的还是经验的，这个问题成为西方人性论的永恒主题，它不仅影响到世界观和方法论，而且是一切科学的基础。"②

理性人的人性假设认为人之本性是理性的，即人具有以推理和行为实现其目的的能力，并认为"真正的知识不能来自感官知觉或经验，而必然在思想或理性中有其基础。真理是理性天然所有或理性所固有的，那就是天赋、或与生俱来、或先验的真理。确实的真理起源于思想本身。"③ 既然人具有理性能力，人的理性能力可以预见、认识和安排一切，那么，"人能够根据理性原则对社会作精细的全盘规划，认定政府或统治精英是全知全能的，一定的组织或精英被赋予统治的特权，他们也自以为掌握了全部真理，社会按其设定的目标和步骤前进就行了。其他每个人都应当放弃自己的目标和选择自由，而听命于权威或精英的统一安排。"④ 在全能理性人的假设基础上形成了西方建构的理性主义。

经验人则将人性假设为感性和经验性的，人只具有通过感性和实践获得知识的能力，而不具有预见和认识一切的理想能力，从而认为"没有与生俱来的真理，一切知识都发源于感官知觉或经验，因此，所谓必然的命题根本不是必然或绝对确实的，只能给人以或然的知识。"⑤ 人只具有感性，只能以其感

① 刘云生著：《民法与人性》，中国检察出版社 2005 年版，第 80 页。
② 陈兴良著：《刑法的人性基础》，中国方正出版社 1999 年版，第 1 页。
③ ［美］梯利著：《西方哲学史》，葛力译著，商务印书馆 2001 年版，第 282 页。
④ 陈福胜著：《法治：自由与秩序的动态平衡》，法律出版社 2006 年版，第 48 页。
⑤ ［美］梯利著：《西方哲学史》，葛力译，商务印书馆 2001 年版，第 282 页。

性去经验和积累或然性的知识，因此，人类不能预见、安排和建构社会和制度，只能累积经验。

认识论视域的人性认识不仅为人性研究开拓了新视域，更是直接为大陆法系和英美法系私法中人的典型形象提供了模型。大陆法系以理性主义为哲学根基，并深受自然法影响，认为人之本性是理性，从而以理性人为模型塑造出了私法中人的典型形象——"理性人"的民事主体。民事主体具有理性能力，即能识别和判断自己的行为。而在意志论者看来，理性就是以自己的意志将非理性的东西排除和控制在思想之外，即"在为思考某一对象时，我就把它变成一种思想，并把它的感性的东西除去，这就是说，我把它变成本质上直接是我的东西。"从而，"当我说我的时候，我把其中的一切特殊性，如性格、天赋、见识、年龄等都放弃了。我完全是空洞的、点状的、简单的，但仍在这种简单性中活动着。"① 加之大陆法系抽象的思维方法，于是，理性的、抽象的民事主体得以形成。意志也由此成为理性的判断标准，有独立意志的人就是理性之人。理性的、抽象的民事主体是自由而平等的。

以英美为代表的普通法系更注重人的感性和经验认识，认为人是感性之人，强调人的行为差异和个体本性，其"法律技术所感兴趣的是先例和案件类型，而不是对制定法条文的解释或'对号入座'；英国的法律技术热衷于精细而现实地探究生活问题，并倾向于在具体的历史关系中处理这些问题，而不是系统或抽象地思考他们。"② 对人之感性的侧重，以及先例和经验式思维方法，无法形成抽象的民事主体。因此，普通法的私法中没有"理性人"，而只有"经验人"，只能在具体的案件中处理和解决问题。

## 三、生存论人性观彰显私法的人文关怀并诱发理念变迁

作为存在的人是个体的还是社会的，形成人性的个体性与社会性认识。"人的个体性是指表明人与人之间差异的特殊性，它主要表现为人的意识的个性化和人的行为的个别化。人的社会性是指人在实践中从他们所依存的社会文化环境中获得的特性，这包括人的社会角色以及按一定的社会生活和文化背景

---

① ［德］黑格尔著：《法哲学原理》，范扬、张企泰译，商务印书馆1961年版，第12页。
② ［德］K.茨威格特、H.克茨著：《比较法总论》，潘汉典等译，法律出版社2003年版，第272页。

形成的价值观念、道德规范和人应该如何处理人的生物本能的一系列规则。"①

个体性的人性观认为人是个体的存在，个体先于社会并且是社会的原子，而社会是个体的人的简单集合。从而强调人的独特性和利益的私人性，而否认公共性和社会利益。人集合成社会，组建国家和政府的目的就在于保护和实现个人的利益与权利。社会性的人性观认为人是社会的存在，社会并不是个体的简单集合，而是一个有着共同利益与信仰的共同体。将人们连接成共同体的正是共同利益、共同信仰和共同的道德标准。作为共同体的社会有着独立于个体的社会利益，离开了社会和共同利益，个体和个人利益无以存在。

在人性的个体性与社会性的认识之上形成了个人主义和集体主义两种截然对立的社会观。个人主义的社会观尊重和凸显人的个性和自主性，崇扬个人权利观念，视个人利益至高无上。个人主义的社会观使个体的人获得了独立和解放，以个体的人为法律主体体现了法律的人文关怀。而集体主义的社会观则更加尊崇人的社会性和社会利益，强调人与人之间的关联与互助，认为社会利益具有至高无上性。

从整体上说，整个近代私法基本上都是以个人主义的人性观和社会观为立足点的。正是在个人主义的社会观基础上才形成了私人财产权、意思自治、契约自由等近代私法的一系列观念和制度，民事主体的自由和平等也是建立在个人主义基础之上的。可以说，如果没有个人主义的人性观和社会观，就没有近代私法，就没有近代民事主体制度。对个人主义人性观和社会观的质疑与扬弃也引发了私法的理念变迁，从形式正义转向实质正义②。就民事主体制度而言，则导向现代变革。

## 第四节　民事主体的思想基础

以政治国家与市民社会的分离与独立为背景，公法与私法得以区分。国家权力和强制被排除在私法领域之外，私法得以自治，私主体的权利得以实现和保护。而国家与社会的分立、私法自治的维持、私权的保护与实现，以及民事主体的地位平等离不开近代宪政的思想基础。可以说，如果没有近代宪政思

① 陈福胜著：《法治：自由与秩序的动态平衡》，法律出版社 2006 年版，第 52 页。
② 参见梁慧星主编：《民商法论丛》第 7 卷，法律出版社 1997 年版，第 235—243 页。

想，就无法阻断政治国家的权力对私域的入侵和对私权的侵犯，市民社会就不会真正存在，私法也无法充分自治，更谈不上民事主体的观念平等。宪政为民事主体的历史演进奠定了思想基础。

## 一、宪法平等原则促成和保障了民事主体的地位平等

在古代民事主体的历史中我们能够发现法治思想的源泉，但是却没有宪法和宪政制度。宪政思想兴起于16世纪，并且是作为专制主义思想的对立物而出现的。"在整个16世纪受到压抑的、与专制主义相对立的理念，在英国、法国、美国的近代政治革命浪潮中戏剧性地一跃而起，压倒了之前占统治地位的专制主义思想，成为西方社会主导的意识形态。"① 资产阶级政治革命推翻专制制度，并制定宪法后形成了近代的宪政制度。各资产阶级宪法几乎毫无例外地规定了"法律面前人人平等"的原则。实际上，在资产阶级革命过程中，一些国家就已经在其宪法性文件中确立了平等原则。如法国的《人权宣言》宣布："在权利方面，人们生来是而且始终是自由平等的。只有在公共利用上面才显出社会上的差别"；"在法律面前，所有的公民都是平等的"；"任何政治结合的目的都在于保存人的自然的和不可动摇的权利。这些权利就是自由、财产、安全和反抗压迫。"美国在《独立宣言》中也一度宣称："人人生而平等，他们都从他们的'造物主'那边被赋予了某些不可转让的权利，其中包括生命权、自由权和追求幸福的权利。为了保障这些权利，所以才在人们中间成立政府。而政府的正当权力，则系得自被统治者的同意。如果遇有任何一种形式的政府变成损害这些目的的话，那么人们就有权利来改变它或废除它，以建立新的政府。"② 通过这些宪法性文件和宪法，平等原则得以确立。

在宪法赋予人以平等地位之后，各国民法典复述、演绎和落实了宪法平等原则，规定了民事主体地位平等，即权利能力平等。而民事主体所代表的人在私法上是被视为抽象的、具有选择自由的、理性的主体。因此，在宪法平等原则的基础上，才促成了近代民事主体的地位平等和抽象的观念平等。而且，宪法通过对权力的限制与制约保障了民事主体的平等。因为，"抽象的观念平等和现实社会不平等因素之间总是存在着矛盾对立。贫富、身份、性别、年龄、

---

① 金自宁著：《公法、私法二元区分的反思》，北京大学出版社2007年版，第50页。
② 王家福、刘海年著：《中国人权百科全书》，中国百科全书出版社1998年版，第875页。

种族、职业、出身等差异作为诱发歧视、破坏平等的因素，其力量不可忽视。尤其是政治国家利用权力干涉市民社会生活，与民争利破坏私法自治原则的威胁是现实存在的。"① 权利能力平等虽然确立了民事主体在私法上的平等地位，但其作为观念的平等无法遮蔽和抗衡现实的不平等，尤其是无法阻断来自公权力扩张所造成的主体权利的受侵害和主体地位的失衡。这一重任只能依靠宪政制度来担当。因为，宪政思想的核心就是限制国家或政府的权力。

## 二、宪法基本权利为民事主体人格及权利提供了人权的基础与保障

人是生命的存在，也是价值的存在。"每个人在他或她自己的身上都是有价值的——我们仍用文艺复兴时期的话，叫做人的尊严——其他一切价值的根源和人权的根源就是对此的尊重。"② 基于对人的生命价值的反思和生命意义的追寻，人的尊严应该得到平等的尊重。尊重人的尊严和价值成为人权的理念基础。诚如《维也纳宣言》在其序言中所指出的："一切人权都源于人类固有的尊严和价值，人是人权和基本自由的中心主体，因而应是实现这些权利和自由的主要受益者，并应积极参与其中。"③ 既然人权是人之为人的权利，人是人权的主体，那么，"人，仅仅因为他们是人，他们就享有他们所应当享有的基本权利。否则，他们就将失去做人的资格，就将不成其为人。人是有理性、有道德、能认识和改造世界的已经脱离了动物世界的高级动物。人们生活在这个世界上，共同组成人类社会，依照他们的共同本性，人们彼此之间就应当是平等的、自由的，都应当有生存的权利和过好的物质生活和精神生活的权利。这是作为人所应当享有的尊严。"④ 但是，"人权是个人在社会中的权利，每个人因为他或她是社会成员而享有或有资格享有'权利'，这种权利是合法的、有效的、具有正当理由的。人权向社会宣告各种'善'和利益，但人权又不是抽象的不完善的'善'，……人权是那些被认为主要为实现个人幸福和尊严

---

① 孙毅著：《近代民事主体形成的条件与成因》，载《政法论坛》2005年第4期。

② 〔英〕阿伦·布洛克著：《西方人文主义传统》，董乐山译，生活·读书·新知三联书店1997年版，第234页。

③ 董云虎、刘武萍主编：《世界人权约法总览续编》，四川人民出版社1993年版，第989页。

④ 李步云著：《人权的普遍性与特殊性》，载王家福、刘海年、李林主编：《人权与21世纪》，中国法制出版社2000年版，第6页。

的利益，它反映的是正义、公平、文明的一般观念。"① 因此，国家的基本法应该尊重和承认人之为人所应该享有的权利。人格尊严、生命权、自由权、财产权等宪法基本权利的规定就成为人权的落实和保障。

马克思曾经指出："'特殊的人格'的本质不是它的胡子、它的血液、它的抽象的肉体，而是它的社会特质。"② 也就是说，人格是人的价值的社会性体现。人格承载着人对自身目的性及自我尊严的渴求，③ 因此，资格意义上的人格是人权的起点，人格人是人权和宪法权利的主体。而价值意义上的人格则是人权的目的，是人之为人所应有的特征与品性。人格的完善和发展有赖于人权的保护与发展，有赖于基本权利的赋予与保障。

民事主体人格是人的尊严与价值在私法中的诉求反馈，其人格的充盈、发展与完善必须借助于私法的权利手段。人的尊严与价值在私法中权利化的最直接体现就是人格权。生命权、身体权、健康权、隐私权等具体人格权直接落实着人的私法权利诉求，一般人格权更是彰显着私法对人格尊严与人的价值的尊重与保护。财产权在表面上虽然与人格没有必然的联系，是否拥有财产不是近现代各国民事立法的人格依据。但是，人格的实现、发展和保障却离不开财产。因此，财产权也是人的尊严与价值尊重所必须的，是民事主体人格存在、发展与保障所必不可少的。

私法权利维护着民事主体的人格尊严，彰显着私法的人文关怀，并具体化了宪法的基本权利规定。但是，宪法权利却为民事主体人格及私法权利提供着人权的指引，并保障着私法人格及其权利的实现。因为，宪法权利作为基本权利，是人权的落实。如果没有宪法对基本人权的承认与规定，民事主体的人格与私法权利则失去了价值依归。而且，宪法通过赋予生命、自由、财产以基本权利的地位，不仅宣示了人的尊严与价值的至高无上性，更是阻断了公权力对私法人格及其权利的侵害，保障私法人格及其权利实现就成为宪法的使命。

### 三、宪政映射和扩大着民事主体的自由

作为宪法政治的宪政，"是合乎宪法规定的国家体制、政权组织以及政府

---

① ［美］路易斯·亨金著：《权利的时代》，信春鹰、吴玉章、李林译，知识出版社 1997 年版，第 2 页。
② 《马克思恩格斯全集》第 3 卷，人民出版社 2002 年版，第 29 页。
③ 张蕾著：《论一种作为人权的财产权》，吉林大学博士学位论文，第 38 页。

和人民相互之间权利义务关系而使政府和人民都在这些规定之下享受应享受的权利、负担应负担的义务，无论谁都不允许违反和超越这些规定而行动的这样一种政治状态。"① 宪政围绕宪法而展开，而宪法以规定公民基本权利、义务，配置和限制权力为己任。因为，"任何对各个不同的权力加以配置与分配的宪法，也因此必然对任何一个权力机关的权力施加了限制。"② 而限制权力的目的在于保障自由。因而，"自由意味着政府只有权力去采取法律所明文要求的行动，因而任何人都不应拥有任何专擅的权力。"③ "法治下的自由"也就成为宪政的核心精神。

现代社会是契约的社会，私法自治在很大程度可以说就是契约自由。即便基于实质正义的价值诉求，契约自由在当代已经受到一定的限制或矫正，但仍不能否认其在契约法和私法中的基础地位。"法治下的自由"作为宪政的精神核心就是民事主体的契约自由在政治领域中的映射。因为，"人性的首要法则，是要维护自身的生存，人性的首要关怀，是对于其自身所应有的关怀。"④ 而对于人类的生存而言，一定的社会秩序是必要的，甚至可以说"社会秩序乃是为其他一切权利提供了基础的一项神圣权利。然而这项权利绝不是出于自然，而是建立在约定之上的。"⑤ 因此，就国家和政府的起源来看，虽然我们未必承认其源于人们自由订立的契约。但是，作为一种论证方法，我们仍然可以赞同社会契约论者的认识。或者可以说，权力源于人们自愿的公约。因为在他们看来，"既然任何人对于自己的同类都没有任何天然的权威，既然强力并不能产生任何权利，于是便只剩下来约定才可以成为人间一切合法权威的基础。"⑥ 于是，契约就成为人类结合的形式，也成为社会契约论者的论证工具。民事契约是自由的合意，政治契约也应该是自由地结合，契约自由也就成为宪政自由的基础。或许可以认为社会契约论者正是受到了民法契约及契约自由的

---

① 张友渔语，转引自蒋先福著：《契约文明：法治文明的源与流》，上海人民出版社 1999 年版，第 136 页。
② ［英］弗雷德里希·奥古斯特·冯·哈耶克著：《自由宪章》，杨玉生、冯兴元、陈茅等译，中国社会科学出版社 1998 年版，第 270 页。
③ 同上书，第 271 页。
④ ［法］卢梭著：《社会契约论》，何兆武译，商务印书馆 2003 年版，第 4 页。
⑤ 同上书，第 4—5 页。
⑥ 同上书，第 10 页。

启发而创设社会契约论也未尝不可。

国家和权力来源于公众的约定，即社会契约。通过社会契约，"每个结合者及其自身的一切权利全部都转让给整个集体。""这个社会公约一旦遭到破坏，每个人就立刻恢复了他原来的权利，并在丧失约定的自由时，就又重新获得了他为了约定的自由而放弃的自己的天然的自由。"① 由此，人民订立社会契约，让渡自己权利而组建国家和政府的目的就是获得由其保障的自由。斯宾诺莎更是直截了当地指出："政治的目的绝不是把人从有理性的动物变成畜生或傀儡，而是使人有保障地发展他们的心身，没有拘束地运用他们的理智；既不表示憎恨、忿怒或欺骗，也不用嫉妒、不公正的眼加以监视。实在说来，政治的真正目的是自由。"②

如果说社会公约赋予了政治体以生存和生命，那么，法律则赋予政治体以行动和意志。③ 法律以普遍性为对象，则法律就结合了意志的普遍性而成为公意的体现。因此，"法律的目的不是废除或限制自由，而是保护和扩大自由"④围绕宪法而展开的宪政作为公意的集中体现，更是以自由为精髓，以人的生存和发展为目标。那么，由宪法所设置的权力必须在法律的框架内行使和活动，以维护和促进人的生存和发展，实现和扩大人的自由。也只有借助于宪政的保障，民事主体的私法自由才能获得真正而彻底的保障与扩大。因为，私法自由的最大威胁来自于公权力的泛滥。

## 第五节　民事主体的政治基础

政治国家与市民社会的分离培植和发展了私法及其主体制度，但是，法律是政治国家的产物，私法及其主体制度的生存空间与发展和国家的政治体制密不可分。大多数的思想家都把国家的政治形式大体上分为君主制、贵族制和民主制三种类型。如斯宾诺莎认为，"由众人的力量所确定的共同权利通常称为统治权，它完全被授予这样一些人，这些人根据共同一致的意见管理国家事

---

① ［法］卢梭著：《社会契约论》，何兆武译，商务印书馆 2003 年版，第 19 页。
② ［荷兰］斯宾诺莎著：《神学政治论》，温锡增译，商务印书馆 1997 年版，第 272 页。
③ ［法］卢梭著：《社会契约论》，何兆武译，商务印书馆 2003 年版，第 44 页。
④ ［英］洛克著：《政府论》（下篇），叶启芳、瞿菊农译，商务印书馆 2008 年版，第 35 页。

务，诸如制定、解释和废除法律，保护城市，决定战争与和平，等等。如果这些职能属于由众人全体组成的大会，那么这个国家就叫做民主政体；如果属于由选举的某些人组成的会议，这个国家就叫做贵族政体；最后，如果国家事务的关联以及随之而来的统治权被授予给一个人，那么这个国家就是君主政体。"① 如果说国家权力集中于一个人或一小部分人手中构成独裁的话，那么，民主政体就是与独裁政府相对立的。

权力是任何社会必不可少的，而一般地说，权力与意志或利益是一致的，即权力属于谁，就代表着谁的意志与利益。在君主制和贵族制下，权力要么集中于一个人，要么集中于一个特殊的群体，但绝不是属于全体。一个人或特殊群体的意志无论如何不可能是全体的意志，也不可能代表公意。只有在民主政体下，权力属于人民全体，才能代表和体现公意。而以公意为目的的民主政体才能为私人保留必要的私人空间与领域，才能关注人的生存和发展，才能使所有的人立于自由、平等状态。

## 一、民主政治暗合着民事主体制度的人文关怀

"任何制度都是特定精神的载体，它终归是一种精神。"② 私法及其制度所承载的精神就是对人的关怀与尊重，即人文精神。人文精神是"对'人'的'存在'的思考；对'人'的价值、人的生存意义的关注；是对人类命运、人类痛苦与解脱的思考与探索。人文精神更多的是形而上学的，属于人的终极关怀，显示了人的终极价值。"③ 人文精神既以人的价值关怀为宗旨，就要关注人的生存与发展，使每个人只因其是人而获得应有的尊重。私法及其主体制度，尤其是近代以来的民事主体制度赋予每个人以同等的主体资格，使主体依据自己的意志设定权利和义务，并对自己的过错行为承担相应的法律责任。这些无不彰显着私法的人文关怀。

强制权力的拥有和行使是主权国家的象征。而对谁应该行使强制权力的问题，民主政治的回答是属于人民，即主权在民。因为，在他们看来，来源于人民同意的强制权力是具有合法性的权力，人民对其的约束与服从才构成义务。

---

① ［荷兰］斯宾诺莎著：《政治论》，冯炳昆译，商务印书馆1999年版，第19页。
② 汪太贤、艾明著：《法治的理念与方略》，中国检察出版社2001年版，第128页。
③ 高瑞泉、袁进等著：《人文精神寻踪》，载《读书》1994年第4期。

在民主政治下，国家权力属于人民，而不是仅仅属于君主，或者属于一小部分人，这就使每一个人都有权利参与国家的政治生活，都享有选举和被选举的权利，都享有表达自己的意见和建议的机会和可能，都享有同等的政治权利和义务，即人民在本质上是自主的。因此，人民自主的主权在民也就意味着在政治生活领域中将每一个人都作为人而给予同等的尊重，每个人都是目的。"这样，民主制就构成了国家制度的实质，它不仅以'人民的自我规定性'而高扬人的主体精神，而且也实现了普遍与特殊的真正统一。"①

民主政治不仅解决了国家权力的归属问题，而且还解决了民主政治的目的问题。具有合法性的政府人民应该服从，但这只是一个权力来源的程序问题。君主和贵族的权力来源如果合法的话，人民同样应该有服从的义务。因此，国家权力属于谁仅是一个表层问题，其背后所隐藏的国家权力代表和维护谁的利益才是深层次的问题。主权在民就意味着民主的政府应该代表和维护人民的利益。于是，我们不得不承认功利主义对民主价值认识的深刻性。他们认为民主制度比任何其他政权形式都可能最大限度地保护公民的利益，保护社会的福祉。"为了私人利益而从事公共事务"，② 一语道破了民主政治的天机。人们以理性选择组建国家和政府，选择法律之治的目的在于保障应有的权利，使人们正常合理的欲望得到满足。因此，保障私权就成为民主政治的应有内涵。民主政治以私权的保障为己任和目标在更深层次上体现了其以人为目的和宗旨的精神。

相反，君主政治和贵族政治将政治权力赋予给一个人或一小部分人，而绝大多数的人民不享有任何权力，这样的政体不但意味着将某一个人或一小部分人视为人，给予人的尊重与关怀，而否认其他人的目的性，而且，如果没有合适的、正当渠道的话，人民的利益诉求无法在法律和国家制度中获得反映和体现，君主政治和贵族政治就成为个别人或少数人意志和利益的代表，大多数人的正当利益遭到忽视，其人性受到蔑视和扼杀。因此，一般地说，在政治上对个人尊重的社会，才能在私法上尊重个人的选择。③ 就民主政治而言，无论是主权在民还是保障私权，都暗合着私法的人文精神。

---

① 马长山著：《法治的社会维度与现代性视界》，中国社会科学出版社 2008 年版，第 42 页。

② Benjamin Barber, *Strong Democracy*, University of California Press, 1984, p. 4.

③ 李永军著：《民法总论》，法律出版社 2006 年版，第 56 页。

## 二、民主对民事主体自由和权利的捍卫与保障

自由意味着排除强制，民主意味着众人参与和决策。因此，就内涵而言，民主和自由是两个不同的概念。就学说派别而言，自由主义与民主主义也是两种不同的学说理论。西班牙著名的自由主义者葛赛特的说明极为清楚。他说："自由主义与民主从起源上将是风马牛不相及的两件事，从结果上言，二者的含义有互相冲突的趋势。民主与自由主义是对两个截然不同的问题的回答。民主回答这样的问题：'谁应该行使公共权力？'它的回答是：公共权力的行使属于作为一个整体的全体公民。然而，这一问题并不涉及什么应该是公共权力的范围的问题。它仅仅涉及该权力的归属问题。民主要求我们共同统治；亦即我们是所有社会行动的主权者。而自由主义则回答另一个问题：'不管谁行使公共权力，这种权力的界限应该是什么？'自由主义的回答是：'不管公共权力是由一个独裁者还是由人民来行使，它都不应该是绝对的，个人享有高于并超越任何国家干预的权利。'"[①] 简单地说，自由主义涉及政府权力范围问题，民主主义涉及由谁行使政府权力问题。哈耶克也从对立面角度指出二者的区别："如果我们指出这两种理想的对立面，那么两者之间的差异便清晰可见了：民主制的对立物是独裁政府；自由主义的对立物是极权主义。"[②] 但是，无论是就概念而言，还是就学说派别而言，自由与民主、自由主义与民主主义又有着无法割舍的关联。

从整体上看，西方的精神传统是自由主义的。因而，民主作为一种政权组织形式总是要与自由主义产生或多或少的联系。也可以说，迄今为止，"西方主要国家所实现的民主制度都是所谓的自由主义的民主制度。"[③] 保障和扩大自由与权利就成为以自由主义为基础的民主政治的目的。因为，西方的自由主义又是以个人主义为核心的，个人自由与权利的保障是自由主义的宗旨。因此，个人主义者主张划定政府公共权威和个人私域空间的界限，公共权威不得随意干预和介入此私域空间。而且，人民大众的意志也不能侵入私域空间，即

---

① J. Ortega y Gasset, *The Reuolt of the Masses*, London, 1932, p. 83.

② ［英］弗雷德里希·奥古斯特·冯·哈耶克著：《自由宪章》，杨玉生、冯兴、陈茅等译，中国社会科学出版社 1998 年版，第 147 页。

③ 李强著：《自由主义》，中国社会科学出版社 1998 年版，第 219 页。

民主不能侵犯个人自由与权利。因此，在自由主义者的眼中，个人的自由与权利是第一位的，具有目的性，而民主价值是第二位的，是手段，其目的和宗旨在于保护和扩大个人的自由与权利。因此，哈耶克说得好，民主"本身就是最高的政治目标。它并非是为了一个良好的公共管理才被需要，而是为了保障对市民社会和私人生活的最高目标的追求。民主本质上是一种手段，一种保障国内安定和个人自由的实用手段。"① 民主政治的手段性与保障私权的内涵和目的衔接，民事主体的自由与权利就成为民主政治的目标。民主政治的发展与进步，也预示着民事主体自由与权利范围的延伸，即手段越完备，目标越容易得到实现和保障。

### 三、民主政治使平等具有更强的现实性

主权在民不仅体现着民主政治的人文精神，而且，每一个人都是政治社会的一分子，都应享有同等的政治权力，这就意味着每一个人在政治上的平等。因此，民主政治和平等也是关联着的。在民主政体下，平等更具有现实性。

法律面前人人平等是法律的一项基本原则，其使每一个人获得法律上的公平对待，并使平等成为正义的核心。因此，斯宾诺莎说："正义在于惯常使每一个人都有其法律上所应得。不义是借合法之名剥夺一个人在法律上之所应得。此二者也叫做公平与不公平，因为执行法律的人必须不顾到一些个人，而是把所有的人都看做平等，对每一个人的权利都一样地加以护卫，不嫉慕富者，也不蔑视穷者。"② 但是，法律平等并不是在所有的社会中都具有实现的可能性与现实性的。其作为人类历史进步的体现和结果是民主政治的产物。因为，只有在民主政体下，法律才是公众意志的体现。作为公意体现的法律不能因人的个体差异而区别对待，也不能使个别人或一部分人在法律上高于他人，而必然给予每一个人以其应得，使每一个人在面对法律时都是同等的。而其他的政体形式总是给予一部分人以特权，要么使其免受法律的约束，要么使其凌驾于法律之上。因此，这一部分人，即君主或贵族，其与人民无论在政治上，还是在经济上是不可能平等的。孟德斯鸠从内涵差异的角度解释了民主政治与

---

① ［英］弗雷德里希·奥古斯特·冯·哈耶克著：《通往奴役之路》，王明毅、冯兴元、马雪芹等译，中国社会科学出版社 1997 年版，第 71 页。
② ［荷兰］斯宾诺莎著：《神学政治论》，温锡增译，商务印书馆 1997 年版，第 220 页。

专制政体的平等。他说："在共和政体之下，人人都是平等的。在专制政体之下，人人也都是平等的。共和国，人人平等是因为每一个人'什么都是'；在专制国家，人人平等是因为每一个人'什么都不是'。"① 孟德斯鸠所说的共和国即代表民主政体，专制政体则包括君主专制和贵族政体。在民主政体下，每个人都享有相同的权利义务因而是平等的，而在专制政体下，除个别人或极少数人之外，每个人什么权利义务都不享有也是平等的，但在极少数人与大多数人之间却是不平等的。因此，就民主政治与专制政体相比较，民主政体更可能使法律平等由理想变为现实。

民事主体平等是法律上的平等，其作为法律原则是近代私法的产物，而且是与近代资本主义的民主政治相辅相成的，也可说是近代民主政治的产物。也就是说，如果没有人民在政治上的当家作主，经济上的平等作为原则是不可能想象和实现的。在此前的专制政体下，政治上的优势地位者为了谋取更多的利益，不可能令他人与自己在经济上处于平等的地位。因为，政治上等级划分的目的不在于单纯地进行等级区分，而在于通过等级区分攫取更多的利益。优势等级正是借助于等级优势而强迫或剥夺他人劳动而获得不义之财的。在这样的政体下，不平等是常态，平等是特例。人在经济上的平等，即民事主体地位平等成为法律原则是没有任何现实性的。而在民主政体中，取消了等级划分，所有人都处于同等的地位，谁也不能强占他人的劳动。每个人都可以依其理性自由选择和决定，实现自己的利益。平等成为常态，民事主体地位平等才可能成为现实。

# 本章小结

法律根源于社会，民事主体及其制度的历史演进与发展背后蕴含着深刻的经济、社会和文化等基础，并为民事主体的发展提供动力与源泉。民法就是商品经济关系的直接法律表现，商品经济也就成为了民法的经济基础。商品经济是以市场为活动场所、以商品交换为生产目的的经济。市场培育了民事主体，在市场中进行的商品交换更是直接塑造了民事主体的自由和平等。因为，商品

---

① ［法］孟德斯鸠著：《论法的精神》（上册），张雁深译，商务印书馆1997年版，第76页，转引自汪太贤著：《西方法治主义的源与流》，法律出版社2001年版，第371页。

交换使人脱离对他人的依赖形成对物的依赖，而商品天生是平等派，只有在对物的依赖中个体意志才能替代身份关系成为权利义务的根据和来源，成为自由、平等的民事主体。在这样的社会中，商品交换不仅是人的主要行为方式，更是人的经济存在方式。而人的经济存在方式决定着民事主体的本质，只有在以商品交换作为人的经济存在方式的社会中，民事主体的自由、平等才能真正实现。私法制度是国家的产物，但私法中的人——民事主体并不生活于国家之下，而是生活于市民社会之中。正是政治国家与市民社会的分离才使民事主体得以培植，而民事主体在内在需要的刺激下所进行的交换活动也不断地推动市民社会自身的发展。市民社会就成为民事主体的活动基地，并形成了民事主体活动的私域空间。与人有关的理论总是与一定的人性相连的，关于人性的学说与思考积淀了民事主体的文化基础。从伦理学视域看，人性有善恶之别。其中，人性恶的假设奠定了整个西方法治传统的人性根基，也成为近代私法及其主体制度的人性基础，民事主体的独立人格和平等地位正是在人的恶性对抗中得以形成的。认识论视域的人性分野则直接形成了两大法系理性人与经验人的模型差异，而生存论人性观对人之个体性的强调则奠定了近代私法的个人主义基础，并由此形成近代个人主义的民事主体的自由和平等。《法国民法典》尚能直接落实人的尊严、价值等自然法思想，而在《德国民法典》开启实证主义时代之后，人的尊严、自由和平等价值就无法直接获得实证法的认可，只能在宪法中获得超验的规定，而实证法则落实法的命令。因此，宪法中的自由、平等思想和规定成为实证民法的思想基础和最高的法命令，并保障和扩大着民事主体的自由与平等。民事主体虽然生活于市民社会中，却与国家的政治体制密不可分。在不同的政治体制中，人民的地位和其所享有的权利及承担的义务是不同的。民主政治的主权在民使每一个人都获得尊重与自主，与私法的人文精神相辉映，并能保障民事主体的自由、落实民事主体的平等，因而成为民事主体的政治基础。这些基础培育和保障着民事主体，并为民事主体的制度发展提供了深层动力。

# 第五章　民事主体历史演进中的
# 核心价值走向

　　回溯民事主体从古代、近代到现代的历史发展进程，我们会发现，整个民事主体的历史发展所立基的，乃至于整个民法的立足点都是个人主义的，这一点在近代之后的立法中更为明显。虽然现代民法和民事主体的保护出现了某些社会化的倾向，但整体上仍然是个人主义的。只不过在绝对个人主义可能危及社会的整体安全和公共利益时，才呈现出对个人主义的某种限制，但其基础仍然是个人主义的。人既有个体性，又有社会性，但个人主义更关注人的个体性。个人主义的立法始终关注的是个人，也就是说，"法律对作为社会动物的、在万物的自然秩序中占有自己特定地位的人，远不如对作为单独个体的人更为关切。"① 法律对个人的关切使个体的人成为法律的出发点和目的。

　　诚如拉德布鲁赫所认为的，"法律是人的创造物，只能根据人的理念，也即创造的目的或价值来理解。所以对任何法律现象不可能采取价值盲的观点。法律又是一种文化现象，即与价值有关的事实。"② 民事主体制度作为人所创造的上层建筑的组成部分，其中必然蕴含着人的价值追求。近代之后，虽然法律实证主义与自然法的斗争试图将价值、伦理等因素排除在法律之外，但缺乏价值的法律是没有生命力的，任何时代的法律制度都必然承载着人类的价值诉求。在哲学意义上，人的存在分为两个层面，即自然生存层面和社会层面。在自然层面上，人是自由的存在；在社会层面上，人是规则的存在。人类在社会

---

　　① ［英］彼得·斯坦、约翰·香德著：《西方社会的法律价值》，王献平译，中国法制出版社2004年版，第167页。

　　② 沈宗灵著：《现代西方法理学》，北京大学出版社1992年版，第38页。

化的过程中，自然层面上的自由被贯彻到社会制度体系中，成为价值追求的基础和终极目标。由此在社会层面上衍生出一系列的社会价值目标。在民事主体历史演进中，自由与平等就是其中两种最为核心的价值表现。

# 第一节　民事主体的自由价值

在社会制度体系中，人对自由的追求既是制度体系构建的原初动力，也是制度本身的核心价值目标。"任何人生来都渴求自由、痛恨奴役状况。"[①] "要求自由的欲望乃是人类根深蒂固的一种欲望。"[②]。对于民事主体而言，源自人存在意义上的自由，是民事主体人格属性的基础和依据，它决定民事主体自由的实质内容。同时，由于人既是自由的存在物，也是遵循规则的存在物，也由此决定了民事主体自由的限度。

## 一、民事主体自由人格属性的哲学依据

### （一）自由是民事主体最深刻的内在需求

马克思恩格斯认为："人直接地是自然存在物。人作为自然存在物，而且作为有生命的自然存在物，一方面具有自然力、生命力，是能动的自然存在物；这些力量作为天赋和才能、作为欲望存在于人身上。"[③] 而作为自然存在物，其欲望处于非理性状态。在这种状态中，自由是一种纯粹的自然状态中的自由。但是，人又是一种理性的存在物，理性是人本性的另一面。人的理性能力使人在解放自我的过程中不断地生成自由，人从而成为自由的存在物。因此，从人本学——本体论的层面而言，自由是人的存在方式，或者说，人的本性是自由的。[④]

人的自由本性源于人的精神本质。哲学人类学奠基人舍勒认为：人与动物的本质区别在于人具有"精神"。而"精神"本质的第一个规定性是"它的存在的无限制、自由——或者说它的存在中心的——与魔力、压力，与对有机物

---

① *The Gallic War*, transl. H. J. Edwards（Loeb classical Library ed. 1917），Bk. Ⅲ. 10.

② ［美］博登海默著：《法理学——法律哲学与法律方法》，邓正来译，中国政法大学出版社2004年版，第298页。

③ 《马克思恩格斯全集》第3卷，人民出版社2002年版，第324页。

④ 参见杨昌宇著：《自由：法治的核心价值》，法律出版社2006年版，第29—30页。

的依赖性的分离性，与'生命'乃至一切属于'生命'的东西，即与它自己的冲动理智的可分离性。"① 正是这种精神的自由和无限制使人能够不受本能的驱使和环境的制约而向世界开放，即"人就是那个其行为无限'面向世界'的未知者。"② 人的精神自由在使人向世界开放的同时使自己获得了自由的本性。兰德曼也认为人是自由的存在物，人的自由源自于人与动物的专门化特征。他说："人注定是自由的；他承受着这样的必然性：他必须一直是自由的。自由不是他能够接受或拒绝的礼物。自由是人的内在不确定性的必然结果。"③ 这种内在不确定性与人和动物的专门化特征相连，而"非专门化的结果是不确定的。但是，以积极的词语来说这意味着：首先，人能够决定他自己的行为模式，即他是有创造性的；其次，人能够做到这一点的原因在于他是自由的。人在双重意义上是自由的：人'摆脱'本能的控制而获得自由；人'达到'生产性的自我决定的自由。因此，除了纯粹在理论能力上向世界开发以外，创造性和自由是两个附加的人类特征。"④

人的自由本性不仅体现在精神层面，也体现在实践层面。马克思在阐释人是自由存在物时也将其与人的实践性相连。"人是类存在物，不仅因为人在实践上和理论上都把类——他自身的类以及其他物的类——当做自己的对象，而且因为——这只是同一种事物的另一种说法——人把自身当做现有的、有生命的类来对待，因为人把自身当作普遍的因而也是自由的存在物来对待。"⑤ 而作为类存在物，他的类的特性是由这个类的本质特性，而非由组成类的个体的本质特性所决定的。人作为类的存在物，其特性就是人的自由的有意识的活动。恰如马克思、恩格斯所言："一个种的全部特性、种的类特性就在于生命活动的性质，而人的类特性恰恰就是自由的有意识的活动。"⑥ 人的有意识的活动即人的实践。人的实践活动必然作用于一定的对象，由此决定人的实践是一种对象性的活动。但是，在对象性活动中，人不是机械地、简单地作用于对象，而是将其自由意识贯注到对象上。正是在人的这种有意识的对象性活动

① ［德］马克斯·舍勒著：《人在宇宙中的地位》，李伯杰译，贵州人民出版社 2000 年版，第 26 页。
② 同上书，第 28 页。
③ ［德］兰德曼著：《哲学人类学》，张乐天译，上海译文出版社 1988 年版，第 211 页。
④ 同上书，第 201—202 页。
⑤ 《马克思恩格斯全集》第 3 卷，人民出版社 2002 年版，第 272 页。
⑥ 《马克思恩格斯选集》第 1 卷，人民出版社 1995 年版，第 46 页。

中，对象因为贯注了人的需求和力量而趋于主体，为人类的需求和发展服务。人也在这种对象化的活动中实现和确证了自己的本质属性。因此，在人类的实践中，人不仅通过对自然物的支配和控制证明着人在自然物面前的某种自由，而且通过对自然物的改造展现着人类的创造性和自由。但需要注意的是，人在能动地作用和改造自然的时候，并不是不考虑对象和环境的客观限制而任意所为，必须将自己的自由意志与对象的本性和客观规律保持一致。因为，"人的目的是客观世界所产生的，是以它为前提的，——认定它是现存的、实有的。"[1] 人类的自由实践活动应当遵从马克思的关于人类活动的双重尺度，即"通过实践创造对象世界，改造无机界，人证明自己是有意识的类存在物，就是说是这样一种存在物，它把类看作自己的本质，或者说把自身看作类存在物。诚然，动物也生产……动物只按照它所属的那个种的尺度和需要来建造，而人懂得按照任何一个种的尺度来进行生产，并且懂得处处都把内在的尺度运用于对象；因此，人也按照美的规律来构造。"[2]

自由作为人类的本性定在，是不证自明的。对此，康德说："认定自由乃是理性存在者鉴于其行为而置于理念之中的根据，这种做法已满足我们的目的，因此我觉得没有必要从理论上去证明自由。因为，如果后者居于未定，那么对于无非遵循他自己的自由理念而行动的存在者，同样的法则也依然有效，而这个法则约束着的乃实际上自由的存在者。"[3] 因此，人作为自然的存在物，自由是其与生俱来的欲望，并与人的存在方式相连。马克思也断言："自由确实是人的本质，因此就连自由的反对者在反对自由的实现的同时也实现着自由……没有一个人反对自由，如果有的话，最多也只是反对别人的自由。可见，各种自由向来就是存在的，不过有时表现为特殊的特权，有时表现为普遍的权利而已。"[4]

**（二）作为手段的人与作为目的的人**

人是一切科学的起点和目的。但这里我们有必要区分作为目的的人和作为手段的人。只有作为目的的人才是归宿和宗旨，而作为手段的人永远是实现其

---

① 《列宁全集》第 55 卷，人民出版社 1990 年版，第 159 页。
② 《马克思恩格斯选集》第 1 卷，人民出版社 1995 年版，第 46—47 页。
③ 转引自韩水法著：《康德传》，河北人民出版社 1997 年版，第 151 页。
④ 《马克思恩格斯全集》第 1 卷，人民出版社 1995 年版，第 167 页。

目的的工具。这涉及伦理学上人的内涵。

就伦理学而言，人的概念内涵是指"人依其本质属性，有能力在给定的各种可能性的范围内，自主地和负责地决定他的存在和关系、为自己设定目标并对自己的行为加以限制。"① 伦理学上的人是道德的人、自律的人。在康德那里，作为个体的人是理性的人，人的本性是理性，并认为意志是解决问题的关键。作为主体的人正是从自身意志而不是从任何外在的经验中抽出行动命令。这种行动命令是理性的道德准则。在理性的支配下，人能够自我指导：以自身为目的。因而康德认为："没有理性的东西只具有一种相对的价值，只能作为手段，因此叫做物；而有理性的生灵叫做'人'，因为人依其本质即为目的本身，而不能仅仅作为手段来使用。"② 只不过，康德所说的理性是包括识别道德要求并据此行事能力的更宽阔的理性。也正因如此，康德非常崇尚人格的内在尊严，认为，任何人都没有权利仅把他人作为实现自己主观目的的工具。每个个人都应当永远被视为目的本身。③ 人本身由此获得了一种价值，而人格具有相互性，因而应互享人格尊严，并相互尊重。

既然人为目的，则伦理人具有意志的自主性和自决性，人依"绝对命令"行事就是处于道德上的自由中。而在法律上，人则可以排除他人的专断意志和控制而独立，获得法律上的自由。并且，这种法律上的自由是人依其本性而具有的唯一原初的、固有的权利。④ 康德由此区分了道德的自由和法律的自由。但在康德那里，伦理人的意志自决并不是没有限制的非理性的自由意志，而是经过控制的理性意志，即"自由意志与服从道德律的意志是一种完全相同的意志"⑤。这种服从道德律的自由意志实际上与法律上的自由是一致的。而法律的目的就是确保和实现伦理人的自由。实际上，康德认为，法律就是"那些能使一个人的专断意志按照一般的自由律与他人的专断意志相协调的全部条

① ［德］卡尔·拉伦茨著：《德国民法通论》（上），王晓晔等译，法律出版社 2003 年版，第 45—46 页。

② 转引自［德］卡尔·拉伦茨著：《德国民法通论》（上），王晓晔等译，法律出版社 2003 年版，第 46 页。

③ *Metaphysic of Morals*, p. 46. 转引自［美］博登海默著：《法理学——法律哲学与法律方法》，邓正来译，中国政法大学出版社 2004 年版，第 81 页。

④ ［美］博登海默著：《法理学——法律哲学与法律方法》，邓正来译，中国政法大学出版社 2004 年版，第 81 页。

⑤ *Fundamental Principles of the Metaphysic of Morals*, transl. J. K. Abbot（New York, 1949），p. 64.

件的综合"①。这与黑格尔的认识基本一致。黑格尔说:"法的命令是:成为一个人,并尊敬他人为人。"②

伦理学上的人是作为目的的人,法律实现目的人的自由,为作为目的的人服务。因而,相对于作为目的的人而言,法律是一种在社会中切实有效的达到目的的工具。法律工具作用的发挥是通过制度化的法律,即法律制度达成的。法律制度是与国家或其权力机构相连的规范或规则的运行。③ 规范或规则运行的目的在于满足人的需求,实现人的某种或某些目的。因而,人们对法律制度提出各种要求,法律制度也满足着人们的需求。按照美国著名心理学家马斯洛的认识,人的需求分为五个层次:生理的需求、安全的需求、社交的需求、尊重的需求和自我发展的需求。每个人都潜藏着这五个由低到高、逐层递进的需求。在人的五个层次需求中,生理需求和安全需求涉及到人的生存,是最基本的需求,无论是作为类的人还是作为个体的人都应当首先予以考虑满足的需求。人的本质是一切社会关系的总和。人的类本质首先提出了更高层次的需求,即社交的需求,进而又提出了尊重和自我发展的需求。这些需求既有伦理性的需求,又有物质性的需求。物质性的需求一般属于低层次的需求,而伦理性的需求则既有低层次的需求,又有高层次的需求。

需求与满足是相对应的一对哲学范畴。需求的层次性决定着满足的层次性。在低层次的需求没有得到满足之前,高层次的需求往往处于受压抑状态,而高层次需求得以满足则一般以低层次需求得到满足为基础。④ 同时,需求和满足的层次性又体现为需求与满足的发展性。这种发展性不仅仅表现为由低到高的层次上的发展,而且也表现为因社会的发展进步而呈现出的社会性的发展。如果说人的需求是人的内在尺度的话,则人的内在尺度必然与特定社会的经济、政治、文化等因素相连。

从社会公正的角度看,法律是一种分配性的制度。"它分配稀有的物品和服务。从这个意义来讲,法律制度是一种配给制度,它所作的及它的本质反映了社会权力的分配:谁在上层,谁在底层;法律还保证这种社会结构保持稳定

---

① Metaphysik der Sitten, ed. K. Vorlander (Leipzig, 1922), pp. 34 – 35.
② [德]黑格尔著:《法哲学原理》,范扬、张企泰译,商务印书馆1961年版,第46页。
③ [美]劳伦斯·M.弗里德曼著:《法律制度——从社会科学角度观察》,李琼英、林欣译,中国政法大学出版社2004年版,第12页。
④ [美]马斯洛著:《人的潜能和价值》,华夏出版社1987年版,第201页。

或只按同意了的模式改变。……由此产生的法令（规则或判决）在几个可能的方案中作了选择，很可能这是某种妥协，但它确实是一种分派。法律的每个职能，一般的或具体的，都是分派性的。社会控制，即垄断暴力，维护法律和秩序，也不例外。"①

作为分配性制度的法律，如何对有限的资源和服务进行分配才符合正义标准，是一个事关每个人切身利益的问题。分配性法律制度首先需要明确的是分配给谁的问题。因而，法律必须首先安排一个接受配置的对象，即法律主体。他们受领法律分配给他的资源和服务，在相应的法律秩序中生活和发展，并借助于法律提供的机制和场所解决矛盾和纷争。在功能上，法律通过将资源和服务配置给法律主体维护社会秩序，从而实现其作为社会控制主要手段的作用。在作为分配制度的法律中，人处于什么位置？或者说，人是否等同于法律主体？二者是否是一一对应关系？

根据康德的伦理人格主义，人是目的而不能成为手段，每个人都不能将他人作为实现自己目的的手段。因而，每个人在法律上都应当成为主体。但事实上，历史呈现给我们的却是另一番面貌。回顾民事主体发展的历史，我们可以看到：人不必然为法律主体，法律主体也不必然为人。人在法律中处于主体地位是近现代之后的事情。在此前的历史中，人未必是法律主体。因为，法律制度首要的功能就是提供社会所要求生产的东西，但不是社会向法律制度提出要求，而是具体的人、团体、阶级和阶层向法律制度提出要求。② 不过，法律制度却不能反映和满足所有人的要求，而只能反映和满足在一定社会中占统治地位的人、阶级或阶层的要求。在阶级和剥削社会中，控制社会的统治力量总是寻求维护分层和不平等。法律遂成为统治阶级的工具。因而，"社会是分成各阶层的，而法律制度支持这种分法。"③ 在这样的社会中，只有统治者是作为目的的人，他人都是手段。既然如此，统治者为人在法律中安排位置时，只是将一部分人确认为法律主体，而否认另一部分人，甚至是多数部分人的法律主体资格。近代社会之始，伦理人格主义才真正有了用武之地，人才真正成为目的。社

---

① ［美］劳伦斯·M. 弗里德曼著：《法律制度——从社会科学角度观察》，李琼英、林欣译，中国政法大学出版社 2004 年版，第 23 页。

② 同上书，第 20 页。

③ 同上。

会分层虽然依然存在，但已不再是统治与被统治的关系，法律成为集体性的规则。也就是说，"一切法律规则，不管是如何作出的，都是集体的，即它们决定按某种固定的、事先定下的计划，进行分派。这是规则的实质。"① 集体性的规则反映多数人一致的要求，人在法律上一律成为主体。但即便如此，法律主体也已经不再是作为目的的人本身，而是成为了目的人实现自己需求的手段，即成为了手段性的人，法律主体被赋予工具性意义。那么，既然人可以通过法律将资源和服务配置给生命的主体达到自己的目的，也可以将资源和服务配置给无生命的存在而享受其利益。由此，法律主体可以是人，也可以不必为人，但都是手段性的存在。在民事主体理论上，作为目的的人与作为手段的人由此产生了界分。

### （三）人格的自由：作为目的的人的自由的基本途径

自由是人的本质存在，但由于有了作为目的的人和作为手段的人的区分，我们只能说自由是作为目的的人的本质存在。那么，作为手段的人，即法律主体是否就不要求自由？或者说自由对其就没有任何意义呢？结论当然是否定的。法律主体既然具有手段性或工具性，作为目的的人的自由就只能借助于手段性的主体自由来实现。这二者间的桥梁则是法律内蕴的自由价值诉求。

法律作为人类的创造物，是人的实践活动的精神凝结在社会制度层面的体现。人在创造法律时将其主观期待，即主观需求性融入其中。这种主观需求性在法律中就体现为法律价值。正义、自由、平等、利益等人的内在尺度以法律价值的形式得以展现，并成为法律主体的价值追求。自由作为人的本性存在，人必然在其创造的法律上的对应物——民事主体制度中贯注其自由需求，自由从而成为民事主体的价值。民事主体是法律上的人，是抽象的理性存在。自由与否对法律上这种抽象的存在来说，并没有任何实际意义。因为，无论自由与否，这些抽象的主体是无法感知的。但是，民事主体作为一种手段性的制度，其是作为目的的人实现其需求的手段或工具。民事主体在法律上的状态直接影响和决定人在法律中的自由度。因而，赋予民事主体自由价值不是为了主体，而是为了人自身自由价值的实现。民事主体的自由也就成为作为目的的人实现自由的途径。历史的事实深切地说明和验证着民事主体自由对人的自由的决定性作用。最典型的就是奴隶。在罗马法中，自由权是民事主体人格构成的身份要素之一。奴隶因不具有

---

① ［美］劳伦斯·M. 弗里德曼著：《法律制度——从社会科学角度观察》，李琼英、林欣译，中国政法大学出版社 2004 年版，第 27 页。

自由权不但不能在法律中享有主体地位，而且还被当做物来看待。奴隶在法律上的客体而非主体的地位，决定了其在法律上的不自由状态。法律是实现自由的工具，民事主体制度承载的自由价值更是人实现自由诉求与目的的手段。人在法律上的不自由也使人在法律外处于非自由状态，因而，奴隶在现实中也是被剥夺了自由的。其在法律上不被当做主体，在现实中也不被当做人一样看待。由此，在"人可非人"的主体阶段，法律仅实现了一小部分人的自由，成为一小部分人获取自由的工具。对大多数的人而言，法律仅是压迫和剥削人的工具。直到近代之后，一切自然人均获得了法律上的自由权利，人才逐渐实现了法律上的自由。

## 二、民事主体人格自由的内容

### （一）民事主体人格自由的"积极性"

民事主体是与客体相对应的一个关系性的概念，而连接民事主体和客体之间的桥梁恰恰是民事权利。在西方的法律思想中，权利内涵十分丰富，最古老的权利观念是以正义来界定权利。至 17 世纪，霍布斯和斯宾诺莎等又认为权利是一种自由。康德、黑格尔仍然遵循自由的权利理论。而耶林一改以往的自由视角，提出权利是受法律保护的利益的学说。权利的内涵虽然存在分歧，而且可以说，每一种理论或学说都只是体现了权利的某一方面，但有一点是应该肯定的，权利是归属于人的权利，是某一主体的权利，它们都在某种程度上体现了人的主体性需求。无论自由抑或是利益均是归属于主体的。即便是正义，也是以主体为指向的，是对主体行为或主体之间社会关系的评价。正是由于权利的主体性才形成主观法与客观法的区分。正如法国社会学家亨利·莱维·布律尔所言："只要稍微留心一下，即使只从表面观察，我们也可以看到'法律'一词通常具有两种迥然不同的含义，人们习惯于用'主观'与'客观'两词加以区分。主观法被认为属于个人或群体，即赋予个人（或群体）从事某种活动的权利……所谓'客观'，指的是个人（或群体）必须严格遵守一条准则（或一组准则），否则将会受到制裁……主观法指的是一种权利，一种自由，而客观法的主要含义指的是一种义务。"[①] 由此，主观法也常常被称为主观权利，形成主观权利与客观法的对应。在这种归属和对应中，民事权利在目

---

① ［法］布律尔著：《法律社会学》，许钧译，上海人民出版社 1987 年版，第3—4 页。

的上体现为对民事主体的他为性，在价值上又被民事主体的价值所决定。民事权利所蕴含的主体性需要延伸了民事主体的主体性。这既体现在人身权上，也体现在财产权上。

　　人身权对民事主体性的延伸呈现出动态的发展过程。自文艺复兴和启蒙运动以来，人文主义思潮澎湃，席卷了包括法学在内的各个人文学科。法学中的人文思想如果用康德的话来表述就是："法律就是在使每个人的意志根据自由的普遍法则与别人的意志共存并处的条件下的综合。"① 而在黑格尔看来则是："成为一个人，并尊敬他人为人。"② 人的伦理性和人格的伦理内容成为法学上民事主体的关注所在。对民事主体伦理性的关注源于人的社会本性。正如马克思所言："人是类存在物，不仅因为人在实践上和理论上都把类——他自身的类以及其他物的类——当作自己的对象；而且因为……人把自身当作现有的、有生命的类来对待，……当作普遍的因而也是自由的存在物来对待。"③ "人的本质不是单个人所固有的抽象物，在其现实性上，它是一切社会关系的总和。"④ 即"人的本质是人的真正的社会联系。"⑤ 正是在这种社会联系中才使主体有了生命、健康、身体、自由、尊严等要求。同时，第二次世界大战中，法西斯的非人暴行更是激发了主体对生命和尊严等的诉求。人权运动的蓬勃发展促使各国民事立法和国际公约中确认民事主体的伦理要求和人格的伦理内容。生命、身体、健康、名誉、尊严、姓名（名称）、肖像等要素遂成为民事主体人格构成中不可或缺的要素。这些人格要素中，有的是人之为人所必需的根本，如生命、身体、健康等，但也有超越人之为人的根本的底线的，如肖像、隐私等，马骏驹教授称之为"伦理价值的外在化"，并认为这是商品经济因素蔓延和渗透的结果。⑥ 人之为人的根本固然内在于民事主体的人格构成，是民事主体的伦理要求。但外在化的人格要素同样是现代社会民事主体生存和发展的伦理价值要求。因为，现代社会不再是如同罗马时期的简单商品经济社

---

① 《西方法律思想史资料选编》，北京大学出版社1983年版，第399页。

② ［德］黑格尔著：《法哲学原理》，范扬、张企泰译，商务印书馆1982年版，第46页。

③ 《马克思恩格斯全集》第3卷，人民出版社2002年版，第272页。

④ 《马克思恩格斯选集》第1卷，人民出版社1995年版，第60页。

⑤ 《马克思恩格斯全集》第42卷，人民出版社1979年版，第24页。

⑥ 马骏驹著：《从人格利益到人格要素——人格权法律关系客体之界定》，载《河北法学》2006年第10期。

会，也不再是如同资本主义初期的商品生产社会，而是商品因素不仅渗入到各行各业和各个领域，更是渗入到每个毛孔、每个细胞的全球化的、大工业的经济社会。在这样的社会条件下，民事主体低层次的生理需求、安全需求、社交需求以及一般层次的尊重需求已经得以满足，更高层次的尊重和自我发展需求成为主体需求发展的方向。这种高层次的需求在法治层面以人权的主张出现，在民法方面则表现为一般人格权的形成和具体人格权的扩张。在具体人格权方面，主体的需求不但要求扩张人格权的范围和内容，而且在商品经济的渗透和影响下，伦理性的精神性的人格权也具有了某些商品经济的因素。因为，在大都市、大工业社会中，作为民事法律关系参加者的民事主体不再可能囿守于家庭的狭小领域，他们一旦走进充斥商品味道的世俗社会势必会沾染些许杂味儿，伦理人格要素的扩张、外化并商品化也就在所难免了。但是，我们不能因为这些外化的人格要素背离纯粹的理想世界和抛弃人文主义所赋予的至高无上的地位而拒绝肯认其权利的主体性。过去的世界毕竟已经远离我们，现实的世界却要求以这些外化的人格要素充实和支撑我们的幸福生活，实现民事主体的支配力，也满足主体不断发展的内在需求。

如果说人身权是民事主体内在的权利，更接近于民事主体本身的话，则财产权是民事主体之外的存在，它更接近于客体。但是，即使是财产权这种民事主体外在的权利，也是维护主体存续状态的必不可少的条件。① 一方面，民事主体的生存需要一定的物质基础。民事主体是作为手段的人，它以作为目的的人为基础和目的。对作为目的的人而言，必要的生活资料和生存条件是其最基本的，也是最低层次的需求。如果一个人连基本的生存都难以维持的话，则其他的需求对任何人来讲都是奢望。虽然古人曾用"廉者不受嗟来之食"来表明生存与尊严冲突时的态度。但是，这一定程度上是文学作品中的语言，有言志的文学色彩；另外，这种冲突可能还没有极端化。如果一个人已经处于生命的边缘的话，我不能想象有多数人能够做到不受嗟来之食。民事主体作为手段的人虽然是抽象的人格人，但必要的财产仍是维持其物质生存状态所必需的。诚如有学者所言："'人成其为人'首先需要基本的物质保障，仅仅赋予人们一种毫无任何实体权利尤其是财产性权利的'法律资格'，是不足以使人真正

---

① 孙毅："研究生民法总论课堂讲义"。

成其为人的。"并认为"广义财产是人格的构成要素"。① 另一方面，民事主体的人格发展离不开财产的支持和保障。生存的低层次需求在现代社会基本得以满足，高层次的需求日益得以彰显。诚如管仲所言："民仓廪实而后知礼节，衣食足而知荣辱"。但是，高层次需求的实现必须以充裕的财富作为基础和铺垫。可以想见，一个人的财产仅足以维持生存，即或略有剩余时，其社交和进一步的自我发展仍然会受到很大程度的影响。而且，在现实社会中，穷者和富者能够得到同等的尊重吗？从法价值的角度，自由是终极性的、目的性的价值。那么，如同诺新顿勋爵所言，贫困者无自由。因此，外在于民事主体的财产权也是法律的保护目标。

人身权与财产权在延伸主体性的同时，也彰显和实现了民事主体的自由。因为，无论对权利作何种解释，权利首先赋予民事主体一种能动性，赋予民事主体一种选择。而无论是能动性，还是选择，对主体来说都意味着一种自由。当然，民事权利在赋予民事主体自由的同时，也必然与利益相连。因为，市民社会中的人是利己的人，人人有获取财富的欲望和行为。市民的利己本性决定了调整市民社会中市民交易行为的民法必然与利益相连，并保护民事主体的利益。这种利益的法律形态就是权利。因此，权利是以利益为内容的。但是，人的欲望具有膨胀性，市民的利己本性如果不加以制约和限制，则无限膨胀的利己性将消灭市民社会。因而，权利在赋予和实现民事主体自由和利益的同时，也划定了民事主体自由的界限，由此形成法律之上的自由。民事主体正是通过民事权利实现了其主体之间自由的调和与自身利益。

**（二）民事主体人格自由的"消极性"**

如果说通过民事权利赋予民事主体一种行动的自由，而使自由的内容呈现积极样态的话，则意志自由和行为自由主要体现了民事主体的消极自由。因为，意志自由和行为自由都以不受他人干涉和强制为特征，主要是一种消极的防范性的体现。

**1. 人格自由：民事主体自由的首要内容**

民事主体的自由在内容上首先体现为人格上的自由。在市民社会中，每个人都是自主而平等的。人的自主性为民事主体提供了自治的可能，而地位平等

---

① 尹田著：《再论"无财产即无人格"》，载《法学》2005 年第 2 期。

则为主体自治提供了现实基础。正因为每个人都是自主而平等的，则每个人都必须被承认为人，每个人的人格尊严和自由都应该得到尊重。人格自由就成为民事主体自由的首要内容。

民事主体的人格自由是马克思主义法学中人本思想的体现和要求。在马克思和恩格斯看来，法律是实现自由的手段，法律应该赋予和肯定人的自由。他说："法律不是压制自由的措施……恰恰相反，法律是肯定的、明确的、普遍的规范；在这些规范中自由获得了一种与个人无关的、理论的、不取决于个别人的任性的性质。法典就是人民自由的圣经。"① 人成为马克思法学的根本，法律是为人而存在的，而"人的根本就是人本身"②。人的自由，首先是人格自由成为法学的目标。在人格自由的目标和维护上，马克思和康德、黑格尔的观点是一致的。康德将法界定为："法律就是在使每个人的意志根据自由的普遍法则与别人的意志共存并处的条件下的综合。"③ 黑格尔则直接表达为："法的命令是：成为一个人，并尊敬他人为人。"④

在市民社会中，人是利己的，每个人一般都是首先将自己作为人来看待的，即每个人都承认自己为人。承认自己为人的人往往有自尊感，强调自己的人格尊严和人格自由。但"我们的自尊通常依赖别人的尊重。除非我们感到我们的努力得到他们的尊重，否则我们要坚持我们的目的是有价值的信念即使不是不可能，也是很困难的。"⑤ 由此形成相互尊重的要求和原则。因为，如果每个人只将自己作为人来看待，而将他人作为手段和工具看待，则他人也同样如此。如此，每个人都无法从他人那里获得尊重，也无法实现自尊。因此，只有在将自己作为人看待的同时将他人也作为人来看待，才能在相互的尊重中获得自尊。由此，尊敬他人为人，即使每个人都获得了人格尊严，每个人都被作为道德的人同等地对待。"人的尊严是伦理学上的概念，揭示了'人是目的'而不是工具、手段的人学意蕴"⑥。而每个有尊严的人其人格是自由的。

---

① 《马克思恩格斯全集》第1卷，人民出版社1995年版，第176页。
② 《马克思恩格斯全集》第3卷，人民出版社2002年版，第207页。
③ 《西方法律思想史资料选编》，北京大学出版社1983年版，第399页。
④ ［德］黑格尔著：《法哲学原理》，范扬、张企泰译，商务印书馆1961年版，第46页。
⑤ ［美］约翰·罗尔斯著：《正义论》，何怀宏、何包钢、廖申白译，中国社会科学出版社1988年版，第177页。
⑥ 胡玉鸿著：《"人格"在当代法律上的意义》，载《法商研究》2008年第4期。

人格尊严也由此成为人格自由的伦理基础。

人格自由要求人的生命、健康、身体、隐私、安宁等得到尊重和保护，从而形成民事主体的生命权、健康权、身体权、隐私权、安宁权等现代民法上的人格权诸项内容。而且，人格权无论从内涵层次、主体范围，还是从内容和救济方式上都呈现出发展趋势。① 人格权的这些现代发展体现了现代民事立法对人的价值的尊重，对人格自由的保护。

### 2. 意志自由：民事主体自由的核心

人是自由的存在物，而自由是一种不受他人强迫的状态。而人与动物的本质区别在于其具有理性。正如马克思恩格斯所言："一个种的全部特性、种的类特性就在于生命活动的性质，而人的类特性恰恰就是自由的有意识的活动。"② 人的理性特征决定人有自我完善、自我管理的能力。因此，人能够自决，人能够按照自己的意志进行选择，即人的意志是自由的。近代各国民法典制定之时正是理性主义滥觞之时，对理性的崇扬使民事主体的意志自由成为近代各国民法典中的重要内容。

民事主体的意志自由使主体可以依照自己的意志选择和决定其行为，而不受他人的强制和压迫。意志自由以理性为前提，决定意志自由的主体是个体的人，因此，意志自由是以个人主义为基础的，个体意志是意志自由的出发点和归宿。意志自由的个人主义基础体现了民法维护个人利益的目标，呈现了利益个体化的要求，同时也凸显了对人的主体性的尊重和关怀。

近代民法典所确立的民事主体的意志自由是与经济领域的自由放任政策相对应的。因为，从经济学的角度而言，每个人都是自己利益的最佳判断者，自治能导致最好的结局，自治的结果总是公正的。"因为任何有理智的人都不会订立损害自己利益的合同。强制施加于人的义务可能是不公正的，但在自愿接受义务的情况下，不公正则被假定不会存在。"③ 因此，按照自己意志作出的选择总是有利于自己的，双方意志一致的结果也总是双赢的。于是，与经济上的自由放任相对应，法律领域形成了契约自由和意思自治，民事主体的意志从而应该是自由的。

---

① 参见刘卉：《论法律人格与人格权的发展》，硕士论文，第31—37页。
② 《马克思恩格斯选集》第1卷，人民出版社1995年版，第46页。
③ 尹田著：《法国现代合同法》，法律出版社1995年版，第20页。

　　意志自由在赋予个体的人以一种理性自主的能力，使其通过自己的意志来安排自己事务的同时，更强调对他人意志强制的排除。这种排除不仅意在排除他人强力的干涉，更意在排除国家对私人意志的强制和对私人领域的介入与干涉，从而维持私法的自治性，从而形成私法自治原则。也就是说，私法自治是建立在意思自治基础上的，没有意思自治的支撑，私法无法自治。

　　在私法自治、意思自治原则的指导下，民事主体的意志自由在合同领域表现最为充分，即契约自由原则。依照契约自由原则，当事人可以通过其意志自由地设定权利和义务，未经其同意的权利和义务的设定不能获得合法的依据。因此，当事人的意志不仅成为权利义务的渊源，还成为其权利义务的发生根据。① 契约自由也由此"被视为意思自治的核心，它使当事人有权摆脱法律为他们提供的一切固定模式而自由地设置其相互间的法律关系"②。

　　契约中的意志自由不是一方单个的意志自由，而是双方当事人意志自由的一致和统一。在意志的统一中，当事人不仅实现了其意志自由，也实现了其对自己未来事务的合理安排，并在这种安排中获得了各自需求的合法利益。

　　"契约以当事人双方互认为人和所有人为前提。"③ 因此，契约作为一种中介，在当事人双方不同意志的统一中实现其意志自由之前，当事人已经将其意志贯注到交换物中并实现了自由。由此，民事主体的意志自由在外界获得了其依归。诚如黑格尔所言："人为了作为理念而存在，必须给它的自由以外部领域。"④ 如果自由没有外部领域，没有任何定在，则自由对于人来说可能永远是一种虚无缥缈的东西，永远处于可望而不可即的状态。只有将自由落实到某一种外部定在，人的自由才可能具有现实感。人的自由的外部领域就是所有权，或者说财产权。只有在这种外部领域中，即在所有权中人的自由，包括意志自由才得以落实。从而，"人有权把他的意志体现在任何物中，因而使该物成为我的东西；人具有这种权利作为他的实体性的目的，因为物在其自身中不具有这种目的，而是从我的意志中获得它的规定和灵魂的。这就是人对一切物

----

① 尹田著：《法国现代合同法》，法律出版社 1995 年版，第 13 页。

② CARBONNIER, Les obligations, p. 47. 转引自尹田著：《法国现代合同法》，法律出版社 1995 年版，第 14—15 页。

③ ［德］黑格尔著：《法哲学原理》，范扬、张企泰译，商务印书馆 1961 年版，第 80 页。

④ 同上书，第 50 页。

据为己有的绝对权利。"①

在所有权中，人对物处于绝对支配的地位，享有绝对的支配权利。这种对物的绝对支配效力赋予所有人一种排除他人意志作用的效果。借此，所有权人的意志可以对抗和排除他人的意志，所有权由此获得了不可侵犯的性质。

民事主体的意志自由是一种不受他人强制的状态。但是，如果存在某种施加于民事主体意志之上的外部强制，将如何呢？这时，法律将对意志的不自由给予救济。因为，强加于意志之上的不自由在违背行为人本意的同时，也使人的自由存在受到侵犯和阻碍。因此，法律要么令不自由的意志无效，要么赋予一方当事人以撤销权，从而阻止非自由意志结果的发生。总之，不能使非自由意志产生当事人预期的法律后果。

民事主体的意志自由作为自由的精神层面往往借助于行为来体现，法律行为遂成为意志自由的另一种表达。一方面，意志自由为民事主体的行为提供了内容和法源。民事主体为法律行为时，只要在法律规定的范围内，不仅可以依其意志自主地选择行为的相对人、行为的形式和行为的内容，还可以依其意志创设权利义务关系。② 意志自由使法律行为获得了内容，也成为民事主体权利义务的法源之一。另一方面，法律行为使当事人的意志自由得以落实并法律化。法律行为承载着民事主体的意志，在以主体意志使法律行为的内容得以体现和落实的同时，并通过对法律行为效力的确认而确认了意思表示的效力，从而使民事主体的意志法律化。因为，"确认法律行为的效力，本质上是确认法律行为中意思表示内容的效力，而非确认法律行为中形式要素的效力。法律行为之所以能够实现法定主义方式所无法实现的调整功能，正在于行为中的意思表示内容发生了作用，从而使当事人意志依法实现为法律关系（产生行为预期的法律效果）。由此意义言之，法律行为具有使当事人意志法律化的作用。"③

### 3. 财产自由：意志自由的外显领域

在近代民法中，人是自由的、理性人，但人的自由和理性不仅仅在自身的意志中得以体现，还要在外部世界有所依归。因此，黑格尔说："人为了作为

---

① ［德］黑格尔著：《法哲学原理》，范扬、张企泰译，商务印书馆1961年版，第52页。
② 董安生著：《民事法律行为》，中国人民大学出版社2002年版，第43—44页。
③ 同上书，第45页。

理念而存在，必须给它的自由以外部的领域。"黑格尔所言的自由的外部领域就是所有权。而且，在黑格尔看来，"人唯有在所有权中才是作为理性而存在的。"① 财产权作为自由的外部领域是建立在意志理论基础之上的。依据意志理论，主体是与意志相连的，甚至在黑格尔那里，自由意志就是主体，就是人。他说："自为地存在的意志即抽象的意志就是人。而人是意识到主体性的主体。"② 虽然黑格尔将自由意志等同于主体是其唯心主义的体现，但主体与意志相连，是意志的载体，这点应该是肯定的。而意志是自由的，"自由是意志的根本规定性，正如重量是物体的根本规定一样。"③ 因而，自由作为意志的根本规定性也从而成为人的根本规定性。

在传统认识论的主客二元对立关系中，主体是意志的存在，而外在于主体的存在因其不具有意志性而处于客体地位。物是外在于主体的，只能是客体。"因为人就是自由意志，作为自由意志，它是自在和自为地存在着的，至于与他对立的东西是不具有这种性质的。"④ 因此，是否具有意志，就成为主体和客体的区分标准。客体不具有意志，并且是外在于主体的存在。

人因具有自由意志而在一定程度上成为自由的存在，但自由并不仅仅守在意志那里，主体还要借助于意志而将其自由显现于外。"人有权把他的意志体现在任何物中，因而使该物成为我的东西；人具有这种权利作为他的实体性的目的，因为物在其自身中不具有这种目的，而是从我的意志中获得它的规定和灵魂的。这就是人对一切物据为己有的绝对权利。"⑤ 人对一切物据为己有的绝对权利的产生与人的占有本能有关，但是，"人除了具有占有的本能外，还希望将其人格与性格扩及到他们周围的东西上面，从而创造一个可以使他们感受到自由的外部范围。"⑥ 于是，在占有本能和自由外部欲求的共同作用下，财产所有权遂成为主体意志自由的外在显现。这在近代民法中体现是尤其明显的。诚如学者所言，"那时，财产是一个人的自由意志的体现，是他的自由的

---

① ［德］黑格尔著：《法哲学原理》，范扬、张企泰译，商务印书馆1961年版，第50页。
② 同上书，第46页。
③ 同上书，第11页。
④ 同上书，第53页。
⑤ 同上书，第52页。
⑥ ［美］博登海默著：《法理学——法律哲学与法律方法》，邓正来译，中国政法大学出版社2004年版，第293页。

外在领域。"① 既然财产是自由的外在领域，对财产的侵犯和对财产权的限制对于刚刚通过革命获取自由的西方国家的人们来说，是不可想象的。于是，财产权神圣、财产权绝对遂成为当然。"法律仅仅根据所有者的意志来确认和对待财产。一个人取得、使用和处置财产的权利，受到了前所未有的保护。"② 至此，民事主体借助于私有财产实现了外部自由，或者说，"自由意味着一个人使他自己达到最高和最佳境界的权力……而私有财产则是自由的实现。"③

## 三、民事主体自由的限度

"自由是可以做和可以从事任何不损害他人的事情的权利。每个人能够不损害他人而进行活动的界限是由法律规定的，正像两块田地之间的界限是由界桩确定的一样。"④ 马克思和恩格斯在对自由做出界定的同时已经预设了自由的限制。确实，自由总是与限制相连的，即自由总是有限度的。因为，"任何自由都容易为肆无忌惮的个人和群体所滥用，因此为了社会福利，自由就必须受到某些限制，而这是自由社会的经验。"⑤

### （一）民事主体自由有限性的法哲学基础

#### 1. 人的现实存在属性：个体性与社会性

"在生存论意义上，自由是人的本质性存在方式。"但是，"生存论自由以人的自然存在为前提，把人置于社会关系之中，既重视个体自由的存在也强调群体的自由，是个体自由与群体自由的统一。"⑥ 人的自由的个体性与群体性的统一是建立在人的个体性与社会性的现实基础之上的。

人是一种自然的存在，和其他自然存在一样同属于自然界的范畴。作为自然存在物的人具有与其他动物相同的自然属性和生理机能。而"就人的自然属性而言，人是肉体的、有自然力的、有生命的、现实的、感性的、对象性的

---

① 沃纳著：《论美国行政法》第1卷，第4节（1889年）。转引自［美］伯纳德·施瓦茨著：《美国法律史》，王军等译，法律出版社2007年版，第135页。

② ［美］伯纳德·施瓦茨著：《美国法律史》，王军等译，法律出版社2007年版，第135页。

③ 伊利著：《财产、契约与财富分配的关系》第1卷，第614页。转引自［美］伯纳德·施瓦茨著：《美国法律史》，王军等译，法律出版社2007年版，第136页。

④ 《马克思恩格斯全集》第3卷，人民出版社2002年版，第183页。

⑤ Alfred N. Whitehead, *Adventures of Ideas* (New York, 1933), p. 63.

⑥ 杨昌宇著：《自由：法治的核心价值》，法律出版社2006年版，第25页、第26页。

存在物。"① 个体的自然生命为人的存在和社会发展提供了第一个基础性的前提，也是人的第一个现实基础。诚如马克思指出的一样："全部人类历史的第一个前提无疑是有生命的个人存在。因此，第一个需要确认的事实就是这些个人的肉体组织以及由此产生的个人对其他自然的关系……任何历史记载都应当从这些自然基础以及它们在历史进程中由于人们的活动而发生的变更出发。"② 而人作为自然的生命存在又是理性的、能动的存在，从而可以将其意志和活动作用于自然。因此，就人与自然的关系而言，人处于主体地位、自然处于客体地位。人的自由就首先体现在人对自然的自由之中。人的存在的自然性就成为自由的第一个现实基础。

建立在人的自然性基础上的自由是一种个体的自由。人对于客体的自由主要体现为一种人与自然之间的知性自由，或者说是对必然性的认识的自由。恩格斯说："黑格尔第一个正确地叙述了自由和必然之间的关系。在他看来，自由是对必然的认识。……自由就在于根据对自然界的必然性的认识来支配我们自己和外部自然；因此它必然是历史发展的产物。最初的、从动物界分离出来的人，在一切本质方面是和动物本身一样不自由的；但是文化上的每一个进步，都是迈向自由的一步。"③ 在自由对自然的必然认识中，人作为主体的自主性、主观性和自为性得以充分体现，即人的主体性得以凸显。④ 但是，一方面，自然的存在与变化是有其自身的规律的；另一方面，人是理性与感性共存的动物，且理性也是有限的。人对自然的必然认识可能受到理性能力的限制，也可能受到感性的操控而背离对自然的必然认识。因此，人作为自然存在物，也是自然的一部分，人不能将其与自然绝对对立而体现其主体性。自然规律和外部客观条件制约和影响着人对自然的认识，并构成人对自然自由的限度。主体必须遵循自然规律，在客观外部条件允许的范围内进行选择，从而在有限度的自主和自由中达致人与自然的和谐，实现马克思教导的"人本主义与自然主义相结合"的完美。⑤

人首先是自然的存在、个体的存在，同时也是社会的存在。在马克思看

---

① 马骏驹著：《人格和人格权讲稿》，法律出版社 2009 年版，第 6 页。
② 《马克思恩格斯文集》第 1 卷，人民出版社 2009 年版，第 519 页。
③ 《马克思恩格斯选集》第 3 卷，人民出版社 1995 年版，第 455—456 页。
④ 刘福森著：《主体、主体性及其他》，载《哲学研究》1991 年第 2 期。
⑤ 《1844 年经济学—哲学手稿》，人民出版社 1979 年版，第 73 页。

来，人的社会性才是人的本质属性。他认为，"人的本质不是单个人所固有的抽象物，在其现实性上，是一切社会关系的总和。"① 或者说"人的本质是人的真正的社会联系"。② 人的社会性为自由提供了另一个现实基础：人是社会中的人，人的个体存在是在社会的关系网络中得以体现的，由此产生个体存在与社会存在、个体自由与社会自由的冲突与协调问题。

在社会的存在中，自由既涉及个体之间的自由，也涉及个体与群体之间的自由，还涉及群体与群体之间的自由，统称为人的社会自由。③ 个体自由是社会自由的基础，因此，即便处在社会之中，我们也应该首先关注人的个体自由，发挥人的主观性、能动性和自主性，从而推动社会发展。但是，每个人都是个体，每个个体的人又都有自己的目的。可以说，"在社会历史领域内进行活动的，是具有意识的、经过思虑或凭激情行动的，追求某种目的的人；任何事情的发生都不是没有自觉的意图，没有预期的目的的。"④ 但是，个体是众多的，每个个体的目的与愿望又是多重的。正如庞德所指出的，"我们大家都需要地球，我们大家都有我们谋求满足的许多愿望和要求。我们有那么许多人，可是地球却只有一个。每个人的愿望不断地和他邻人们的愿望互相冲突或重叠。"⑤ 而且，不仅个体之间存在目的与需求的冲突，个体与群体之间，以及群体与群体之间也存在目的上的不一致。于是，在个体、群体与社会共存，且彼此愿望和目的又互相冲突的情况下，就要求每个人在追求个体自由时关注他人和社会的存在，使个体、群体、社会之间的自由得以协调，并成为自由限度的依据。因此，法律制度虽然一直维护着一种赞同自由的预设，但是，至少在正常时期，现代生活日趋增长的复杂性以及各种相互抵触的社会力量间的冲突，使法律在某些情形下为了公共利益而对自由进行分配或限制具有了必要性。⑥ 而基于公共利益而对自由做出的限制正是协调个体与群体、人的个体性与社会性的结果。

① 《马克思恩格斯选集》第1卷，人民出版社1995年版，第60页。
② 《马克思恩格斯全集》第42卷，人民出版社1979年版，第24页。
③ 杨昌宇著：《自由：法治的核心价值》，法律出版社2006年版，第38页。
④ 《马克思恩格斯选集》第4卷，人民出版社2009年版，第302页。
⑤ ［美］罗斯科·庞德著：《通过法律的社会控制》，沈宗灵译，商务印书馆1984年版，第32页。
⑥ ［美］博登海默著：《法理学—法律哲学与法律方法》，邓正来译，中国政法大学出版社2004年版，第307页。

### 2. 人的伦理价值属性：伙伴关系与尊重他人义务

人不仅是一个现实的存在，更是一种价值的存在，对个人价值的承认与尊重一直是西方政治法律文化的传统。可以说，"在基督教和人道主义这两大有关人与社会的欧洲思想体系中，个人价值都占有中心地位。"① 作为个体的人同时也是一个伦理的、道德的人。在作为伦理的、道德的人心中有着多种价值情感，"尊重、爱护、信任、热爱其他一切人，将我们自己看作尊重、爱护、热爱的对象，这些，将存在于我们——作为人群中的人——的内心情感之中。"② 尊重他人是很重要的情感之一，也是人的价值得以体现和保障的重要形式之一。对此，彼得·斯坦和约翰·香德曾经指出：在社会成员之间形成的是伙伴型关系时，这种伙伴关系的性质决定了每个成员都可以完全指望得到其他成员的尊重。而且，个人作为人的价值正是靠社会成员之间的相互尊重和博爱来保障的。而在民族国家下，伙伴关系被人性色彩较为淡薄的社会关系所取代，没有特殊情感的成员之间不再自然而然地形成彼此的尊重，而是依靠法律确认彼此之间的关系与地位。③ 也就是说，在民族国家中，即便社会成员之间不存在相互尊重的自然情感，但从人的伦理属性也要求法律共同体成员间应该具有伙伴关系式的彼此尊重。

法律调整社会成员彼此之间的关系，也确认每个人的社会地位。每一个人都是目的，法律视每一个人具有同等的法律地位。人在目的上的同一性和法律地位上的平等性决定每个人欲获得他人的尊重必须首先尊重他人，即相互尊重。康德对此表述为："每个人都享有要求他人尊重自己的权利；而他也必须相对于任何其他人受到该义务的约束。"④ 就自由而言，近代社会之后，每个人都被赋予了自由之身，都可以享有和行使自己的自由权利。但是，正因为每个人都是自由的，那么，每个人在行使和实现自己自由的同时也要对他人的自

① ［英］彼得·斯坦、约翰·香德著：《西方社会的法律价值》，王献平译，中国法制出版社2004年版，第162页。

② C. 弗里德著：《个人隐私》，载《耶鲁法学评论》1967年第77期，第477—478页。转引自［英］彼得·斯坦、约翰·香德著：《西方社会的法律价值》，王献平译，中国法制出版社2004年版，第162页。

③ 参见［英］彼得·斯坦、约翰·香德著：《西方社会的法律价值》，王献平译，中国法制出版社2004年版，第162—164页。

④ 参见［德］康德著：《道德形而上学》第2章第38节。

由给予尊重，即负有尊重他人及其自由的义务。与此同时，由于法律上的人应该彼此尊重，所以，以个人主义为指导的近现代西方立法不仅将人视为个体的人，更将其作为应该担负个体责任的人来看待。于是，责任划定了个人自由的界限，责任对自由的限定源于彼此的尊重。因而，"任何社会都不会允许其成员享有不受人类自制的完全的自由。很明显，如果每一个人都可以不顾其他人的利益而自由地追求自身利益，那么一些人就会征服另一些人，并把自由作为一种压迫其他人的手段。进一步说，如果把自由看作一种价值观念的主要理由是出于对人的尊重的话——我们正是这样认为的——那么，自由也必须明确每个人尊重其他人的义务。"①

### 3. 交互主体性：主体自由认识论模式的转换

从本源上讲，主体是一个哲学上的概念。在传统哲学中，主体是与客体相对应的称谓，并存在于同客体的关系之中。在这对关系范畴中，占据主导或主动地位的是主体，而处于非主导和被动状态的是客体。因此，主客体作为关系范畴，它们反映的是某种特定的关系，即主导与非主导（从属）、主动（能动）与被动的关系。在这种关系范畴中，人一般地处于主导地位，外部对象往往处于被动地位。因此，我们说人是主体，对象是客体。② 传统认识论正是建立在主客体二分的思维模式基础上的。

在主客体对立的模式中，人总是将自己立于主体地位，可以将自己的意志和行为无限地强加给对象。在人与自然的关系中贯彻主客二元对立的结果是形成"人类中心主义"，并最终导致人对自然的奴役。在人与人、人与社会之间的关系中，主客二分不仅将人作为主体，而且是作为孤立的、个体的人看待。在彼此没有关联的个体之间，每个人都力图将自己作为主体看待，而将他人和社会看做客体，看做实现个人目的的工具。这一方面与每个人都是目的的人本宗旨相悖，另一方面又导致每个人的自由无法与他人和社会的自由并存。由此，主客体对立模式奠定了整个西方哲学的个人主义基调。个人主义哲学张扬了个体自由、个性自由，使人的主体性得以极大彰显。但是，现实生活中，人不是处于孤立的、个体状态之中的，每个人都要与他人联系和交往。在交往中

---

① ［英］彼得·斯坦、约翰·香德著：《西方社会的法律价值》，王献平译，中国法制出版社2004年版，第201页。
② 刘福森著：《主体、主体性及其他》，载《哲学研究》1991年第2期。

形成的彼此之间的关系不再是孤立的个体，而是交互主体。哈贝马斯的交往行为理论可以帮助我们理解这一问题。

"交往行为是以象征符号为媒体的交互活动。这种交互活动是按照必须遵守的社会规范进行的，而必须遵守的规范又是给相互期待的行为下定义的，并且至少必须被两个行动着的主体理解和承认。"① 由此可以看出，在哈贝马斯的"交往行为"中预设了至少两个主体，交往行为是主体之间的行为。这种交往行为在遵守共同的社会规范之下，以语言为媒介，以主体间的对话作为交往的主要形式，在此基础上达成相互间的"理解"与"一致"。而"达成理解的目标就是导向某种认同，认同归属于相互理解，共享知识，彼此信任，两相符合的主体间相互依存"。②

交往行为理论强调主体间的相互交往与依存，使以自我为中心的主体转向多元化的主体，并一改主客体的完全对立，而是建立起了主体之间的关系。因此，哈贝马斯的理论突破了传统"主客二分"的思维模式，实现了从"主体—客体"到"主体—主体"认识模式的转换，实现了由主体到交互主体的转换。

在交互主体性模式下，主体的自由建立在主体与主体相互之间的关系上，强调自由在诸多主体之间的并存。而主体之间并存的自由则要求自由的限度。康德的自由思想正是体现了由交互主体性设定限度的自由。他认为，自由"是独立于别人的强制意志，而且根据普遍的法则，它能够和所有人的自由并存，它是每个人由于他的人性而具有的独一无二的、原生的、与生俱来的权利。"③ 交互主体性理论转换了人们对自己的自由和他人的自由关系的认识模式，为主体自由设定了限度。

**（二）民事主体自由的边界**

自由是人类永远的价值追求，但是，自由也永远是有限度的。在现代社会中，社会公共利益、权利不得滥用和过错责任构成法律下自由限度的内容。

首先，社会公共利益超越和连结个体利益，也限制了个体自由。早期的个

---

① 龚群著：《道德乌托邦的重建——哈贝马斯交往伦理思想研究》，商务出版社2003年版，第141页。
② ［德］哈贝马斯著：《交往与社会进化》，张博树译，重庆出版社1989年版，第3页。
③ ［德］康德著：《法的形而上学原理》，沈叔平译，商务印书馆1991年版，第50页。

人主义虽然认为个体先于社会，社会没有独特的利益，仅是个体利益的总和。但修正的自由主义开始关注社会问题，转向社会的自由主义或集体主义的自由主义。其认为社会是个体的有机组成，社会在个体利益之外有其独特利益，即共同利益。共同的利益大于所有个体利益的总和。因而，在个体利益与社会利益冲突时，共同利益优先于个体利益。自由在个体的利益诉求中占据着重要地位，但如果个体自由与社会整体利益发生冲突，那么，集体主义的价值取向则使社会公共利益成为个体自由的限制。奠基在近代个人主义基础之上的民事主体自由也主要是个体自由，但伴随个人主义的转向也出现了集体主义的取向，社会公共利益也成为民事主体自由的限制。

其次，权利划定了自由的界限，权利滥用构成对他人自由的侵犯。自由是权利的重要内涵，权利也是今天我们保护的自由的重要形式。但是，一方面，权利是平等的，其所提供给人们的自由是相同的。另一方面，权利所给予的自由应当符合一定的社会目的。因而，权利在给予自由的同时，也划定了自由的界限。"权利的本质就是自由意志的范围"，[1] 权利的范围就是自由的范围。超越权利范围而滥用权利遂构成对他人自由的侵犯。此外，即便在权利范围内，如果权利的行使背离了权利的社会目的，也构成权利滥用。被滥用的权利虽然对权利人而言，似乎扩大了其自由范围，但却构成了对他人自由的强制与侵犯。因此，权利不得滥用就成为限制自由的一般原则。

再次，人的理性自主给予人以自由，也使人成为自己行动的承担者，责任由此成为自由的限度。如果说按照自己的意志行事就是自由的话，近代之后，人的理性自主赋予主体以选择自由，意志自由也成为民事主体自由的主要体现。但是，人在自主选择和决定的同时必须自担其责，必须对自己的过错行为承担相应的责任。因为，"人既是一个自主的行动者——因为他有权决定行使或不行使某项权利，又是一个负责的行动者——因为他在享有权利的同时也要承担相应的义务。'义务'的存在，使得人不至于成为恣意妄为的盲目冲撞者，人不仅要追求自己的利益，也要承担起相应义务，对国家、社会及他人尽自己的责任。权利与义务的结合，才能使一个真正意义上的人格概念得以圆满。自然，这并不是意味着义务相对于权利而言更为重要，而是说明，由于义

---

① 李永军著：《民法总论》，法律出版社 2006 年版，第 133 页。

务的履行，一个能够担当、勇于负责的形象才可以脱颖而出。"① 而且，"在非人格化的社会中，尊重人的原则意味着个人应对其自由选择所带来的结果负责。"② 因此，过错责任就成为自由的限度和保障。

# 第二节　民事主体的平等价值

追求自由是人类根深蒂固的愿望，在社会生活中，作为人类精神凝结的法律制度以增进人的自由为目标，这种自由在理想层面上应当是一种无差别的平等自由，因此，法律还应当以平等目标的实现为己任。在人类历史上，法律虽然一度确认和维护了许多不平等现象，但是，它也为人类的平等追求做出了很多努力，即在价值理念上确立了人在法律上的平等地位，并力争在法治实践中一以贯之。民法是与人的生活最密切的法，是市民社会的法，它对人在市民社会中的地位给予确认。"在市民社会中的人与人之间的关系上，所有人身份平等而且自主，任何人都无超然于他人之上的地位。"③ 民事主体地位平等就成为市民社会的主要特征，也构成民法的重要基础。正是在这一意义上，平等价值成为推动民事主体历史演进的又一动力。

## 一、民事主体平等价值的证成

### （一）民事主体平等价值追求的自然法基础

如同每个人天然地要求自由一样，要求平等也是人的自然欲求之一。如果说平等对于社会状态中的人而言，由于种种因素影响或许有些不真实的话，但在自然状态中则被假设为人的真实存在。在洛克的自然状态中，每个人不仅是自由的，也是平等的。因为，在洛克看来，既然"同种和同等的人们既毫无差别地生来就享有自然的一切同样的有利条件，能够运用相同的身心能力，就应该人人平等，不存在从属或受制关系，除非他们全体的主宰以某种方式昭示他的意志，将一人置于另一人之上，并以明确的委任赋予他以不容怀疑的统辖

① 胡玉鸿著：《"人格"在当代法律上的意义》，载《法商研究》2008 年第 4 期。
② ［英］彼得·斯坦、约翰·香德著：《西方社会的法律价值》，王献平译，中国法制出版社 2004 年版，第 201 页。
③ 李永军著：《民法总论》，法律出版社 2006 年版，第 11 页。

权和主权。"① 洛克在这里所谓的处于统辖权和主权之下的不平等实际上就是基于自然状态有不能克服的弱点而由人们共同缔结社会契约让渡部分权利而形成人们处于国家和政府的主权统治下的政治社会状态。人们处于在国家和政府的主权之下，服从国家权力，形成国家与公民的不平等关系。而除此以外，人们是平等的。而且，人们缔结社会契约只是让渡部分权利，没有让渡全部权利。因而，即使进入社会状态，人们之间也是平等的，即社会状态下的平等源自自然状态中的平等。

胡克尔也表达了与洛克相同的认识。他说："相同的自然动机使人们知道有爱人和爱己的同样的责任；因为，既然看到相等的事物必须使用同一的尺度，如果我想得到好处，甚至想从每个人手中得到任何人所希望得到的那么多，则除非我设法满足无疑地也为本性相同的他人所有的同样的要求，我如何能希望我的任何部分的要求得到满足呢？如果给人们以与此种要求相反的东西，一定会在各方面使他们不快，如同我在这种情况下也会不快一般。"② 要求与他人所有的同样的要求，即是要求平等，而这是每个人的本性。本性没有得到满足就会产生没有被尊重的不快。

既然本性如此，那么，我想要求别人什么，别人就可以要求我什么。相同的人性具有相同的动机和要求，由此产生相同对待的自然义务。于是，胡克尔在上述话之后接着说："所以如果我为害他人，我只有期待惩罚，因为并无理由要别人对我比我对他们表现出更多的爱心。因此，如果我要求本性与我相同的人们尽量爱我，我便负有一种自然的义务对他们充分地具有相同的爱心。"③ 胡克尔在要求平等的人性基础上引申出人类的仁爱与互爱义务，倡导宗教的正义与仁爱。如果跳出宗教的视野，我们可以说，人类要求平等的本性源自人相互尊重的欲望。也可以说，人的平等感的心理渊源乃是人希望得到尊重的欲望。④ 每个人都希望获得别人的尊重，但却不能强制他人尊重自己，只能通过尊重他人而获得他人对自己的尊重。因此，只有相互尊重才能满足人的平等需

---

① ［英］洛克著：《政府论》（下篇），叶启芳、瞿菊农译，商务印书馆2008年版，第3页。

② 转引自［英］洛克著：《政府论》（下篇），叶启芳、瞿菊农译，商务印书馆2008年版，第3—4页。

③ 同上书，第4页。

④ ［美］博登海默著：《法理学——法律哲学与法律方法》，邓正来译，中国政法大学出版社2004年版，第311页。

求。人的平等需求在法律上的形态即平等价值。平等价值在民法中则体现为民事主体地位平等，也即权利能力平等。民事主体地位平等由此成为实现人的平等价值诉求的手段，维护民事主体地位的平等，也即维护和尊重人的平等诉求，使人免遭他人的歧视。

在自然法基础上，除了人格平等之外，还存在另一种平等，即交换对等的平等。这种交换对等的平等建立在人格平等的基础之上。因为，对每个人来说，对人格的尊重往往通过对其拥有的财产和财产权的尊重来体现。因此，洛克说，自由的状态不是放任的状态，人人是平等、独立的，任何人都负有不得侵害他人的生命、自由、财产的义务。① 洛克更将尊重和不得侵犯他人财产与生命、自由并列，由此体现出财产之于人的地位和影响。既然财产和财产权之上承载着主体的人格，则在进行交换时每个人都是平等的。对此，马克思指出："参加交换的个人已经彼此默认彼此是平等的个人，是他们用来交换财物的所有者。"②

交换对等的平等除了交换主体地位的平等之外，还体现在交换价格的大体相当上。这种对价相当的要求与人的均衡感有关，即主要源自一种均衡感。③人的均衡感在审美领域体现尤为明显。在审美中，人们讲求对称与和谐，认为对称与和谐即达到了美的境界。而这种对称与和谐即是要求均衡。当然，现代发展在审美领域也出现了多元化的趋势，不对称也被认为是美的，但仍然要求和谐。所以，均衡仍然是其要义。而在交换领域，人的均衡感则要求对价的相当与公平。如果对价不相当，则人会感到失衡，即感到不公平。而且，财产与主体人格关联，对价不相当也将使主体产生人格受辱的感觉，除非主体自愿如此。当然，这种对价的相当与公平只能是一种主观的判断，而不可能有客观的标准。因此，只要交换主体双方认为对价公平即为平等。

**（二）民事主体平等价值的人的自我目的性基础**

在阐述这一问题之前，我们必须先明确一个立论的基点，即个人主义的观念。拉德布鲁赫说：在整个经验世界的领域中，只存在三种可能具有绝对真理

---

① ［英］洛克著：《政府论》（下篇），叶启芳、瞿菊农译，商务印书馆2008年版，第4页。
② 马克思著：《资本论》第1卷，人民出版社1975年版，第640页。
③ ［美］博登海默著：《法理学——法律哲学与法律方法》，邓正来译，中国政法大学出版社2004年版，第311页。

性的事物：人类个体人格、人类总体人格和人类作品。相对应的形成三种价值：个体价值、集体价值和作品价值。这些价值并不能同时实现，而将哪种价值放在价值序列的第一位，区分出个人主义观念、超个人主义观念和超人格主义观念。① 我们不能绝对否定超个人主义观念和超人格主义观念的合理性和意义，但是，由于个人主义观念奠定了整个西方法律传统的基础，所以，我们仍然以个人主义观念为立论的基础。

个人主义是以个体为出发点和归宿的。但是，这里的个体是超验的抽象的个体，而不是经验的具体的个体。虽然人们总是倾向于从经验的、单独的人中寻找个体。但是，从具体的人的变化无常的脾气、忧郁的情绪或怪癖的心理中根本不可能产生出一个对所有人都同样有益的法律观或国家观，而只能得出对所有法律、所有国家的否定。② 也就是说，经验的具体的个体是千差万别的，他们的差异性、特性和个性不仅无法得出对我们有益的结论，也无法形成法律和国家。无政府主义就是典型。因而，作为个人主义出发点的个体只能是去掉了人的差异性、特性和个性的抽象的个体，也即是没有个性的个体。③ 只有在没有个性的个体中，才能实现人的伦理价值的同一。这样的人才不仅是自由的，还是平等的人。由此，个体才成为个人主义法律观的终极目的。也就是说，"当个人主义将个体的人视为一种法律规则的终极目的的时候，它不会将个人看做是具体的个体，与其说个人主义的个体是无个性的个体，不如说它就是个人主义化的人类自由，而且，同时所有个体的平等也是由这个无个性的自由具体化来确定的。"④

只有以抽象的无个性的个体为出发点，才能得出人是目的而不是手段的结论。因为，经验的具体的人不仅是差异和个性的存在，而且，现实中经验的人是不平等的。这种个性和不平等极可能使得每个人只是将自己作为目的，而将他人当作手段来对待。只有在超验的层面上，抽象的个体才是无差别和无个性的，才能达到人是目的而不是手段的境界，才能实现人的平等。只有在这种意义上，我们才能说，"人意味着自我目的。人之所以为人，并不是因为他是一

---

① ［德］G. 拉德布鲁赫著：《法哲学》，王朴译，法律出版社 2005 年版，第 53—54 页。
② 同上书，第 63 页。
③ 同上书，第 65 页。
④ 同上书，第 132 页。

种有肉体和精神的生物，而是因为根据法律规则的观点，人展现了一种自我目的。"①

人的目的性决定人是平等的。但是，这是价值意义上的平等。这种价值上的平等必须借助于法律的手段来实现和保障。法律上主体的平等就成为实现人的价值平等和人的终极目的的途径。人的平等遂转化成法律主体的平等。法律上的平等虽然是人为的平等，但却是实现人的平等所必须的。由此，"法律的平等即构成了人的本质的平等之法律权能，并不存在于人类和人类团体之中，而是由法律规则赋予人类的。没有谁是自然或者生来就是（平等的）人——奴隶的法律地位已经证明了这一点。人是法律规则的人格化行为的结果。"②法律规则人格化的产物——法律主体就承载着人的自我目的，也承载着人的平等价值，法律主体的平等，包括民事法律主体的平等由此被铸成。

## 二、民事主体平等的实质——作为观念的平等

诚如博登海默所指出的一样，"平等乃是一个具有多种不同含义的多形概念。它所指的对象可以是政治参与的权利、收入分配的制度，也可以是不得势的群体的社会地位和法律地位。它范围涉及法律待遇的平等、机会的平等和人类基本需要的平等。……"③我们这里讨论的是民事主体的平等，而民事主体是私法规则的创造物。因此，民事主体的平等是私法规则赋予的。私法通过赋予民事主体以平等性来实现人的自我目的和人的本质。由此，"法律主体是一种在自我目的的意义上，由一定历史上出现过的法律所认可的本质；法律客体则与之相反，在相同的情况下，它被看做是一个旨在实现那些由条件决定之目的的单纯手段。"④但是，这里我们需要明确的是，平等就目的性和内容来说，存在事实上平等和观念上平等的区分。那么，作为私法规范描述的民事主体平等是一种事实上的平等还是观念上的平等呢？

### （一）事实的平等与观念的平等

"什么是"和"什么应该是"是两种不同的思考方式，前者属于实然思

---

① ［德］G. 拉德布鲁赫著：《法哲学》，王朴译，法律出版社2005年版，第134页。
② 同上书，第133页。
③ ［美］博登海默著：《法理学——法律哲学与法律方法》，邓正来译，中国政法大学出版社2004年版，第307页。
④ ［德］G. 拉德布鲁赫著：《法哲学》，王朴译，法律出版社2005年版，第132页。

考，后者属于价值思考。事实平等和观念平等恰恰是这两种思考方式的体现。就平等而言，可以表述为"是平等"和"应该平等"。"是平等"就是事实上的平等，而"应该平等"就是观念上的平等。事实上的平等作为实然思考强调社会关系中平等的现实性，即要求民事主体地位的实际状态是平等的。作为事实的平等是一种事实的描述，表明民事主体地位的实际状态是如此的。如果私法规定的民事主体平等是作为事实意义上的平等，那么，这种法律规范的描述与事物实际状态之间就可能有两种情况：一种是法律规范描述与事物实际状态完全一致，即民事主体在现实中确实是平等的。此时，民事主体平等的私法规范很好地描述了主体地位的实际状态，民事主体地位的实际状态也完全地落实和印证着私法的规范描述，这是一种理想的状态。在这种状态下，法律上的民事主体地位平等完全实现了人的本质平等的法律权能；另一种情况是法律规范描述与事物的实际状态不完全一致，即私法规范规定民事主体平等，而现实中的人（民事主体）却是不平等的。此时，私法规范描述的民事主体平等具有很大的虚假性。这种虚假性不仅无助于拉近法律规定与现实的距离，从而实现人的本质平等的法律权能。而且，事实上不平等的主体还会产生一种对法律的反感或厌恶情绪，影响民众对法律的信仰。在这两种情况中，可能的情形是后者。因为，这种事实的描述一般是针对具体的现实的法律关系而进行的，即只有在具体的法律关系中我们才能判断民事主体是平等或不平等的。而法律制度有别于法律关系之处则在于它的抽象性。在抽象的法律制度中，无法判断民事主体是否平等。而在具体的法律关系中，民事主体是具体的经验的存在在法律上的映照，而具体的经验的人是差别的、个性的存在，不可能是平等的。因此，如果私法规范中的民事主体平等是作为事实的平等，则这种规则无法实现人的本质平等的法律权能。

　　观念上的平等是价值思考的结果。作为观念存在的平等不是对事物实际状态的描述和反映，而是基于事物自身性质和规律所应达到状态的描述。① 具体而言，是基于人的本质或本性对民事主体应该达到状态的描述。这种观念上的平等是建立在事物的本性或规律上的，即建立在人的本性之上的。而人就其本性来说是平等的，因此，民事主体也应该是平等的。观念上的民事主体平等成

---

　　① 李道军著：《法的应然与实然》，山东人民出版社 2001 年版，第 1 页。

功地实现了人的本质平等的法律权能。民事主体应该平等就成为观念平等的另一种表达。

　　既然观念平等建立在事物的本质或规律之上，则人能否充分认识到事物的本质或规律就成为影响观念平等形成的决定性因素。这就涉及人的理性问题。人的理性就是人所具有的识别、判断事物的能力。因此，只有在将人作为理性的存在来对待和认识的前提下，才能产生观念的认识。也可以说，观念平等是人们基于理性对人的本性进行探索，从而使民事主体制度满足人的客观需求所应达到的状态而形成的认识。当然，民事主体平等的观念认识也是基于现实中民事主体平等的事实而形成的，但是，它却并不囿于现实中民事主体的平等事实与平等与否，而是超越于经验而从人的本性出发所形成的超验的认识。而且可以说，观念的认识本身与事物的实际状态之间总是存在着一定程度的背离，但是，这种背离并不影响观念认识本身，因为它是超越于事物外在表现的认识，而不是事物外在表现的客观反映。这种背离只能促使改善现实法律关系中民事主体的实际状态，使其不断地朝向观念平等努力。

### （二）民事主体平等是观念的平等

　　作为民事主体的平等显然属于观念平等的范畴，其原因首先在于作为规定民事主体制度的法本身属于应然的范畴。对于什么是法，虽然有不同的认识，但是，作为规范人们行为的准则和原则，它是对人们应该如何的规定，而不是对人们实际如何行为的规定。也就是说，法解决的是"应该是"的问题，而不是"什么是"的问题。因为，法作为人类思维的产物，是精神行为的体现。而精神的第一个行为就是使"我"退出现实，与其相对而立，并由此从价值中区分出现实。[①] 这种退出现实而形成的价值认识就是观念认识。私法所确立的民事主体地位平等正是基于人的价值认识而形成的观念认知，它意味着民事主体应该处于平等的地位，而不是说民事主体实际上是平等的。

　　其次，民事主体的理性能力发展促成了观念平等原则。民事主体的平等是建立在抽象的、理性的民事主体之上的，而不是建立在具体的民事主体之上的。即民事主体人格平等的逻辑前提是把人看做是理性的、抽象的人。[②] 因为，只有理性人才能够发展出抽象思维的能力，这种能力使人类有可能探求到

---

① ［德］G. 拉德布鲁赫著：《法哲学》，王朴译，法律出版社2005年版，第1页。

② 马骏驹著：《人格和人格权讲稿》，法律出版社2009年版，第53页。

人的本质和规律。也就是说，"理性灵魂具有思辨能力——它寻求事物本质的真相，发现人类行为的基础原则。"① 而人类的本性决定人应该是平等的。因此，在抽象的、理性主体之上形成的只能是观念平等，而不可能是事实平等。

再者，民事主体平等作为私法的一项基本原则是近代才确立的，此前的立法中民事主体是不平等的。而近代私法的民事主体制度及主体平等原则是理性法的组成和产物，由此形成民事主体平等只能是观念平等。

正是在观念平等的基础上，近代私法才得以确立和发展。可以说，如果没有民事主体的平等性作为基础，近代私法不可能建立。也只有在观念上才能形成近代民事主体的平等性原则，才使所有的人在价值上成为同一的人，成为目的人。而在事实上，各个具体的民事主体实际上是不同的，也是不平等的。观念上的平等才使私法不断地矫正现实不平等并朝向平等努力。而且，虽然事实上民事主体是不平等的，有各种差异存在，但只要在观念上他们是平等的，则在法律上就必须给予他们相同的对待。也就是说，民事主体事实上的不同不能成为法律上区别对待的理由，由此使所有的民事主体不仅在价值上被视为同一，还可以借助于法律提供的同样的手段和待遇去追求自己的合法利益。

由此可见，实现观念平等和事实平等的统一是不可能的。民事主体观念上的平等为私法提供了价值指引，但它只能是一种理想的状态，是私法永远努力的方向。而民事主体事实上的不平等是客观存在的现实，也是永远不能消除和改变的现实。我们只能在观念平等的指引下不断地矫正现实的不平等，但永远也不可能达到事实平等。但是，观念平等却使所有的人在价值上被视为同一，使所有的人都能作为目的而存在。如果没有观念平等，某些人就要沦为他人实现其利益的手段和工具。而一味地追求事实平等，就是要消除差异。而消除差异则走向结果平等、平均主义，最终消灭了个性，也消灭了自由，私法自治也将不复存在。

### 三、民事主体的观念平等与正义及权利平等

"法律是一个有意识服务于法律价值与法律理念的现实。"② 而《学说汇

---

① ［英］韦恩·莫里森著：《法理学：从古希腊到后现代》，李桂林、李清伟、侯健、郑云端译，武汉大学出版社 2003 年版，第 45 页。

② ［德］G. 拉德布鲁赫著：《法哲学》，王朴译，法律出版社 2005 年版，第 31 页。

纂》在其开篇所言："法律源于正义就如同源于它的母亲一样；因此正义比法律产生得早"，① 由此将法律的理念指向正义。

诚如人们常说的，正义有如普洛透斯的脸一样变化莫测。因此，我们无法对正义进行全面的探讨，仅就正义的两种具体形式：分配正义和矫正正义作出相应分析。亚里士多德提出了分配正义与矫正正义的区分。分配正义是指按照某种公认的标准来分配事物。这种正义，其所要解决和关注的是在社会成员或群体之间进行权利、权力、义务和责任的配置问题。② 如何在群体之间配置，亚里士多德由此将正义引向平等，认为正义存在于"某种平等"之中。③ 即"要求按照比例平等原则把这个世界上的事物公平地分配给社会成员。"④ 首创正义概念的乌尔比安对正义的表述"正义乃是使每个人获得其应得的东西的永恒不变的意志"，以及另一罗马法学家西塞罗对正义的描述"使每个人获得其应得的东西的人类倾向"，都是分配意义上的正义。但是，正义的内涵除了包括"使人得其应得"之外，还有另外一层含义，即矫正正义。"矫正正义是为'私人交易提供的原则'，由法官在处理纠纷时适用，对违法者处以一定的惩罚。"⑤ 由此，分配正义指向了公法，矫正正义指向了私法。

私法的正义是矫正的正义，但是，矫正正义是以分配正义为前提的。也就是说，矫正正义是以分配正义行为为前提条件的，而该行为赋予了所有参加者平等的权利、相同的交换能力和相同的社会地位。因而，分配正义是正义的原始形式。⑥ 作为正义原始形式的分配正义确立了参加者相同的社会地位和相同的交换能力，矫正正义建立在分配正义的基础上，其首先应当在私法中落实和贯彻分配正义所确立的参加者之间相同的社会地位和相同的交换能力，也即确立私法交换主体之间的平等地位——民事主体平等原则。因此，民事主体地位平等是分配正义确立的参加者相同社会地位和相同交换能力在私法领域的体现

---

① 转引自［德］G. 拉德布鲁赫著：《法哲学》，王朴译，法律出版社 2005 年版，第 32 页。

② ［美］博登海默著：《法理学——法律哲学与法律方法》，邓正来译，中国政法大学出版社 2004 年版，第 279 页。

③ Aristole, *The Politics*, transl. E. Barker（Oxford, 1946），BK. Ⅲ. 1282b.

④ ［美］博登海默著：《法理学——法律哲学与法律方法》，邓正来译，中国政法大学出版社 2004 年版，第 263 页。

⑤ ［英］韦恩·莫里森著：《法理学：从古希腊到后现代》，李桂林、李清伟、侯健、郑云端译，武汉大学出版社 2003 年版，第 50 页。

⑥ ［德］G. 拉德布鲁赫著：《法哲学》，王朴译，法律出版社 2005 年版，第 33 页。

和落实，也是私法矫正正义的基础。私法所提供的全部私人交易规则必须是建立在民事主体地位基础上的。马克思所言："参加交换的个人已经彼此默认彼此是平等的个人，是他们用来交换财物的所有者。"① 这恰恰印证了矫正正义的主体地位平等的基础。

私法中的主体地位平等，交易者处于并列关系中，私法的矫正正义也就成了权利平等者之间的正义，它要求交易中的两个人彼此间享有同等的权利。② 由此，私法正义也就引出了权利平等问题。

私法以权利为本位，权利是私法的核心，整个私法体系都是以权利为基础构建的，私法体系实质上就是权利体系。私法正是通过权利配置和权利救济维持私法秩序，并为个人人格的自由发展提供可能空间的。③ 民事主体地位平等，要求所有民事主体在法律上被一视同仁地对待，而不考虑他们在现实中有何等的不同与差异。因而，在权利配置和私权的救济上也是平等的。所有的民事主体都享有平等的财产权和人身权，在其民事权利被侵犯时，法律应给予相同的救济和矫正。因此，私权平等是符合私法的正义理念的。同时，私权平等也意味着民事主体作为手段性的制度，其使民事主体在法律上被一视同仁对待的同时，也实现了人在目的和价值上的同一，所有的人也都成为目的，私法的人文精神得到充分展示。

不过，应当注意的是，民事主体平等是作为观念的平等。因此，私法正义所要求的权利平等也只是为民事主体提供了权利平等的可能性，或者说是为民事主体的权利平等提供了一种形式上的机会，并不是说民事主体的权利在事实上是平等的。也就是说，这种权利平等仅仅是一种价值上的平等、观念上的平等，其所体现的正义也是一种形式上的正义，目的在于避免因民事主体事实上的差异而导致的区别对待，避免使某些人遭受不应有的歧视而实现人格的同一。

## 第三节　民事主体核心价值的失落与回归

在民事主体的历史演进过程中，对自由与平等的核心价值追求经历了意义

---

① 马克思著：《资本论》第1卷，人民出版社1975年版，第640页。
② ［德］G. 拉德布鲁赫著：《法哲学》，王朴译，法律出版社2005年版，第33页。
③ 李永军著：《民法总论》，法律出版社2006年版，第114页。

的失落与目标的回归这样的转变。在实践中，民事主体法律制度对自由价值的背离不仅对主体自身构成侵犯，同时也使得社会失去进步与发展的动力。民事主体法律制度对平等价值的背离，在一定程度上则是文明的倒退。

## 一、民事主体自由价值的背离及其后果

导致民事主体自由价值背离的原因主要有三个方面，一是基于民事主体自由本身存在的消极性实质；二是民事主体自由所依存的个人主义基础；三是民事主体演进过程中自由领域的扩展。这三个方面综合作用，不仅对主体自由构成侵害，同时也阻碍了社会发展的动力。

### （一）民事主体自由的消极性实质

在私法领域中，每个民事主体都可以基于自己的意志进行选择，但他必须为自己的选择结果负责。可以说，私法作为市民社会自治的法，其依赖的基础正是市民的个人自由，也即民事主体的自由。

民法是权利法，民事权利也是民事主体的自由在实证法上的典型体现。正是在民事权利的限度内，民事主体获得了极大的自由空间，并以此实现自己的利益。但是，民事权利，无论是人身权还是财产权，它虽然给予了民事主体行动的可能性，一种选择和行动的自由，不过，就其根本来讲，民事权利对于民事主体而言，更意味着一种不受他人干涉或排斥他人干涉的自由。也就是说，民事主体选择和行动的可能性是建立在不受干涉的基础之上的。如果没有这种不受他人干涉的自由，民事主体的任何权利都无法实现。因此，对于权利主体而言，不受他人干涉或排斥他人干涉才是更为基本的。

除了权利与民事主体的自由相连外，我们前面还涉及了民事主体的人格自由、意志自由，此外，还可能包括身体自由、行为自由等。那么，这些自由对于民事主体来说意味着什么呢？或者说，其本质是什么呢？

人是自由的存在物，人的自由在私法中集中体现在人格自由和意志自由上。人格自由要求尊重每个人为人，尊重每个人的生命、健康、身体、隐私等，使人之所以为人的一切得以维护和发展。而意志自由则是每个人自主选择的前提，私法对意志自由肯定也是对主体自主选择的尊重。但无论是人格自由还是意志自由，同样以强调人格尊严和意志自由不受干涉和侵犯为基础，进而对侵犯人格自由和基于外力产生的意志不自由提供私法上的救济。此外，行为

自由和身体自由也首先强调行动和身体免受外界强制的权利。由此可见，私法中民事主体的自由首先体现为一种不受干涉的自由。正是这种不受干涉的自由才使私法自治成为可能，自治也成为私法的最大特点。如果没有这些不受干涉的自由，民事主体无法进行选择和决定，其人格尊严也得不到任何尊重。因为，任何强力都可以使民事主体限于强迫和不自由。而如果民事主体失去了自由与自治，私法也将不复存在。因此，私法中民事主体的自由在本质上是一种不受干涉的自由。这种不受干涉的自由，即"不受……"的自由。"不受……"的自由在公法上常常被称为消极自由。为有别于此，我们将私法中"不受……"的自由称之为消极性自由。民事主体的自由在本质上恰恰表现为消极性的自由。

### （二）民事主体自由的个人主义基础

民事主体自由的消极性与近代私法的个人主义基础是相一致的。整个近代私法都是建立在个人主义基础上的。个人主义是自由主义的核心。个人主义者认为，"在限定的范围内，应该允许个人遵循自己的而不是别人的价值和偏好，而且，在这些领域内，个人的目标体系应该至高无上而不是屈从于他人的指令，就是这种对个人作为其目标的最终决断的承认，构成了个人主义立场的实质。"① 个人主义对个人价值的承认和尊重就是为了实现个人自由。因为，"在非人格化的社会中，尊重人的原则意味着个人应对其自由选择所带来的结果负责，这个原则还意味着每一个人必须有一个可以行使自己的自由选择权的活动余地。"② 而私法恰恰为每个人行使自己自由选择权提供了广阔空间。但是，在个人主义基础上形成的自由是个人主义的自由，也就是说，这种自由的主体是个人，而国家和政府则被认为处于个体自由的对立面。因此，个人主义的自由强调不受干涉，尤其是排除国家和政府的干涉。这种不受干涉的自由只能存在于私法领域，于是，形成了私法上民事主体的消极性自由。

由于个人是自由的主体，国家和政府只能处于自由的对立面，因此，民事主体的消极性自由是建立在市民社会与政治国家二元对立基础上的。如果国家

---

① ［英］弗雷德里希·奥古斯特·冯·哈耶克著：《通往奴役之路》，王明毅、冯兴元、马雪芹等译，中国社会科学出版社1997年版，第62页。

② ［英］彼得·斯坦、约翰·香德著：《西方社会的法律价值》，王献平译，中国法制出版社2004年版，第201页。

全面吞并或介入市民社会，不仅市民社会本身无法存在，民事主体也将陷于不自由状态。因为，政治国家与市民社会具有不同的组织方式，市民社会由市场按照自身规律来界定和调节，而政治国家则以政治组织和权力来界定和组织。如果国家全面介入市民社会，权力必将取代和消灭权利，国家并以自己的意志取代个人意志。市民社会的全面沦陷，民事主体失去了可以对抗国家和政府的权利，其意志也将不能自主。因此，只有在市民社会与政治国家两分并存的情况下，民事主体才能享有私法所赋予的权利和自由，私法也才能真正的自治。

从人性的角度看，民事主体的消极性自由与近代个人主义的自由观一样，都是完全立足于人的个体性之上而不考虑人的社会性的自由。因而，这种自由在重点强调主体自由的不受干涉性之外，还极力排除或忽视对自由的限制，也由此使民事主体的自由在近代一度以绝对的契约自由和意思自治为典范。私权神圣、意思自治和过错责任也由此成为近代私法的三大基本原则。

### （三）民事主体自由领域的拓展

近代民事主体的自由主要表现为不受干涉的自由，并成为民事主体自由的实质。但是，伴随社会的发展，民事主体的自由增添了某些新内涵，使自由呈现出发展的趋势。

消极性的自由使民事主体获得了极大的私人空间与领域，主体人格也在自由中得以塑造。但是有时，单纯的不受干涉与强制的消极性自由并不能满足主体的需求。民事主体还需要某种使其行动得以产生积极效果的自由，即要什么的自由或者称为积极性自由。

"要……"的自由"是指获得某种积极效果的能力。一个人，只有在他能够实现某种目的（不论是依靠自己的力量还是与他人合作）时，方能感到自己享有自由、方能感到自己是自己的主人。很明显，通过达到某种积极的目的来发现自己真正的价值，这种自由是以某种程度上不受限制的自由为前提的。身受各种各样束缚的人很难实现什么目的。然而，仅仅是不受限制，恐怕还不足以保证得到预期目的的自由。正如目的的实现可以受到限制性措施的妨碍一样，它也可以由于设立对它有益的规章制度而得到促进。"①

---

① ［英］彼得·斯坦、约翰·香德著：《西方社会的法律价值》，王献平译，中国法制出版社2004年版，第225页。

积极性自由以消极性自由的存在和获得为基础，但主体在不受干涉与强制之下做出的选择和行动能否真正与其预期目的一致，还要就其选择和行动的社会效果进行评价和判断。当然，这还涉及一个时间性问题。因为，社会效果本身就是一个需要时间来检验的问题。就短时期来看，民事主体自主选择的行为和结果可能与其预期目的是一致的，但从长远看则可能发生与其预期相悖的法律效果。我们可以以"公地悲剧"为例进行改造性的说明。"公地悲剧"本是用以说明个体利益与公共利益冲突的著名案例，但同时也是与理性主体的自主选择相关的一个问题。在向一切人开放的牧场上，是否进入牧场放牧、放入多少牲畜、放牧何种牲畜、以及是否退出放牧等，都是允许主体自主选择和决定的。在这个前提下，主体选择进入牧场放牧。并且，主体决定放入尽可能多的牲畜进入牧场。主体的这样选择和决定的目的是为了获得最大的个体利益，而且从短期来看，其预期目的也是能够实现的。但是，随着每个主体都基于预期目的的最大化而选择和决定放入越来越多的牲畜，最终导致资源枯竭和牧场被毁。在公共利益遭受损害的同时，个体的预期目的也不复得以实现。此时，就社会效果来看，个体自由选择发生了与其预期目的相违背的结果。那么，如果有个别主体预见到这样的结局而选择和决定减少放牧的牲畜数量或决定退出放牧以寻求资源的合理和长期利用的话，是否就能够使其自由选择与其预期目的一致呢？不一定。因为，自由的、平等的主体只能自己做出这样的选择和决定，而不能强制他人也做出同样的选择和决定。那么，在个别主体做出这样选择和决定时，其他主体没有任何改变，或者看到有人减少或退出之后反而增加放牧的牲畜数量的话，不仅公地受损的结局不会有什么改变，而且这同样是与个别主体如此选择和决定所欲达成的预期目的相背的。在这样的情况下，主体虽然自由的选择和决定了，即主体获致了消极性的不受干涉与强制的自由，但社会效果却并不佳，而且其预期目的的自由也没有真正实现。因此，主体还需要一些使其自主选择和决定与其预期目的相一致的东西，这些东西保证主体的自主选择和主体行为在社会生活中得以真正实现。正如"一个人可以完全不受强制性的或其他有害的限制的约束，可以完全不受设定于其迁徙自由或言论自由之上的物质的或法律的桎梏的约束，但是如果社会不为他提供符合其能力的有益工作和建设性活动的机会，那么他同样不会感到自己是个真正自由的人。因此，追求和实现目的的自由就如同不受外部障碍之约束一样，是自由这一概念基本含义的一个重要的且必不可少的向度。"①

但是，主体需要的这种自由不是主体自身的选择和决定就能够满足和实现的。也就是说，这种自由不是主体自身所能够提供的，而需要外在的供给和保障。而这种供给和保障需要对其他主体的自由进行某种程度上的强制。例如"公地悲剧"中，在个别主体预见到公地悲剧的结局而选择和决定减少或终止放牧时，为了从长远上实现资源的合理利用和主体的远期利益，需要对其他主体的选择施以适当的强制，即要求或迫使大家都减少放牧的牲畜，或在一定时间内都停止放牧。而在近现代民族国家中，能够对其他主体施以强制的只能是外在于社会的国家。因此，主体积极性的自由要求国家"设立某种适当的强制措施以使个人决定的结果在社会生活中得以实现"②。积极性自由的这方面内容体现为通过一定的制度设计或安排对主体的自由进行某种限制，因而在特征上体现为某种强制。但是，这种强制或限制从自主选择的社会效果考虑是必要的。而这种积极的社会效果在很多情况下是与公共利益有关的，从这一角度而言，主体自由的积极性内容也就是自由的社会化面向。

此外，主体的积极性自由或要什么的自由还包括由国家提供的有助于消极性自由实现的内容。在现代社会中，很多时候，主体的不受干涉的自由的实现需要某些条件或制度的帮助。如主体在缔约时要真正做到选择自由，必须具备完备的市场和充分的信息。再如主体人格发展和自我形塑需要具备相应的知识与能力。因此，市场制度、信息披露制度，以及文化教育等制度和条件就成为主体选择自由所必须。而这些制度和条件属于公共产品的范畴，应该由国家供给，以此保障和促进消极性自由的实现。由此，国家成为主体自由实现和发展的协助者。增进主体的自由也成为国家的责任。也就是说，"由于个人的发展需要得到文化制度和社会的帮助，所以增进肯定性自由，在今天便被公认为属于作为一种普遍福利工具的法律的范围之中，即使这可能需要不受限制的否定

---

① ［美］博登海默著：《法理学——法律哲学与法律方法》，邓正来译，中国政法大学出版社2004年版，第305页。

② 《自由——一个含蓄的分析》，载《哈佛法律评论》1955年第68期，第1313页，转引自［英］彼得·斯坦、约翰·香德著：《西方社会的法律价值》，王献平译，中国法制出版社2004年版，第227—228页。

性权利做出某种牺牲。"①

**（四）民事主体背离自由价值的后果**

自由是人最根本的内在需求，也是人的本质存在。对于一个人而言，如果失去自由，则意味着人本身的消亡。因此，资产阶级启蒙思想家卢梭断言："一个人抛弃了自由，便贬低了自己的存在，抛弃了生命，便完全消灭了自己的存在。"② 作为手段性的民事主体承载着作为目的的人的自由价值，自由也从而成为民事主体的人格属性。那么，对于民事主体而言，如果它失去或背离自由将导致什么结果呢？

虽然民事主体的自由在消极性自由的基础上增加了肯定的积极性自由的内涵，但一方面，积极性自由以消极性自由为基础和前提，另一方面，积极性自由实质上是消极性自由的社会实现，其目的仍然在于促进消极性自由。因此，私法领域中民事主体自由的基本内涵在本质上仍然可以界定为不受他人干涉与强制的自由，即消极性的不受干涉的自由。因此，对民事主体背离自由的结果我们仅以消极性自由为例进行说明和论证。

民事主体的自由主要是免于他人干涉与强制的消极性自由，这就意味着无论选择范围多大，但都是由主体根据自己的意志而非根据他人的意志进行选择、决定和行动。在这个过程中，主体通过自己的选择和行动满足的是他自己的需求，实现的也是他自己的目的。也就是说，每个人都是他自己的主人。作为自己的主人只能决定自己的事务，而不能决定他人的事务。因此，民事主体不受干涉与强制的选择和决定只能限于私人事务，即在私人领域内自己决定自己的个人事务。私人领域是民事主体自由的生存空间。也就是说，"一个人是否自由，并不取决于选择范围的大小，而是取决于他能否自己根据自己的意愿行事，或者说，他人能否迫使他按照他人的意愿，而不是他自己的意愿来行事。因此，自由的前提应该是：个人具有自己有保障的私人空间，在这一空间内，有许多事情是别人无法干预的。"③ 由此，民事主体的自由预设了私人领域的存在，也划定了私法的范围与界限，并使自治成为私法的本质。

---

① ［美］博登海默著：《法理学——法律哲学与法律方法》，邓正来译，中国政法大学出版社2004年版，第306页。

② 卢梭著：《论人类不平等的起源和基础》，商务印书馆1962年版，第137页。

③ ［英］弗雷德里希·奥古斯特·冯·哈耶克著：《自由宪章》，杨玉生、冯兴元、陈茅等译，中国社会科学出版社1998年版，第31页。

　　既然民事主体的自由意味着主体可以免于他人强制而根据自己的意愿去行事，那么，如果民事主体失去了自由，则意味着主体陷于他人意志的强制之下。哈耶克认为，强制"乃是指一个人的外部条件受他人控制，为了避免更大的恶果，他被迫为实现他人的目的工作，而不能按照自己的计划行事。"① 并指出强制是十分有害的，"它能使你不再是一个能够思考问题、判断价值的人，而成为受人操纵的工具。"② 也就是说，在民事主体遭受他人意志的强制时，或许民事主体自身也可能进行选择或行动，但他不再是根据自己的意愿，而是根据他人的意愿去选择和行事。这样，选择和行动不再是主体自己的选择和行动，目标也不再是主体自己的目标，而完全是强制者的。作为主体的人不再是自己的主人，而完全是实现他人目的的工具。这不但远远地悖离了康德所说的"人应该永远是目的而不应成为手段"至理名言，而且也因此使陷于强制的主体遭受人格否定的痛苦。更为严重的是，如果民事主体遭受他人的全面强制，即一切私人事务都要根据他人意愿选择和行事，而主体自身没有任何自由的话，那么，主体将陷于奴役。在这一点上，奴隶为我们提供了很好的例证与说明。陷于奴役的"主体"不再是主体，他将失去法律上人的资格，而仅能以客体的方式存在。

　　如果说遭受他人强制将使民事主体的自由受到侵害，并由此使主体的独立价值或独立人格遭受否定的话，那么，如果这种强制不是来自作为个体的他人，而是来自国家，其结果将会怎样呢？前面我们说过，民事主体自由的生存空间是私人领域，在此私人领域内主体自己决定自己的私人事务，即自己为自己立法，私法由此获得了自治。如果民事主体的自由不是遭受他人的强制，而是遭受国家的强制，即主体自身的一切私人事务都是按照国家的意愿和安排来进行。那么，其结果不仅是对民事主体自由的侵害，更将造成私人领域的不复存在。也就是国家全面侵入和吞并了市民社会，私法也从而失去了生存的土壤，私法自治更是无法谈及。我们简要回顾一下计划经济时期的状况就可以知道国家强制的结果了。因为，在实行计划经济的社会中，国家的一切经济目标都依靠经济计划实现，计划就成为经济强制的主要手段。

--------

　　① ［英］弗雷德里希·奥古斯特·冯·哈耶克著：《自由宪章》，杨玉生、冯兴元、陈茅等译，中国社会科学出版社 1998 年版，第 42 页。

　　② 同上。

我们必须承认，在任何一个社会中，都不可避免地需要借助于一些计划实现共同目标。因为，在市民社会中，每个民事主体都有其个人目标，但也有一些共同目标。为了实现共同目标，需要进行组织行动，而组织行动实现共同目标的切实有效的方式就是计划。也就是说，计划确实能够更好地促进某些目标的实现。但是，即便人们具有某些相同的目标，却不可能所有目标都相同。而且，既有的一致的共同目标也未必是个人的终极目标。因此，在为了完成共同目标而形成计划的过程中，每个人不得不勉为同意某些非其所愿的决定。也就是说，"计划创造这样一种情景，使我们必须统一其数量大大超过我们已习惯的论题，而且在一种计划制度里，我们不能把集体行动都限定在我们能够同意的任务上，而为了任何行动都能完全实行，我们却迫不得已要在一切事情上达成共识。这是最有助于决定计划制度性质的特点之一。"① 在国家计划制定过程中，某些主体接受一些非其意愿的决定，也就意味着接受了他人的选择尺度和价值判断，而主体自身的选择和价值则被忽视。国家在经济领域中的计划管理，不但在经济计划制定中存在使某些主体的需要、选择和价值被忽视、被安排的情形。而且，计划的落实和实施也使得民事主体在生产、劳动、消费等方面都要服从国家的计划，也即服从集体的意志和行动。而这种由计划所宣扬的所谓的集体意志和行动，就表面来看似乎是为了实现由个人目标汇聚成的共同目标，是为了实现人的价值和需求。但事实上，计划却因其忽视和替代主体的自由意志而将人当成了实现计划的工具。哈耶克说得好："虽则公开宣布的计划的目标是，人应当不再仅仅是一个工具，而事实上——由于在计划中不可能考虑到个人的好恶——个人之仅仅作为工具将比以往有过之而不及，这是一种由当局用来为所谓的'社会福利'、'社会利益'之类的抽象观念服务的工具。"②

计划经济以国家计划替代了民事主体的个人选择和安排，主体只需要按照国家计划行事而无需去为个人事务操心和安排。每个人都是国家计划实现过程中的环节，也最终成为目的实现的工具。而失去个人选择和安排的私人事务不再是私人事务，而是国家的政治职责和目标所在，个人丢失了本应专属于其个

---

① [英] 弗雷德里希·奥古斯特·冯·哈耶克著：《自由宪章》，杨玉生、冯兴元、陈茅等译，中国社会科学出版社1998年版，第64页。

② 同上书，第95页。

人的领域，市民的生活和市民社会秩序全然处于国家监管之下，私法没有了自治的空间。

此外，从文化进步与发展的角度看，自由给每个人以同等的机会与可能。虽然机会与可能代表着偶然，但也代表着机遇。人类正是在很多无法预见的偶然与无知中实现了社会的发展与文明的进步。因为"我们必须承认文化的进步和保存都有赖于偶然性得到尽可能的发挥"①。赋予民事主体自由就意味着提供给主体充分选择的可能，为主体自由发展增加了机会与机遇，使民事主体可以根据自己的选择，凭借自己的努力去创造、去开拓、去发展，并在实现个人目标的同时助成了社会的发展与进步。而如果认为人类可以预见和控制一切，对主体的自由施以直接的强制。那么，人类的创造和发展将面临威胁，甚或陷于停滞。而个人的发展及目标实现是与社会的发展同步的。一旦社会不再发展，个人的目标也将受到影响。因为，"在一个进步的社会之中，个人所追求的大多数目标只能通过继续进步来实现，这是进步社会主要的特征之一。"②因此，对民事主体的强制不仅对主体的自由构成侵犯，也使社会失去进步与发展的动力，这对人类文明来讲是一个重大损失。

## 二、民事主体平等价值的实践背离与复归

在民事主体的演进中，其平等价值由于民事主体平等内涵的扩张、观念平等与事实平等的博弈等原因，在实践中遭遇到平等价值的背离。民事主体与平等价值背离的直接表现是分配不公和特权滥用。

### （一）民事主体平等内涵的扩张

近代各国民事立法所确立的民事主体法律地位的平等在实质上是观念平等和形式平等。观念平等尊重和承认每个人具有相同的人性，并基于此预设确立了人在法律上的平等地位，人获得了价值的同一。与此相应，既然每个人都是理性人，能够自己决定自己的私人事务。对人的理性尊重表现为对意思自治的尊重，因此，就国家与个人的关系而言，形成了近代私法自由的消极性，并奠定了私法自治的基础。但是，如前所述，民事主体的观念平等是抽象的平等而

---

① ［英］弗雷德里希·奥古斯特·冯·哈耶克著：《自由宪章》，杨玉生、冯兴元、陈茅等译，中国社会科学出版社1998年版，第53页。

② 同上书，第69页。

不是具体的平等。法律上的这种观念平等和消极性自由在促进资本主义经济迅速发展的同时也造成了大量工人失业、工作环境和条件恶劣、工资过低、环境恶化等一系列的社会问题，并使劳动者与生产者、生产者与消费者之间的关系紧张和恶化，社会矛盾和社会冲突日益严重。民事主体不受干涉的消极性自由和观念平等不断地受到诘难。在这种背景下，人们开始认为，"管得最少的政府不再是最好的政府"、"法律平等原则并不能自动排除对社会中弱势群体的压制性待遇"。[1] 于是，伴随着民事主体自由由消极向积极的转向，观念平等也不再是平等的唯一内涵，事实平等的诉求由此凸显。

事实平等诉求使平等内涵不再局限于抽象的观念上的平等，民事主体也不再满足于法律地位上的平等，还要在现实生活中要求和体验事实上的平等。如果说民事主体的观念平等是在抽象主体的基础上使不同的人获得法律上相同对待的话，那么，事实平等则要求关注个体差异，将一度被抽离民事主体的东西复归于主体，让民事主体处于不同的情境中。如此，则要求国家对主体之间的关系判断上进行区别对待，即"在特定事务上给予个人以不同的法律地位，以达到'保护'的目的，进而实现事实上的个人之间的等同。"[2] 由此，事实平等在丰满平等内涵的同时，也使得平等的判断不再抽象。民事主体在感受观念平等所带来的价值上平等的同时，还要寻求具体的、经验的事实平等。

不过，要实现事实平等要求的不同主体不同对待，则势必要国家介入到主体之间的关系中并就其关系的具体内容进行衡量和判断，以此才能矫正当事人之间失衡的法律地位，寻求和实现对弱者的保护。独立于市民社会之外的、不予干涉的"守夜人"国家不再能够完成此项职责。于是，事实平等的诉求也迫使国家观念发生转变，要求国家担当起一部分私人领域中的社会职责，为个人面临的、无法克服的社会问题提供积极的帮助。

**（二）民事主体平等的成熟状态：观念平等与事实平等的辩证发展**

前文我们说过，近代私法所确立的民事主体的平等是观念上的平等而不是事实上的平等。观念平等和事实平等虽然立足点不同，价值取向不同，甚至在很多方面是截然相对的，但是，二者之间并不是对立的，而是体现了主体不同层面、不同阶段的平等诉求。

---

① Julius Stone, *Human Law and Human Justice* (Stanford, 1965), p. 326.

② 王蕾著：《宪法平等规范的诠释观：理念、规范与实践》，法律出版社 2008 年版，第 152 页。

就平等发展的历史来说，近代之前在立法上呈现出的是民事主体绝对的不平等，仅在极小范围内存在有平等事实，如在具体的合同中，当事人双方地位是平等的。而且，在当时，民事主体之间的差异很小，完全可以忽略不计。因此，具体合同中当事人双方在事实上确实是平等的。但由于古代时期，一方面，人们没有发展出抽象思维的能力，也没有形成对人的理性认识。另一方面，在极小领域中存在的平等事实作为特殊事例无法抵御普遍存在的事实上的不平等，而在平等的事实基础普遍欠缺的情况下是无法发展出平等观念的。

近代资产阶级革命通过暴力推翻了封建专制统治，解除了封建制度施加于人身之上的束缚，所有的人都具有了自由的身份，在现实中也基本上是平等的。至此，人在法律上的地位平等开始具备了现实基础。同时，人的理性认知也具备了认识人的本质的能力，从而立法上确立了观念平等，使所有民事主体在私法中处于同等地位，从而在价值上获得了同样的尊重——所有的人都毫无差别地成为民事主体。由此可见，"给予人们和群体平等与不平等的程度，往往是依客观的生产状况而定的、依基本上无法控制的社会现实状况而定的、依社会进化一般状态而定的，以及依现有的认识和理解水平而定的。不断试错、反复实验、不断进展，便会影响和修正我们关于什么应当平等对待而什么不应当平等对待的观念。"[1] 于是，当社会发展到一定阶段，人们无法忍受现实的种种不平等安排，而又具备了追求平等的可能时，终于爆发了资产阶级革命，最终实现了法律上的平等。也就是说，"当一种现存的不平等安排因情势的变化或科学知识和人类认识的发展而被认为不再必要、不再正当或不再可以接受的时候，正义感通常就会强烈地表现出来。"[2] 而且，"为正义而斗争，在许多情形下都是为了消除一种法律上的或为习惯所赞同的不平等安排而展开的，因为这种不平等安排既没有事实上的基础也缺乏理性。"[3] 由此，不正义的制度安排被推翻，平等成为新制度的特征。

由此可见，观念平等不仅需要人的理性能力的发展，更需要具备平等的现实基础。而这种现实基础可以说就是存在于现实中的人的实际平等状态。如果

---

① ［美］博登海默著：《法理学——法律哲学与法律方法》，邓正来译，中国政法大学出版社2004年版，第313—314页。

② 同上书，第314页。

③ 同上书，第315页。

没有平等的现实基础，人的理性能力不可能抽象出观念平等。也就是说，只有具备了平等的现实基础，人的理性能力才能"将人类的大部分生活内容从其管辖范围里精心地排除出去之后，法律就能够维护一切公民在法律面前一律平等的观念。"① 民事主体的平等也才能在私法上得以确立。可以说，事实平等与观念平等二者相辅相成，没有平等的事实基础，不可能发展出观念平等；反之，如果没有人的理性能力的发展，单纯的平等事实的存在也无法抽象出观念上的平等。只有既存在平等的事实基础，人的理性能力又发展到一定阶段了，才能形成法律上的观念平等。

观念平等的造就必须通过人的理性能力对人加以抽象，去除人的一切差异和个性，所有的人被整齐划一地塑造为一个抽象的存在，人才可能被法律视为相同的人而给予相同的对待，从而在法律上处于平等地位。由此，平等与正义产生了关联。但是，观念平等所体现和满足的仅仅是形式正义，它只是使人在价值上、形式上和起点上处于平等地位，只是为民事主体追求其利益提供了平等的机会和可能。也就是说，观念平等所造就的仅仅是形式上的平等，其并不能使人、使民事主体实际上处于平等地位。而且，它也绝不可能使民事主体处于绝对平等的地位。因为，民事主体在天赋、能力、财产状况、教育程度等方面的差异是现实而绝对的。因此，虽然近代立法所形成的观念平等具备平等的事实基础，但是，现实中的人和民事主体是千差万别、各具特色的，他们有共性，但更多的是个性。个性多于共性，由此导致事实上人的不平等。也就是说，就事实而言，平等是相对的，而不平等是绝对的，即"平等在现实中是不存在的，它从来都只是从一定角度对存在的不平等的抽象概括。"② 正是这种抽象概括的平等才为观念平等提供了事实基础。

但是，观念平等的存在不可能消除人在事实上的不平等状态，观念平等和事实平等永远处于张力之中。而且可以说，我们越是片面强调观念平等，可能越是扩大事实上的不平等。因为，观念平等以抽象的民事主体为对象，其对主体差异和个性的视而不见使其忽视现实中民事主体的事实不平等。而对现实的、经验的民事主体而言，其差异和个性使得他们感知的尽是现实中的不平

　　① ［英］彼得·斯坦、约翰·香德著：《西方社会的法律价值》，王献平译，中国法制出版社2004年版，第130页。
　　② ［德］G. 拉德布鲁赫著：《法哲学》，王朴译，法律出版社2005年版，第75页。

等。也就是说，观念平等在落实到他们身上时只剩下了不平等，观念平等成为空洞的说辞。这种空洞的观念平等不仅在某种程度上影响民事主体对于法律的信仰和法律对于民事主体的影响，而且"意味着对社会现实不平等的掩盖和深化"，① 由此强化了观念平等与事实平等之间的张力，使平等背离正义的实质要求。此外，观念平等无视民事主体的差异而给予绝对一视同仁的对待，将抹杀主体的个性，并将对主体的积极性和创造性造成极大打击，最终将使社会发展限于停滞。

观念平等的不足要求我们必须同时关注事实平等，对民事主体的个性和差异给予关注，对不同的主体给予不同的对待。但是，如果一味地追求事实平等，则不可能形成任何法律观，法律上平等的观念自然无从产生。而且，为了实现事实平等，必然要对地位低下、能力极差的主体给予特殊的对待。这种特殊对待的方法只能是给予他们法律上的特权，或者是对与其相对的主体的权利给予限制或剥夺，其结果最终导致法律上权利的不平等。而且，为了一部分主体的利益而牺牲另一部分主体的利益，使后者在法律上处于低下的地位，由此可能使这部分主体成为另一部分主体追求其目的的工具，人在法律上具有了不同价值和地位。即便如此，也未必能够真正实现事实平等。因为，民事主体之间天赋和能力的差异所导致的不平等是巨大的，事实平等可能只能是个天方夜谭。人类社会至今从未实现过，以后或许也不可能实现。但是，为了追求绝对的事实平等，我们却否认了观念平等，从而牺牲了人在法律上的价值同一性，而其结果可能不但没有实现事实平等，反而更加地使人陷于不平等之中，复归到不平等的古代社会。因此，观念平等与事实平等之间既是相互依存的，彼此之间又存有张力，我们不能片面强调一者而忽视或否认他者，只能尽可能地调和二者之间的关系。总体而言，在现代社会中，观念平等应该是基本所在。在观念平等的基础上，还要运用法律和政策矫正严重的事实不平等，寻求社会的实质正义。因为，如果没有事实平等，观念平等将成为空洞的口号，不仅削弱了平等的价值本身，也背离了实质正义。

### （三）民事主体背离平等价值的后果

现代民事主体的平等内涵具有双重性，观念平等和事实平等都是主体的价

---

① ［德］G. 拉德布鲁赫著：《法哲学》，王朴译，法律出版社 2005 年版，第67页。

值诉求，二者共同构成平等的圆满状态。而一旦民事主体制度背弃了观念平等，则将复归到进化之前的古代民事主体状态，即特权与歧视。而如果只注重观念平等，而拒绝承认事实平等的价值诉求，则会形成主体地位形式平等而实质不平等的局面，这一点我们是十分清楚的。因此，下面仅就否弃观念平等进行论证。

民事主体地位平等，也即观念平等将每个人都作为同样的人性看待，并要求给予相同的对待。在这里，人首先因其人性而获得法律上的相同地位。同时，因为每个人在法律上具有相同的地位，则在分配权利义务时就应该使每个人获得相同对待的权利。于是，观念平等就意味着关怀和尊重，就意味着获得相同对待的权利。德沃金对权利的分类与解释可以助成对此问题的说明。德沃金将权利分为两类：平等对待的权利和作为一个平等的人而受到平等对待的权利。前者涉及某些机会、资源或义务的平等分配，后者则与分配无关，而仅强调应与他人受到同样的尊重与关心。并认为后者是基础，而前者是后者的派生。民事主体作为手段性的主体承载着作为目的的人的价值诉求，并且是实现作为目的的人的手段。对每个人同等的尊重与关怀，以及因此所应获得的同等对待在私法上就表现为民事主体处于同等的法律地位，并享有平等权利。如果说，作为一个平等的人应该享有与他人同等的关怀与尊重尚有一定的伦理基础和人文关怀内涵，从而适用于自然人主体更贴切的话，那么，平等对待的权利则可以适用于一切主体。私法以配置资源和权利义务为己任，而且，民事主体的平等是抽象的主体平等，因此，民事主体的观念平等就意味着一切民事主体都应获得平等的权利，任何民事主体不能因其特殊性而享有凌驾于法律上的地位和特权。而为了实现这种权利上的平等，必须去除附加于主体之上的外在的东西，如身份、财产、性别、种族等，形成抽象的民事主体的平等。

如果说，法律上确立民事主体观念平等的目的在于使每个主体获得法律上的相同对待，并享有同等权利的话，抛弃观念平等的目的则在于区别对待，使不同的人享有不同的地位和权利，甚至可能使一部分主体陷于剥削和奴役之中。当然，不平等的主张者为了使这种不平等获得接受，也要进行一定的粉饰，也要试图为此寻找哲学上的说明。人性也可以成为他们论证的依据。只不过论者主张的不是相同的人性而是不同的人性，即认为每个人具有不同的人性，从而具有不同的价值。人性的差异虽然能够为法律上的区别对待提供某种哲学上的说明，但却过于抽象而无法成为区别的依据。于是，财产、身份等外在于人的事实就成为区别对待的标准和依据。

无论是身份，还是财产抑或是其他外在事实作为区别对待的依据，都必然使一些主体相对于其他主体处于优势地位，从而在资源配置和权利义务的分配上获得优于其他主体的利益，即获得特权。而且，在以身份或财产区别对待主体的时候，并不是赋予所有的人以权利主体的资格，即不是所有的人都能享有权利和承担义务的。在资源和权利处于稀缺状态时，法律往往在赋予某些身份的主体以特权的同时，剥夺或否认另一些身份之人的权利资格，即不仅使其处于无权利状态，甚至使其处于无资格状态。这实际上否认了这些身份之人的法律地位。因此，如果观念平等所要求和实现的权利平等是抽象的一般性规则的结果的话，因人而异的身份则与一般性的要求相反。因为，"身份——每一个人在社会上所占有的某种地位——的概念，实际上是与那种准则并不充分具有一般性状态相适应的，在这种状态下某些个人或群体被挑选出来并赋予特别的权利和义务。"① 这些依身份被挑选出来的人所享有的特别的权利和义务就构成特权。而"对一些人来说是一种特权的东西，而对其余的人来说则永远是一种歧视。"② 特权和歧视实际上使主体陷于不平等状态。这种不平等既是人在法律上的地位体现，也是人在现实中的反映。

抛弃观念平等而使不同的人在法律上处于不同的地位，即进行区别对待，并被分配给不同的权利和义务。这是否是在寻求事实平等呢？因为，事实平等也要求对不同的人给予不同的对待。如果是这样的话，民事主体平等内涵的扩展及民事主体平等观念的现代变革或许会支持一定程度上的平等观念的背离，使我们无法得出特权和歧视的结论。那么，区别对待就一定是事实平等吗？

确实，现代民事主体的平等诉求已经不限于观念平等，还要试图寻求事实平等。而事实平等恰恰是要求区别对待，即不同的主体给予不同的对待。但是，现代民事主体所诉求的事实平等进行区别对待的目的在于对某些主体提供特殊的保护。其区别对待的结果不是造成不平等，而是矫正观念平等所造成的事实不平等，以实现实质正义。而没有了观念平等，虽然可能存在一些平等的事实，但

---

① ［英］弗雷德里希·奥古斯特·冯·哈耶克著：《自由宪章》，杨玉生、冯兴元、陈茅等译，中国社会科学出版社1998年版，第219页。
② 同上书，第220页。

是，更多的情况下人们往往处于事实不平等状态。而且，其区别对待虽然也要对不同的主体给予不同的权利和义务，或者给予特殊的利益和照顾。但是，这种特殊利益并不只是被施以利益的主体或群体所赞成，而是同时被这些主体或群体内外的人所共同赞成。因此，这些特殊利益对接受者而言并不构成所谓的特权。因为，特权往往是对被施与者有利，对其他人则是不利因而是为他们所不愿的。

# 本章小结

　　人是理性存在，人的理性能力使制度构建成为可能与现实，私法及其主体正是制度化规则的结果和体现。人在以其理性构建私法及其主体制度的时候，总是不可避免地将其理性欲求带入规则与制度之中，从而使私法及其主体制度具有了价值内涵。人是自由的存在，自由是人之本性，自然层面的自由被贯彻到制度化的规则体系中，使自由成为了私法及其主体制度的基础价值与终极目标，并衍生出包括平等在内的一系列价值目标。自由和平等也成为民事主体历史演进中的核心价值目标。民事主体的人格自由既有消极性的内涵，又有积极性的内涵，但近代民事主体的自由主要地体现为人格自由的消极性，无论是意志自由还是财产自由，都强调自由的不受干涉性。但是，自由是有限度的，社会公共利益、禁止权利滥用以及过错责任划定了个体自由的边界。平等建立在自由的基础之上，由自由诉求衍生出了平等的价值诉求。民事主体的平等是作为观念的平等。这种观念平等以民事主体地位平等原则得以体现，并落实了分配正义所要求的参加者在社会地位和交换能力上的同等对待，从而使平等与私法正义相连，但这种正义是形式正义而非实质正义。私法的分配正义不仅要求确立参加者相同的社会地位和相同的交换能力，还要求权利的配置与救济也是相同的，由此形成民事主体的权利平等。与私法的形式正义相对应，民事主体的权利平等也是价值上的平等和形式上的平等，而不是实际享有上的平等。自由、平等是民事主体的核心价值诉求与制度目标，一旦丢失了自由、平等价值，私法及其主体制度将成为纯粹的制度工具，而民事主体将陷于他人的意志强制甚或奴役之下，并遭受他人特权的支配与歧视。最终，不仅事实上的自由、平等不能实现，近代私法所塑造的民事主体观念自由、平等也不复存在，由观念自由、平等所带来的历史意义也将消失殆尽。

下　篇

# 现实篇

# 第六章　民事主体的当代
# 困境与挑战

## 第一节　民事主体的当代困境

私法及民事主体制度历经时代的变迁而发展至当代，出现了很多新的趋势与走向，而且，随着国际人权运动的不断发展与走向纵深，法律对人的关照更加无微不至。对人的关怀与尊重无论在哪个领域中都成为显要的问题，法学领域同样如此。但是，在私法更加取向于对人提供更多关照的同时，当代民事主体存在的一些问题却不仅制约了民事主体制度本身的发展，也影响着私法自由、平等价值观念的实现。

### 一、法人主体对自然人主体的欺压

#### （一）法人的主体性与法人个人主义

法人是近现代国家民法典中与自然人主体并列的民事主体，并在当今社会的政治、经济、文化生活中发挥着日益重要的作用。法人的重要地位及其作用的发挥，得益于法人主体地位的获得。

法人以团体为现实基础，实存的团体也不当然就是法人。人与人格分离理论为团体成为法人提供了法律技术的支持，相对于人的财产独立化为法人团体人格的塑造提供理论预设的同时，并构成法人的现实基础。① 最终，权利能力的概念创造与运用使法人披上了一层"人"的外衣，获得了与自然人同样的

---

① 参见王春梅著：《独立财产、有限责任与法人人格之辨》，载《俄罗斯中亚东欧研究》2009 年第 2 期。

主体性。诚如英国学者鲍曼所言："如果没有披上人的外衣，公司就不可能在市场经济中如此轻易地获得其超常的法律特权，也不可能如此轻易地得到人们的意识形态方面的认同。"①

人的外衣使法人获得了同自然人一样的主体地位，但法人却具有自然人所无法比拟的特性。如法人没有生命的限制，是个不死的人，其无限的生命可以使其事业永续；法人可以集合众人的智慧，可以集思广益；还可以融合社会闲散资金，其聚集起来的雄厚财产和抗风险能力，更让自然人相形见绌。

更为重要的是，人的外衣使法人获得了同自然人一样行事的特性。法人是团体人格，其现实基础，可以是人的集合，也可能是财产的集合，抑或是人和财产的集合。但是，团体在因权利能力的获得而具有法律人格之后，其不再是一个一般的团体，而是在法律上被视为一个人，是一个同自然人一样的个体。法人作为具有个体性的人造实体，可以如同自然人那样享有财产权、缔约自由权等权利，也应当对其代表人或代理人的行为承担侵权或违约责任，法人个人主义由此形成。

法人在法律上被视为一个人，即法人个人主义消除了自然人与法人之间的差异，从而为法律上将自然人与法人视为平等主体铺平了道路。既然民事主体平等是观念平等，是抽象的平等，自然人可以去除人的差别和个性而以抽象的人的样态在法律上处于平等地位。那么，法人是如同自然人一样的个体，也应当和自然人处于同等的法律地位。于是，法人的个体性和法人个人主义造就了法人与自然人一样的法律地位：法人作为民事主体和自然人处于平等的地位。同时，因为法人是如同自然人一样的个体，赋予法人主体地位与民法个人主义的底蕴并不冲突。否则，如果个人主义中的个人仅指自然人，对法人则行不通的话，很难说个人主义是民法的基础，权利本位原则也难以成为民法的基本原则。

### （二）法人个人主义与经济自由主义的结合颠覆了近代民法的两个基本判断

梁慧星先生指出，近代民法制度的两个基本判断是主体地位的平等性和互

---

① ［英］斯科特·R. 鲍曼著：《现代公司与美国的政治思想——法律、权利与意识形态》，李纯捧等译，重庆出版社 2001 年版，第 3 页。

换性。这两个基本判断是近代民法制度和民法理论的基石。① 但是，这两个基本判断在民法发展到现代时丧失了。而导致主体地位平等性和互换性丧失的根本原因则在于法人主体的迅猛发展所形成的相对于自然人主体的强势。造就法人主体强势的正是法人个人主义与经济自由主义结合的结果。

诚如前面指出的，具体的、经验平等是观念平等的事实基础。但是，民事主体的观念平等是在资产阶级革命胜利后，在18世纪末19世纪初期在各国民法典中确立的。当时，自然人主体之间虽然存在差异，但并不十分明显。法人主体的承认并在法律上被视为一个人也没有对自然人主体造成太大的冲击和影响。因为法人在当时尚未发展到今天的程度，其规模和实力并不比自然人主体有太大的优势。因此，"在当时不发达的市场经济条件下，还没有发生像今天这样的生产与消费的分离和生产者与消费者的对立。"② 也正因为这两种对立尚未完全形成，民事主体在民事活动中可以频繁地互换其位置，而这种主体之间所具有的互换性在一定程度上又弥补或抵消了主体之间的地位差异。③ 因此，民事主体在事实上的地位还是大体平等的，其能够为民事主体的观念平等提供现实支撑。但是，伴随着经济自由主义的实施和进一步发展，法人主体的优势逐渐显现出来并形成法人的强势。法人在法律上被视为同自然人一样的个体，经济上的自由主义在为自然人提供更多机会和更大自由，并在极大调动和激发了自然人的积极性和创造性的同时，更为法人提供了广阔空间。

如前所述，近代私法是建立在自由主义的个人主义基础之上的。法人个人主义将法人看做是竞争性市场中个人的同类物。个人主义的法人享有如个人一样的财产权和契约自由权，并与自然人一同处于自由经济的竞争中。在毫无限制的自由竞争和契约自由中，劳动力被视为是能够自由流动的，劳动者和购买其劳动力的法人处于平等地位，彼此之间可以自由订立契约。但是，在将自然人与法人作为同样的主体使其在法律上立于平等地位，并享有平等权利的同时，却忽视了经济强制。于是，在忽视了经济强制的自由竞争中，法人依靠其强大的财产权而在自由缔约中处于优势，而劳动者在低劣的环境中倾其所有地

---

① 梁慧星著：《从近代民法到现代民法——20世纪民法回顾》，载《民商法论丛》第7卷，法律出版社1997年版，第233页。
② 同上书，第234页。
③ 同上。

工作却只能换来一点少得可怜的工资，而试图对最低工资、工作时间和劳动条件的限制性立法又频频遭遇契约自由的阻碍。因为，既然劳动者是自由出卖劳动力而订立合同，则可以认为对工作过程中可能出现的通常风险也是他们应该认识到并自愿承担的，作为雇主的法人只有在对损害的发生有过错时才应当承担责任。劳动者与雇主的对立由此形成。与生产领域形成劳动者与雇主的对立相对应，流通领域出现了生产者与消费者的对立。在这种对立中，主体双方的角色具有了固定性，主体互换不再可能。与此同时，对立拉大并加剧了双方之间的差异，也彻底消除了双方自由协商的可能，主体地位的平等性也不复可能，双方处于事实上的不平等中。自由主义的对立物，即财富的高度集中和伴随而来的不公平的社会后果由此产生并日益严重。于是，在自由竞争经济转向垄断经济的同时，自然人主体和法人主体之间形成了无法填补的鸿沟。鸿沟两侧立着生产者与消费者、雇主与劳动者，以消费者和劳动者为代表的自然人主体处于明显的弱势地位，他们之间事实上的不平等永远是存在的。不受限制的自由主义和个人主义严重地侵犯着自然人的自由与平等。此时，不仅结果平等无法奢望，甚至连起点平等和机会平等也难以做到。近代民法的两个基本判断彻底丧失在法人个人主义与自由主义结合造就的法人强势中。

## 二、民事主体自由与平等的价值悖论

自由、平等是民事主体历史变革中呈现出的两大核心价值。自由使民事主体摆脱奴役和束缚而追求自己的利益并谋求人格的发展和完善，人成为目的性的主体；而平等在使民事主体获得法律上同等地位与机会的同时，获得了价值上的同一。这两大核心价值在推动人类发展、进步的同时，也推动着民事主体在近现代的发展。但是，自由、平等这两大价值之间却并不是和谐共进的，而是存在着冲突和矛盾。自由与平等之间的张力在一定程度上消解着民事主体自由和平等价值的作用，并成为引发当代民事主体实质平等价值诉求的深层根源。

### （一）自由与平等的价值冲突

自由是人的本质存在，也是主体的人格依据和属性。自近代开始，自由以个人主义的形式得以展现。个体是社会的基本单位，也是法律上的立足点。民事主体的自由也主要是以个体为原点所形成的个体自由。这种自由强调个体的独立、尊重个性，希望借助于个性的发挥在满足个体利益的同时实现社会利益的增长。确实，尊重和强调自由极大地解放了人的个性，使人的创造性得到了最大限度的发挥，并使人获得了最大范围的自由活动空间，也使社会经济在短期内得到迅速发展，积累起了需要几个世纪才能积累起来的社会财富。也就是说，自由意在寻求和确保个体的差异与不同，以此实现激励和创新的目标。

平等作为正义的内容则强调相同情形相同对待。被相同对待的人是各不相同的，但是，却被给予同样的对待。因此，平等虽然建立在不同之上，却忽视和尽量去除差别而要求一视同仁。也就是说，个体在事实上的不同不是差别对待的理由和依据。无论个体有何不同，只要是处在相同情形中，都必须给予同等的对待。因此，如果说自由强调个性与差异的话，平等则寻求同一与雷同，并旨在达到社会的和谐与安定。

由此可见，自由与平等有各自的目标，而且它们的价值目标是相冲突的，甚至是相反的。自由与平等两大价值的对立得以形成。也就是说，"自由和平等很容易发生对立，因为自由的扩大并不一定会增进人与人之间的平等。一种把不干预私人活动确定为政府政策之主要原则的社会制度，可能会产生一种高度不平等的社会形态。而另一方面，仅仅强调平等，则有可能扼杀增进美德的激励因素，而这种美德对于文明进步是大有助益的。"[①]

人类社会的历史以事实证明了片面强调自由忽视平等，以及强调平等而忽视自由导致的结果。在资本主义发展的早期阶段，自由使人们摆脱了长久以来的奴役与封建束缚，个性得以极度张扬，人的创造性也得以极大发挥，社会经济在这种被解放了的自由中取得了突飞猛进的发展。但是，过度而无限制的自由却忽视了自由的现实基础——平等。而没有平等作为现实基础的自由必然导致强者的自由和弱者的不自由。因此，自由在张扬个性、聚集财富的同时导致了严重的两极分化与社会不公平。而一味地追求平等、强调同一，也必将抹杀人的个性和创造性。而没有创造性的社会是不可能发展的。结果，人们只能在共同的贫困中享受平等。前苏联和我国长期的计划经济则是刻意追求平等的典型示范。

---

① ［美］博登海默著：《法理学——法律哲学与法律方法》，邓正来译，中国政法大学出版社2004年版，第265页。

### （二）契约中自由与平等的张力

自由意味着不受干涉和限制。因此，私法领域中的自由与自治相连。私法自治要求民事主体完全依照自己的意志创设权利义务关系，实现自己的利益追求和目标，这才能极大地激发和调动起主体的积极性和创造性，才能赋予民事主体充分的自由活动空间。近代经济正是在自治中、在民事主体的自由中获得迅速发展的。在近代经济的发展中，契约自由发挥着无法替代的作用。因为，契约是自由、平等的工具。契约既使缔约主体的意志得以自由表达，也预设了缔约主体双方的平等地位。但是，也正是在契约中民事主体的自由与平等冲突达到了顶点。契约自由及其限制的历史实际上恰恰是自由与平等的平衡史。

众所周知，在法律发展的某一时段，契约自由曾经一度占据绝对的支配地位。当时，资本主义经济刚刚起步，摆脱封建束缚的人们急需自由，也急需经济的迅速发展。而契约则是人们实现这些目标非常有效的法律手段。因为，契约能够给予私人决策者开发必要的资源和能源所需要的极大的自主权。[①] 于是，与经济上的自由放任相适应，与古典契约理论同步而生的契约自由原则大放异彩。19世纪也由此成了契约的世纪，契约成为私法发展的核心。在自由观念的指导下，缔约者的自由意志成为支配法律关系的主导，也是法律权利义务产生的根据和来源。

既然权利义务是双方自由意志的结果，那么，由此产生的权利义务也应当是神圣的，任何违反或公权力的干预都被认为是不正当的，是对当事人意志的侵犯和不尊重。因此，当事人必须严格遵守其自由意志的约束，法院也没有权力解释或变更契约的内容。同时，契约自由又和公正、正义相连，未经同意而产生的权利、义务不具有合法性和公正性，个人的自由意志由此成为良知和善的判断标准。于是，作为个人自由意志充分表达的契约就获得了与正义相同的评判：契约即正义。也就是说，"法律就像社会那样，把个人的良知和个人的判断放在第一位。人们如果要行动，就必须让他们自由地实现其意志的行为产生法律上的后果。每个人都必须承担他自由选择的后果。不论何时，只要一个人同意了去做某事而又没有去做，法律就要把责任强加给他。"[②] 于是，出现了这样一种社会状态："全部的社会生活都要利用它、依靠他。由于有了明示

---

① ［美］伯纳德·施瓦茨著：《美国法律史》，王军等译，法律出版社2007年版，第66页。
② 同上书，第67页。

的或默示的，宣告的或意会的契约，才产生了所有的权利、所有的义务、所有的责任和所有的法律。"①

借助于契约这一工具和充分的契约自由，资本主义经济很快发展起来。但是，伴随着资本主义经济的发展，自由资本主义走向垄断资本主义，契约也在走向顶点的同时走向了没落与限制。其根本原因就在于契约自由的过度发展导致了契约双方主体地位的不平等与失衡，从而使契约自由变成了一方主体的自由和他方主体的不自由。因为，西方的自由主义是个人主义的自由，契约自由也是与个人主义相适应的。而缔约主体的自由意志又反过来强化和扶植了个人主义精神。最终，个人主义的契约自由极大地调动了个体的主动性和创造性，私益的追求成为个体的最大目标。对私益追求的巨大原动力刺激了经济的迅速发展，也使社会财富日益聚集到少数人手中，贫富差距加大并形成对立。

在社会财富日益聚集的情况下，富者的财产权开始与契约自由联姻，契约遂成为强者的自由和弱者不自由的工具。因为，财产是自由的基础，也是自由的实现条件。在社会财富分配比较均衡的情况下，每个人的财产实力大体相当，其所能够支配的社会资源也不会有太大差异，缔约主体双方的地位平等尚且具有一定的现实性，契约基本能够使双方的自由意志得以表达，从而实现双方的自由。但是，一旦双方的财富拥有量不在一个层次，财产权的支配力势必扩张而使他方处于其意志的支配之下。由此，强者的财产权优势造成了主体地位的失衡，地位平等不再具有现实性，缔约双方的平等协商和自由意志变得不真实。契约不再是共同意志和缔约双方的自由，而是强者的意志和自由。而且可以说，在贫富悬殊的社会里，强者和弱者之间的地位差异越大，则强者越自由、弱者越不自由；而强者的自由越将拉大强者与弱者的地位差异，自由与平等之间的张力不断扩大。

如果民事主体自由与平等之间的张力达到一定程度，没有合理的制度或途径缓和其间的张力，而社会自身又无法消解这种张力的话，那么，无论是自由，抑或是平等都将不复存在，整个私法秩序将会混乱不堪。于是，为了使社会维持在一定的秩序范围内，也为了实质正义的维护，不得不限制被滥用的契约自由而使失衡的主体地位得以适当矫正，重新寻求自由与平等的协调。由此

---

① 帕森斯著：《合同法》第 1 卷，第 3 页（1853 年），转引自［美］伯纳德·施瓦茨著：《美国法律史》，王军等译，法律出版社 2007 年版，第 67 页。

我们说，平等是自由的现实基础，如果这种现实基础丧失，自由也将不复存在。"只有在一个强者与弱者平等的社会中，在一个正直的小产业所有权人的社会中，契约自由才可能是所有人的契约自由。如果缔约者作为所有权人和无所有权人彼此对立，那么契约自由就会变成社会强势群体的强权自由与社会弱势群体的强权归属。"① 但是，正直的小产业所有人的社会已经一去不复返了，我们只能在自由与平等的张力之间尽可能地寻求某种平衡。契约从自由到限制、从形式正义到实质正义正是缓和契约自由与主体地位平等之间张力的体现和结果。

## 三、法律理性专制中的主体性迷失

### （一）法与理性的不解之缘

理性的概念来源于哲学。"作为哲学范畴的理性，是指进行逻辑推理的能力和过程。确切地说，理性是指与感性、知觉、情感和欲望相对的能力，凭借这种能力，基本的真理被直觉地加以把握。"② 理性是人的能力之一，也是人区别于其他自然存在的主要的类特性。人的理性能力源于人是思维的主体。因为，"恰恰是思想构成了普遍性。思想首先使人们超越了对其自身的特殊限制。其次它把外在事物的群体变成了主体发展的中介物。"③ 也就是说，只有通过思维，人才能去除原本属于人自身的一切特殊性、一切感性的东西而获得普遍化，实现对自身的超越。同时，也只有通过思维，人才能将自己的意志和能力作用于外在的自然和社会，不仅使其成为人自身生存和发展的环境，更成为人类社会的组成。

但是，人的理性表现为一个历史过程，它是伴随人类文明的发展而发展的。也可以说，"文明的发展，表明了存在于人类与其世界之间的理性的不同水平的发展阶段。即表明了理解和把握世界的不同方式和使世界适合于人类的需要和潜能的不同方式。"④ 在古代和中世纪时期，人性一方面受制于自然的压抑，另一方面更处于神性的奴役之下，外在的权威主宰着人类的存在与生活

---

① ［德］G. 拉德布鲁赫著：《法哲学》，王朴译，法律出版社 2005 年版，第 148 页。

② 苏国勋：《理性文化及其限制——韦伯思想引论》，上海人民出版社 1988 年版，第 218 页。

③ ［美］马尔库塞著：《理性和革命——黑格尔和社会理论的兴起》，程志民等译，重庆出版社 1993 年版，第 207 页。

④ 同上书，第 52 页。

现实。我们只能在自然法中发现一些人类的理性光芒。

在西方法律思想的发展历史中，自然法学派既是产生较早的法律思想，也是曾经一度长期占据主导地位的法律思想。自然法论者将世界划分为实然和应然两个层次，认为应然世界高于实然世界，而自然法作为应然世界的法律也高于实然世界的法律。因为，自然法是永恒不变的、理性的法，人类的理性应该服从和服务于永恒的自然规则。从此，法即与理性结下了不解之缘。中世纪的自然法虽然被披上了神学的外衣，永恒法因其是上帝统治整个宇宙的计划而居于自然法之上，但自然法仍然显示着理性动物的高贵，并体现着理性动物对永恒法的参与，人法也必须是合乎理性的命令。从16世纪开始，上帝对人民精神生活的权威统治受到了打击，一种新的自然法学派——古典自然法学派开始占据统治地位。古典自然法极力张扬人的理性，而否定上帝、权威、传统作为人定法的基础，认为人完全有能力凭借其理性认识和发现正确的法。在笛卡尔之后，人更是完全摆脱了外在权威和封建神学的束缚而成为自己存在的主宰。从此，"人在世界中的地位，他的劳动方式和娱乐方式再也不依靠某些外在的权威，而是取决于他自己的自由的理性的活动。"① 人性终于战胜了神性，人的理性之光开始照耀。理性也由此成为人性的最高体现。

如果说自然法作为人类共有的权利或正义体系，作为自然界永恒和谐的本质在国家和法的领域的体现来源于纯粹理性的话，近代之后发展起来的实证性的形式法律则是实践理性的体现。② 韦伯通过对欧洲现代文化和社会变迁的考察，认为理性化是现代社会的主要特征之一，并认为理性化是由文化的世俗化和社会组织的合理化两个相关过程构成的。文化的世俗化是指数学、物理学、化学、生物学文化知识的发展和普及，使得现代科学、艺术和道德、法律等摆脱了传统习惯的束缚，人们得以运用这些理性化了的知识来达到自己的目的。而社会组织的合理化则指在任何一个大规模的工作中，总得需要通过某种统治来协调并组织其他人的活动。但是，统治需要自愿服从并具有合法性或正当性的信仰。韦伯进而根据正当性信仰的类型，即传统的权威、人格魅力权威和合法权威而提出三种统治类型，即魅力型统治、传统型统治和法理型统治。而法

① ［美］马尔库塞著：《理性和革命——黑格尔和社会理论的兴起》，程志民等译，重庆出版社1993年版，第3页。

② 苏国勋著：《理性文化及其限制——韦伯思想引论》，上海人民出版社1988年版，第219页。

理型统治的权威正是建立在法律的基础上的，任何人都要忠实于法律并只对法律负责，由此使社会组织合理化。现代社会正是建立在法律的统治之上的。理性的、制度化的法律维持并促进着社会的有序发展。

**（二）法律作为普遍物是孤立的人的理性和意志的统一**

人是世间具有思维和理性的独特存在物，这种理性能力使他们不断追求秩序和健康发展的生活。而任何秩序的生活都离不开权力，即"社会控制是需要权力的——它需要用其他人的压力来影响人们行为的那种权力。"① 但是，理性的发展却使人们逐渐认识到专横权力下的不自由。他们需要秩序，但却反对专横。也就是说，"他们反对服从别人专横意志，但愿意过一种以理性为准绳的生活。"② 这种以理性为准绳的生活就是法律控制下的生活。人们追求理性的法律生活与人趋于文明的天性也是一致的。日本学者福泽谕吉说："人的天性自然取向于文明，这样决不是偶然的，也可以说这是造物的本意。"③ 而法律不仅是文明的构成，也是文明的助推器。因此，近现代社会之后，法律成为社会控制的主要手段，国家的实证法也日渐取代了自然法而成为人们权利和自由的保障。因为，在理性主义者看来，实证法集中体现着人类理性对普遍规则和客观自由的认识，实证法的完善程度和水平也客观地反映着人类理性的发展程度。也就是说，"法律表达了客观自由的内容……它们是一个绝对的最终目的和一个普遍的事物。"④ 作为理性的意志的普遍物，法律提供给人们一种普遍的行为准则和行为的可预测性，从而获得人们的信仰和支持，社会秩序得以形成和维持。

但是，在自由主义作为整个西方近现代法学思想渊源的情况下，理性成为自由主义的理性，而个人主义是自由主义的核心，个体的人是理性的载体。因此，自由主义的理性也就转化为个体的理性。那么，即便法律是公意的体现，是由有关群体依照法定程序经过协议制定出来的。但是，一方面，在世界上大多数国家都实行代议制或代表制的民主政治中，能够参与法律制定的只是很少一部分人。另一方面，理性又以个体的形态存在，体现的是个体理性。而个体

---

① ［美］罗斯科·庞德著：《通过法律的社会控制》，沈宗灵译，商务印书馆1984年版，第20页。
② 同上书，第15页。
③ ［日］福泽谕吉著：《文明论概略》，商务印书馆1959年版，第14页。
④ 《哲学百科全书》（华莱士译，同于黑格尔著：《精神现象学》），第263页，转引自苏国勋著：《理性文化及其限制——韦伯思想引论》，上海人民出版社1988年版，第198页。

理性和群体理性的价值诉求不可避免地存在冲突和不一致。因此，法律所体现的理性至多是极少部分的个体的人的理性。与此同时，在近代哲学意志论的渗透和影响下，认识论的理性又与意志产生联系，意志成为理性的评判标准。法律的理性随即演化为意志，法律成为意志的体现。但无论是就理性而言还是就意志而言，法律都是以个体的理性和意志为基础的。个体的理性和意志上升到法律的层面，虽然其间经过民主协商，但仍然是个体性的。由此，法律就成为个体的理性和意志的统一。

法律虽然是个体理性和意志的统一，但是却并不以某些个体为规范和约束的对象，而是对所有个体都具有同样的约束效力，并不因个体的不同区别对待。法律于是成为普遍物，由法所规范和调整的社会秩序得以形成。只不过在以个体理性和意志为基础上所形成的是一种更加关注个体而少有关注群体的法律秩序。

### （三）法律的形式合理性而实质非理性造就了民事主体的实质不平等

理性的法律生活之所以成为人们的向往，法律之所以能够推动文明的发展，一个很重要的原因在于法律的普遍物性质。法律之治是规则之治，即"法律是以一般规则的形式表现出来的，因为，法律的基本目的之一是防止以特殊情况为理由武断地解决问题。法律的这个普遍特点，应尽可能地通过明确无误的、直接了当的表达来保持。"① 法律的权威，以及人们对法律的信仰很大程度上也正是源于法律所采取的这种形式。这种形式化的法律中所体现的理性即所谓的现代法律的形式理性。韦伯称之为"形式合理性"。这种形式合理性是一种计算理性，它强调思想本身的合理性，不重视行为的性质或所要实现的目的的道德性。而更为重要的是，适当的推理的逻辑训练得到了遵守。形式主义法律由此成为了可以计算的行为规则。② 法律规则的可计算性为行为后果提供了预测的可能，社会秩序由此得以形成和维护。

形式合理性为法律的规则之治提供了正当根据。但是，韦伯认为，合理性是一个相对概念，并提出了形式合理性与实质合理性的区分。"形式合理性具

---

① ［英］彼得·斯坦、约翰·香德著：《西方社会的法律价值》，王献平译，中国法制出版社2004年版，第80页。

② ［英］韦恩·莫里森著：《法理学：从古希腊到后现代》，李桂林、李清伟、侯健、郑云端译，武汉大学出版社2003年版，第291页、第294页。

有事实的性质，它是关于不同事实之间的因果关系判断；实质合理性具有价值的性质，它是关于不同价值之间的逻辑关系判断。"① 如果说形式合理性主要体现为手段或程序上的可计算性，从而提供行为后果的可预测性的话，则实质合理性是对目的和后果在价值或道德上所进行的考虑。因而，形式合理性也可称为工具合理性，实质合理性也可称为价值合理性，二者处于永远的张力之中。因为，具有形式合理性的法律往往排除价值因素，而"对于一个具有意志自由的独立自主的人格来说，最合理性的手段选择不能不具有终极价值、意义或理想的成分。"② 而实质合理性也因为没有相应的理性方法作为决定价值的选择和优劣而被形式合理性主张者认为是非理性的。由此可见，从相对立场而言，形式合理性被认为是实质非理性的，实质合理性又被认为是工具非理性的。形式合理性与实质合理性之间的张力与二律背反凸显出人的理性限度。人的理性是有限的，其只能认识事物的现象，而不能完全认识事物的本体。理性对事物本体的认识，如同人对社会的认识一样，是一个不断进步和发展的历史进程。

由形式合理性和实质合理性张力中所呈现出的理性有限性使我们认识到，形式主义法律所塑造的"抽象人"和"理性人"等民事主体的典型形象，也因为割除了作为民事主体基础的生活中真实的人的情感、意志、伦理等因素而呈现出实质非理性。因为，现实生活中的人是具体的、感性的，不是完全理性和精于计算的，切除人的情感和意志而整齐划一的抽象的民事主体忽视了现实中主体的差异而给予相同的规范和对待，完全不考虑现实中民事主体的目的和真实需求。作为手段性的民事主体隐藏并剥离了作为目的的人的需求，手段支配和取代了目的，形式合理性的实质非理性得以凸显。

形式合理性不仅使抽象的民事主体在面对现实中民事主体时在价值上显现出实质非理性，更在真实的社会关系中悖离价值中立的立场而成为强势群体欺压弱势群体的合理工具和借口。民事主体的"抽象人"、"理性人"设计，充分体现和满足了形式合理性的法律要求，使民事主体在法律地位上，即在形式意义上呈现出平等的特性。而契约作为民事主体自由、平等的工具也仅仅是就形式意义而言的。形式上的平等和契约自由虽然如同形式合理性一样，本身力

---

① 苏国勋著：《理性文化及其限制——韦伯思想引论》，上海人民出版社1988年版，第227页。
② 同上书，第235页。

求价值上的中立，但在真实的社会关系中却是不可能保持中立的。因为，在现实的社会关系中，人不仅有理性能力上的区别，更有强势和弱势的区别。经济上的强势群体往往在实际上拥有决定价格和交易条件的掌控权，而交易他方则处于服从的地位或状态。由此，经济地位的实质差异使得形式上的平等和契约自由成为强势群体实现其利益的权力工具，并使缔约他方处于实质不平等、不自由的状态。因此，对经济上的弱势者而言，他们更力求实质合理性，以此矫正和消除形式合理性所造成的实质非理性和实质不平等结果。可见，形式合理性和实质合理性对不同利益群体的价值和利益将有不同的影响。"作为奉行形式合理性的结果，经济上的特权群体从市场交易中获得他们的权力，因而他们力主实现最大限度的形式合理性；与此相反，那些经济上受威胁的和丧失特权的群体则强烈地主张把经济生活置于实质规则的辖制之下，他们希望把形式合理性缩减到最低限度。"① 法律形式理性在价值上的中立，而在现实中的非中立性最终导致了社会中弱势群体实质不平等、不自由。法律上抽象、理性、平等的民事主体在走下法律而进入生活时却找不到他在法律中的位置，剥离价值基础的理性成为纯粹的工具理性。

法律形式理性在价值上的中立性而导致的现实生活中人的实质非理性也是近代建立在认识论基础上的主观理性结出的恶果。与古希腊的哲人从宇宙、从上帝和神等客观存在中寻找理性不同，近代理性观将人作为理性的主体，不再从客观存在中，而是从人自身中寻求理性。"我思故我在"，笛卡尔的名言表明："'我'和'我'的理性成为了一切知识的出发点和确定性标准。这样就将理性建基于认识主体及其自我意识，认识论的主观理性成为了理性的全部。"② 这种认识论的主观理性使人摆脱了上帝和神而独存，由此获得了从未有过的崇高地位：人成为主人和主体。理性也成为人的理性能力的同义语。主观理性在抽空理性的价值维度的同时，也完全抛弃了理性应有的客观性内容。有学者对此总结到："近代理性观的不足不在于使'理性'祛魅而归人，而在于忽视了人的理性应有的客观性内容——领悟和注视自己存在的可能条件，用海德格尔的话说就是对'存在'的遗忘。"③ 对存在的忽视使近代主观理性成

---

① 苏国勋著：《理性文化及其限制——韦伯思想引论》，上海人民出版社1988年版，第233页。
② 沈湘平著：《理性与秩序——在人学的视野中》，北京师范大学出版社2003年版，第67页。
③ 同上书，第69页。

为科学认识的工具，并成为纯粹的形而上的理论。现代理性认识到近代理性的缺陷开始关注实践和人的生命与存在。认识论的主观理性实现了向存在论的实践理性之转向。

人的认识能力是理性的体现，但认识论的理性还必须有客观的维度。但是，"理性的客观性不能理解为'自在的客观性'，而是一种'自为的客观性'和'主体间的客观性'，即在实践过程中体现出来的客观性。"① 因此，理性的客观性维度只能到实践中寻找。海德格尔在指出主观理性遗忘了'存在'的同时，认为人作为一种特殊的存在，其"此在"的基本状态是"在世"，而"在世"则需要与其他存在者打交道，而打交道的方式就是实践。

具有"自为的客观性"和"主体间的客观性"的实践并不是指与理论对立的实践和经验，也不仅仅指物质性的生产活动。因为，与理论对立，对理论进行运用和检验的经验活动仍然将实践理解为针对外部世界的操作性的、追求客观性的物质活动，仍然属于认识论范畴而非是从存在和伦理角度作出的界定。②

马克思认为，人是类的存在，实践是人作为生命体的特征，也是人的类本质。但人的实践不仅包括人类的物质性生产，也包括人类的自身生产和人类的精神生产。而且，人能够生活是人创造历史的前提。因此，人的日常活动也是人实践的组成部分。人在现实性上是一切社会关系的总和，生产、交换、消费、日常生活等一切社会关系就都成为人的存在的表达，都是人的实践活动。在总体性的实践活动中生成了人的实践能力和实践理性。在实践中，人总是"在一定的物质的、不受他们任意支配的界限、前提和条件下活动着的。"③ 这些物质的、不受任意支配的界限、前提和条件制约着人的实践活动，从而提供了实践理性的客观性维度，人的存在的制约性也在实践理性的客观维度中被揭示出来。

近代民法和主体立法都是建立于认识论理性基础上的。在认识论理性的指导下，近代民法所塑造的"理性人"的民事主体典型形象是能够拥有一切市场信息的、对自己的行为和利益能够做出理性判断的、处于生产领域的交易

① 沈湘平著：《理性与秩序——在人学的视野中》，北京师范大学出版社2003年版，第88页。
② 同上书，第82页。
③ 马克思、恩格斯著：《费尔巴哈》，人民出版社1988年版，第15页。

者。其民事主体理性能力的体现就是行为能力。具有完全行为能力的"理性人"民事主体拥有同等的识别判断能力和缔约能力，他们不会因为信息不完全而失误，不会因为双方财产、实力不均衡而处于不平等地位，他们所实施的任何行为都是其理性的自由意志的结果和体现。无行为能力人和限制行为能力人不在他们考虑范围之内，消费者和劳动者也没有进入他们的法眼。民事主体在现实生活中的实际境况更不是形而上的认识论理性所应该考虑的。最终，消费者、劳动者和现实生活中的人遭到了"理性人"民事主体的强制，并引起现代民法理念的变迁，即由形式正义转向实质正义。[①] 但是，民法理念的转变并没有在各国民事立法中得以全面贯彻和落实。可以说，消费和劳动领域实践基本得到了多数国家立法的关注，消费者和劳动者在存在和价值意义上受到了立法的关照，但仍有不彻底之处。而日常生活中的其他民事主体现实状况却仍然没有被真正意识到，并在立法中得以解决。尤其是自然人主体的境况更为堪忧。他们不仅面临着法人主体的欺压，更因为"理性人"主体去除了价值和伦理意义而造成对人性的威胁。

　　人是理性的动物，法律是理性和意志的产物，但是，个人主义的理性和法律的形式合理性并不能反映群体和社会的诉求，又往往与实质合理性相悖。在法律的理性统治中，除被法律所体现的极少数人的理性和意志得以体现，其利益诉求获得回应之外，多数人的理性诉求根本没有合理的途径进入法律的理性视野之中，弱势群体的利益更是无法得到立法者的关照。也就是说，少数主体的理性和意志代替了全体的理性和意志，多数主体的理性和意志迷失在少数主体的理性专制中。

## 第二节　民事主体当代困境的化解

### 一、消解法人霸权强化弱者保护

#### （一）自然人主体弱势的根源分析

法人主体的强势及其对自然人主体的欺压使双方主体地位呈现出实质的不

---

①　参见梁慧星著：《从近代民法到现代民法——20 世纪民法回顾》，载《民商法论丛》第 7 卷，法律出版社 1997 年版，第 242 页。

平等。而造成这种主体地位实质不平等的根源恰恰在于法人权力的日益膨胀和市民社会中国家的虚位。

首先，对利润的追逐刺激了法人权力的日益膨胀，造成法人对自然人主体的欺压。在法人个人主义与经济自由主义的结合中，法人组织凭借集中起来的财富日渐形成对生产和市场的控制，从而追逐更大的利润，而"对利润的追逐不仅引发了技术的进步及经济的增长，同时也鼓励资本家为了控制市场而寻求特殊的权力。"① 于是，法人实体或者与政治组织结盟，或者与其他法人联合以达到控制经济资源的目的。而其对经济资源的控制就使得法人实体拥有了强大的经济权力。伴随法人对经济权力的追逐，法人，尤其是公司组织不断地联合、兼并，跨国性的法人组织不断出现。法人的规模不断扩大，其所占有的市场份额也不断增加，法人走向垄断。但是，"成问题的不是企业的规模，也不是企业的市场份额，而是恶意的主宰以及对公平竞争规则的背弃——亦即对他人在市场中以平等条件进行竞争的权利的侵犯。"② 可是，控制经济资源的垄断性法人组织不可能不利用其拥有的经济权力而进行不公平竞争。于是，在不公平、不正当的竞争中，一方面，法人的经济权力日益强化。另一方面，法人主体也日益凌驾于自然人主体之上。

其次，对国家权力介入的拒斥使弱者保护缺乏强力支撑。早期的自由主义是古典的自由主义，其认为国家或政府将构成对个人权利的侵犯，因而将国家立于个人的对立面，绝对排斥国家介入私域。因此，在经济上实行放任的自由经济政策，认为每个人都是自己利益的最佳判断者，市场的自发调节能够解决一切问题，完全排斥国家对经济的干预。个人利益的最大化自然导致社会利益的最大化。"各个人都不断地努力为他自己所支配的资本找到最有利的用途。虽然他们考虑的不是社会利益，而是自身的利益，但他对自身利益的研究自然会或毋宁说必然会引导他选定最有利的用途。"③ 与经济上的自由放任相对应，私法领域中，民事主体依照自己的理性判断和自由选择所订立的契约将产生双赢的结果。自由订立的契约也被认为是公平正义的体现。意思自治和契约自由

---

① ［英］斯科特·R. 鲍曼著：《现代公司与美国的政治思想——法律权利与意识形态》，李纯捧等译，重庆出版社2001年版，第88页。

② 同上书，第73页。

③ ［英］亚当·斯密著：《国富论》（下卷），王亚南译，商务印书馆1957年版，第25页。

成为私法自治的核心。

但是，历史的事实证明，市场并不能解决所有问题，个人利益也并不总是与社会利益保持一致。完全排除国家干预的市场最终的结果必然走向市场失灵。绝对的意思自治和契约自由通过给主体极大的选择空间而实现了对主体的尊重。但是，意思自治和契约自由在排除国家权力对私域介入的同时也在一定程度上否定了国家在私域中行使公共职能的可能性。而意思自治和契约自由的最大弱点在于忽视了经济强制。财产权和契约自由的结合实际上使法人在缔约中处于经济上的强势，强大的财产权优势实质地改变了缔约双方关系的性质，支配控制代替了平等协商。面对这种经济上的支配和控制，虚弱的国家不能提供任何救助和矫正。于是，在国家的放任与无能为力之下，法人主体利用其强大的财产权在契约自由的名义下肆意地侵蚀着自然人主体的意志自由，并使双方主体之间呈现出日益严重的实质不平等状态。

**（二）强化自然人主体保护的措施**

在法人与自然人主体的强弱对峙中，市场自发调节不再发生效果，没有限制的法人组织的发展及其权力到了必须限制和约束的时候了。因为，"在市场中，不受限制的权力代表着一种专制，而这种专制是市场本身的规则所无法补救或防止的。在自然法无能为力的地方，人定法就必须介入。"[①]于是，古典的自由主义和个人主义受到修正，法人的联合及法人的权力开始受到立法的制约，弱势群体保护问题开始受到关注。

首先，社会公共利益替代个人判断成为社会公正的衡量标准。起初，意思自治和契约自由正当性的经济说明之一源于交换分配的公正，即自治和自主选择能够产生最好的结局。[②]个人的自主选择和自我判断即代表公正。社会公正的这种衡量是完全建立于个人主义基础之上的。承认和尊重个人价值的西方传统要求把人当做个人来对待，也要求个人在社会中的地位必须得到法律的正式确认。法律的确切性特点也适合于将其成员看做单个的个人而不是集团的社会。[③]于是，个人成为法律的关注点，个人权利和义务也成为法律的重点。没

---

① ［英］斯科特·R. 鲍曼著：《现代公司与美国的政治思想——法律权利与意识形态》，李纯捧等译，重庆出版社2001年版，第73页。

② 参见李永军著：《民法总论》，法律出版社2006年版，第54页。

③ ［英］彼得·斯坦、约翰·香德著：《西方社会的法律价值》，王献平译，中国法制出版社2004年版，第164页。

有限制的财产权神圣、契约自由以及过错责任成为个人权利和自由的表现及社会公正的代言自是情理之中。

后来，人们逐渐认识到，个体虽然是社会的原子，是法律的出发点和关注点。但是，由个人组成的社会却是一个整体，而不再是孤立的个人的偶然聚合。在整体的社会中，不仅个人的自主选择和自我判断未必有最好和最公正的结局，而且个体利益的最大化也未必能够达到社会利益的最大化。"囚徒困境"和"公地悲剧"的著名案例能够很好地说明这一点。自主选择和自我判断虽然体现了对人的尊重，但是，因为每个人的个人利益不可能完全相同和一致，而在社会资源有限，不能满足所有人的需求的情况下，互不相同的个人利益之间就存在冲突的可能。相互冲突的利益主体在选择时往往只会关注自己的利益而不会考虑他人或社会的利益，最终的结果是个体利益的满足和社会利益的受损害。由此，在利益相互冲突且又相互依赖的社会中，从个体利益出发作出的选择和判断不能再代表公正，这就要求个体在追逐自己利益的同时也要关注社会公共利益。社会公共利益遂成为社会公正的新标准，进而成为个体权利和契约自由的限制。于是，私人财产权开始背负社会义务，契约不再代表公正，消费者权益保护法和劳动法为消费者与劳动者的契约不自由进行矫正和救济，自然人主体受到法律的特别关注。

此外，契约自由还受到公平竞争标准的衡量。因为，"契约被认为具有一种垄断倾向，尤其是那些据信是不适当地削弱竞争并由此强化价格——换句话说是进行垄断的契约。"[1] 进行垄断的契约不仅实际上限制或剥夺了缔约他方的自由，而且使对方处于垄断权力的支配之下，缔约双方的自由、平等根本无从谈起。而公平竞争的观念假定在受到调控的市场中存在着一种具有约束力的公共利益，这种公共利益既能维持公平竞争的价值，又能维持相反的契约自由的价值。[2] 以公平竞争的标准衡量和限制契约自由实际上是对缔约双方失衡的地位进行了另一种矫正。

其次，消解法人霸权强化社会担当。自然人主体的弱势地位源自法人主体的权力及强势，在以公共利益替代个人判断作为社会公正的衡量标准，矫正自

---

　　① ［英］斯科特·R. 鲍曼著：《现代公司与美国的政治思想——法律、权利与意识形态》，李纯捧等译，重庆出版社2001年版，第71页。

　　② 同上书，第74页。

然人和法人之间失衡的主体地位，给予自然人主体以特别保护的同时，还必须规制和消解法人主体的权力，使法人担负社会责任。

在古典自由主义时代，法人个人主义意味着法人纯粹是自然人追逐经济利益的工具，营利是法人的惟一目的，也是其最终目的。为法人工作的员工是法人这架高速运转的机器上的按钮，也是法人实现营利目的的人力工具。法人对其给付劳动报酬后便换取了对其劳动力的支配，同时也获得了支配其人身的权力。法人和劳动者之间是支配与被支配的关系，法人对劳动者不负有任何义务和责任。同时，法人作为社会的个体，其利益的最大化也意味着社会利益的最大化。除此以外，法人对社会、对他人并不负有任何义务。

伴随着自由主义和个人主义的修正，法人向一种负有社会责任的机构转变，法人开始担负社会责任。法人社会责任的承担，使法人不再完全是逐利的个体，也是社会的有机组成，公共利益的保护和维持也是法人的义务。法人社会责任的产生在对现有的法人组织结构和规模给予认可和合法化的同时，也试图寻求法人与作为其员工的劳动者及其工会组织之间的平衡，以缓和二者之间的对立。个人主义的修正及立法上的诸多努力均试图消除自然人与法人主体之间在事实上的不平等。

再次，国家开始承担社会职能，并适当介入市民社会进行积极矫正。在自然人和法人主体的地位平等尚具有一定的真实性，又有互换性适当填补的自由资本主义时期，国家的职能主要在于消极的防御，以最大限度地维护市民社会的自治，从而使私法上的自由主要体现为消极性自由尚具有一定合理性。那么，一旦主体地位不再具有平等性，主体自由受到法人权力的极大戕害时，国家还无视这种强势对弱势的欺压与凌驾，任其发展而继续放任，其结果必将消灭市场、消灭市民社会。

但是，面对强势的法人欺压，虚弱的国家不能够担当起扶弱的责任，这就要求国家承担起积极的社会职能。也就是说，上述变化的发生及其转向是借助于国家的介入而完成的。因此，修正的自由主义和个人主义使个人与国家之间的关系发生了微妙变化。国家不再是作为个人权利和自由的威胁者而完全立于个人的对立面，而是承担保护个体权利和自由的守护者。与此同时，也正是由于国家的介入，自由经济下的竞争性市场也转向了管理性市场，国家在市场中也承担起创造和维持有效的社会平衡的责任。正如市场不能完全自决一样，市民社会固有的缺点决定其不能完全自治，国家的适当介入是必要的。而且，从根本上说，国家虽然外在于市民社会，但并不是说其与市民社会是对立的。马克思曾经指出："由于私有制摆脱了共同体，国家获得了和市民社会并列并且在市民社会之外的独立存在；实际上国家不外是资产者为了在国内外相互保障自己的财产和利益所必然要采取的一种组织形式。"即"国家是统治阶级……借以实现其共同利益的形式，是该时代的整个市民社会获得集中表现的形式。"① 由此可见，市民社会和国家具有利益上的一致性，国家介入市民社会其目的在于矫正市民社会之不足，实现真正的自治和平等。

法人主体的强势、自然人主体的弱势可能从法人主体地位得以确立时起就已经注定是无法改变的事实，只是其间的差距在今天发展到令人无法忍受的程度了。我们今天付出一系列的努力，包括国家在一定程度上介入市民社会、转变国家职能、强化弱者保护，并使法人如同自然人一样肩负道德义务和法律责任试图消除这种强弱对比及由此产生的事实上的欺压和不平等。但是，正如时间不能逆转一样，民事主体之间在事实上的不平等也永远不可能消灭。能够做的只是尽量地缩小其间的差距，以增强民事主体地位平等的真实感而已。

## 二、在个体与社群的调和中实现自由与平等的平衡

自由与平等是民事主体的两大核心价值诉求，但他们之间却存在着冲突和张力：追求自由将导致不平等，而力求平等则可能限缩自由。自由与平等之间的张力源于二者之间的关联性。也就是说，自由与平等虽然存在冲突，但也有着紧密的联系。二者之间的关联可以简单地表述为：自由是目的，平等是自由的基础和手段。因为，自由是人的本质属性，失去了自由人将不复为人。而平等对于每个人虽然也很重要，但一般不会对人的本质构成实质影响。而且，即便没有自由的人却仍然可能获得平等对待，只不过是平等的不自由。因而，自由对于每一个人来说都具有终极性和目的性。但是，并不是说平等对于自由而言没有任何意义。恰恰相反，平等为自由提供了基础。如果没有平等的基础，自由的实现将是不可能的。契约自由的发展可以为此提供充分的说明。

我们知道，整个 19 世纪是契约自由的辉煌时期，但是，契约自由的这段

---

① 《马克思恩格斯文集》第 1 卷，人民出版社 2009 年版，第 584 页。

辉煌是和当时缔约双方的主体地位大体均衡相连的。当时处于资本主义经济自由发展阶段，此时，契约双方之间的关系虽然是竞争性的，但彼此的地位却基本上是平等的，彼此之间能够相互以独立的人对待，双方的意志成为自由的表达。诚如黑格尔指出的："契约双方互以独立的人相对待，所以契约（甲）从任性出发；（乙）通过契约而达到定在的同一意志只能由双方当事人设定，从而它仅仅是共同意志，而不是自在自为的普遍的意志。"① 而此后随着自由经济走向垄断，缔约双方之间的主体地位差异日益悬殊，一方主体不再能够充分表达自己的意志，契约更多地成为强者意志的结果。由此可见，主体地位平等是契约自由的先决条件，真正的契约自由必然要求缔约主体双方地位的大体均衡，如此才能使双方主体真正和真实的意志获得自由表达，也才能使双方主体通过契约实现对自己未来事务的合理安排，并获得其期望利益的实现。因而可以说，如果没有当时缔约主体地位的平等性，契约自由在19世纪不可能获得如此高的地位，其历史也可能将被改写。

由于主体地位的失衡导致意志自由和契约自由不再是双方的自由而是强者的自由，那么，为了恢复和实现真正的自由就要对失衡的主体地位进行矫正，而这种矫正则要求对契约自由进行一定程度上的限制。于是，契约自由走向限制。契约是民事主体实现自由、平等的工具，契约自由提供给缔约主体以最大限度地实现自由的自我权利主张可能性，最大限度地追求自身的经济利益。因而，单独就每个缔约个体来看，对契约自由的限制则意味着对个人自由的自我权利主张的抑制，其限制的正当性就值得怀疑。但是，如果不是从个体的角度，而是从个人在人类生活中的社会利益、从个体与群体的关系来看，对自由的限制就具有了正当性。由此，在自由与平等的冲突与张力达到一定程度时，为了维护自由的平等基础就有必要对自由进行某种限制，以恢复和寻求二者之间的平衡，而这种限制与平衡的正当性依据在于对社会公共利益的维护。于是，自由与平等之间的关系也可以从个体与社会之间的关系进行解说。

因为，私法的自由是以个人主义为基础的，而个人主义的"所有价值观都是以人为中心的，也就是由人来体验的；个人是目的本身，具有最高的价值，社会只是个人目的的手段，而不是相反；在某种意义上说，所有的人在道

---

① ［德］黑格尔著：《法哲学原理》，范扬、张企泰译，商务印书馆1961年版，第82页。

德上都是平等的，这种平等性的表述正如康德所说，是任何人都不能被当作其他人福利的手段。"① 因而，近代私法所确立的自由是个人主义的自由，民事主体的自由也同样是个体自由。这种个体自由将个体看成目的，而社会只是个体的集合，是实现个人目的的手段。社会本身没有独立存在，也没有独立的利益。而且，在个人主义者看来，每个人都能对其利益作出最佳判断，没有必要形成社会的指导，也就是说，"个人主义的基本信条是：每个人是其自身利益以及知道如何促进这些利益的最佳判断者。"② 因而，个体无需社会的帮助，也不会形成对社会的依赖。个体是与他人、与社会无涉的存在。而"平等就其本来意义而言，是指人与人关系上的同等对待。"③ 因而，平等涉及人与人之间的比较和衡量，是一个与群体有关的存在。而且，在很多情况下，主体平等的实现及不平等的矫正单独依靠主体自身的力量可能无法完成，而是必须要借助于他人、借助于社会的力量才行。关注平等就是关注群体，限制主体自由的目的也是为了实现群体之间的利益平衡。自由与平等之间的冲突与张力就变成了个体与社会、个体与群体的矛盾与冲突。

个体与群体、个体与社会之间的冲突反映在理论上就是自由主义与社群主义的问题。个人主义的自由主义虽然凸显了主体的独立性与自主性，并通过个人利益的追求实现了社会经济利益的快速发展和增长，但其机械主义的社会观、对自由消极意义的注重和强调，以及否认国家在社会发展中的作用等主张不再能够适应社会形势的新发展，并在现实生活中导致民事主体地位的实质不平等和不自由、贫富差距悬殊、阶级矛盾深化等严重的社会问题。而功利主义的自由主义也具有把人本身当做手段而不是目的、容许牺牲少数人的利益而达到大多数人的利益满足，从而存在侵犯少数人自由平等权利、利益分配的不公正等诸多不足④。在这种情况下，自由主义对自身进行了反思与修正，形成了新自由主义。新自由主义抛弃机械主义的社会观，而以有机体论加以替代，开始扭转个人与社会的关系认识，使个人主义在一定程度上转向集体主义。而对积极自由观念的倡导则意味着自由不仅是不受强制的自由，也包括使社会成员

---

① 顾肃著：《自由主义基本理念》，中央编译出版社 2003 年版，第 20 页。
② 同上。
③ 同上书，第 40 页。
④ 俞可平著：《社群主义》，中国社会科学出版社 1998 年版，第 17 页。

有能力实现自己利益的自由。而且，新自由主义也改变了对国家与社会的关系认识，认为国家应该在社会发展中发挥积极的作用。但即便如此，社群主义仍然对新自由主义的自我观念、普遍主义原则及原子主义等提出批评。针对这些批评，新自由主义又提出了回应。在批判与回应中，新自由主义进行了反思与改进，自由主义也出现了某种社群主义趋势。因而可以说，社群主义对自由主义的批判是富有成果的，双方都在其中进行了反思并有所收获。实际上，个体是社会的个体，社会也离不开个人，个人的先天超验自我是不存在的，个人的属性往往由其所处的社群决定。因此，个体与群体是关联的。而且，个人固然是目的，并有能力根据其目的作出判断和选择，但是，个人的判断和选择脱离不开社会环境，对个人的判断和选择进行社会评判和确证是必要的。因而，社群的共同利益或公共利益就成为个人选择，即成为自由的确证标准，也由此成为对自由的限制。而这种确证和限制是为了维护群体成员之间地位的平衡。于是，平等成为社群主义的特征，也是社群主义的重要价值取向。对社群主义来说，"社群不仅在物质利益的分配方面是平等的，而且在社会地位和权力的分配方面也是平等的。"而且，"在社群内，人与人之间的相互关系将是统一的，人们相互之间没有特殊的关系"，① 仅仅体现为平等的交往关系。另外，社群虽然存在于社会的各个层次，但彼此之间也是相互平等的。由此可见，社群成员及社群之间是平等的，在利益分配与资源分享上也是平等的。平等成为社群的价值追求。

　　自由主义者是否一般地否认平等呢？答案是否定的。自由主义者和平等主义者一样都不放弃对人间平等的价值追求。只不过自由主义所追求的是程序意义上的起点平等和机会平等。"机会平等的要求即是消除个人实现其潜力的所有障碍，机会的增长即是自由的增长。"② 在现代社会中，阻碍个人潜力实现的障碍主要是一些人为的障碍，如因出身而形成的地位优势等。通过消除这些阻碍个人实现其能力的所有后天人为的优势，每一个人就会享有平等的机会和可能实现自己的人生目的和利益追求，即平等的自由。但"起点平等和机会平等的要求只是强调，决定一个人机会和前程的惟一因素是其才能，而不是其他。因此，机会平等主要是原则性的，即克服明显的人为的歧视和区别对待，

---

① 俞可平著：《社群主义》，中国社会科学出版社1998年版，第64页。

② 顾肃著：《自由主义基本理念》，中央编译出版社2003年版，第48页。

不是，也不可能要求任何人的各种境况均相同。"① 也就是说，机会平等或者说平等的自由只是力图消除后天的人为因素，却无法也无能力消除先天的自然因素的差异。因此，机会平等的结果可能导致社会的分层化和结果的不平等。但如果抛弃机会平等而追求结果平等，不仅要根据每个主体的自然差异而区别对待，而且，还要以强制手段限制和干预事实上的不平等，这不仅将产生新的不平等，更会对自由构成极大的限制与威胁，遏制社会的发展与进步。因此，比较而言，我们更应该珍视机会平等，使每一个人获得平等的自由。这既能增进个人自由，又能促进社会的发展与进步。结果上和事实上的不平等只能是自由和社会发展所必须付出的代价。因为，一味地追求社会停滞下的平等对任何人都是没有什么好处和意义的。从这一角度考虑，在个体与群体关系上，个体的价值与利益更具有根本性，个人和个体自由应该永远是目的。意思自治和契约自由作为民事主体自由的主要内容、民事权利作为民事主体实现个人自由的法律手段仍然应该予以维护和弘扬。民事立法及各项法律制度必须施以配合以完成对民事主体个体自由的保护目标。

但是，如果仅仅关注机会平等而使个体自由处于毫无限制与确证的状态，并无视结果不平等和实质不平等而给群体利益造成的严重后果也是不应该的。因为，"自然和社会两方面的偶然因素可以说是相互联系、相互影响的。从现在的社会出身的差别可以看出以往自然资历分配的累积结果。而从自然天赋和能力的差别也可以见出不同社会地位的影响，至于这种能力的后天运用和发展，就更受到社会条件的强烈的乃至决定性影响了。"② 因此，即便就机会平等而言，仅仅致力于消除影响人的能力实现的社会因素和障碍也是不够的。而且，虽然机会平等容许事实差别和结果不平等的存在，但是，如果这种差别和结果的不平等超过相当的程度也是令人无法容忍的。所以，在确保每个人具有相同机会的同时，还必须在某些情况下对结果进行矫正和干涉。关键在于自由所导致的结果不平等和实质不平等达到何种界限时才有必要进行矫正？这种矫正的限度何在？

我们知道，形式的机会平等和个体自由的追求必然导致结果上的不平等，我们也必须容忍一定程度上的事实不平等。但是，一旦这种结果不平等和事实

① 顾肃著：《自由主义基本理念》，中央编译出版社 2003 年版，第 50 页。
② 何怀宏著：《契约伦理与社会正义》，中国人民大学出版社 1993 年版，第 176—177 页。

不平等达到一定程度，即处于自由与平等张力的边缘时，则必须予以矫正。这种边缘我们只能借助于贫富差距、社会经济秩序崩溃的警戒线、个体利益与公共利益冲突的程度等社会标准来衡量。也就是说，如果自由和机会平等所导致的结果不平等和事实不平等趋于或接近于这些标准，那么，就必须施以强制手段进行干预和矫正了，否则必将导致社会经济秩序的崩溃。在采取强制手段进行干涉与矫正时，民事主体的自由应该一般地得以尊重和维持，但是，如果个体自由所指向的是与群体其他成员的基本生存条件有关的利益时，则要给予个体自由以限制。这即可以纳入群体利益或公共利益范畴了。而且，矫正所采取的强制手段一般指向的是人为的社会因素，但在先天的自然因素对后天的社会因素影响密切时，国家也必须采取措施对先天因素进行矫正。例如提供免费教育或提高教育水平、提供社会福利等。这些有助于先天因素平等的措施的采取是国家必须承担的任务，因为，这些先天因素的改善是主体自身所无力改善和投入的，更主要的原因在于他们与群体的基本利益密切相关。

综上，自由是最高宪法所确立的人的价值，是人的尊严的体现，一国所有的法律都要协同保护人的自由价值的实现，为人格自由发展创造环境。但是，人的自由价值观是建立在个人主义思想基础之上，是与群体完全分离的自由。它忽视了群体和群体成员的共同利益，最终结果也将导致个体自由的丧失。因此要想确保终极的自由价值的实现，自由在利益冲突中随时都需要检视自由的限制和矫正，没有氧气的自由不是真正的自由，也不可能建立起真正的私法精神！——自由需要扬弃！

## 三、以协商秩序实现主体多元格局下的公共理性

以自由主义和个人主义为基础的近代法律体现和满足了个体理性和个体意志，但在前现代社会，人们尚具有相对比较一致的道德标准和价值取向，并能很容易就很多问题形成共识，法律即便是以个体理性和意志为基础，也仍能在一定程度上反映公意。而当代社会一个十分重要的趋势就是主体及其价值取向日益多元、主体之间的关系日益复杂。在这种情势下，虽然我们不能说当代社会不可能形成共识，但很明显的是个性的东西越来越多，主体的利益诉求越来越多样化，主体之间很容易形成分裂和对立，形成共识也日益困难。在这种情况下，如果仍然沿袭以往的民主政治形式，仅由极少数的人代表公众制定法

律，而无视多元主体的不同利益诉求，则一方面，由于多数群体的意志和利益得不到正常途径的反馈与回应，多数主体迷失在法律的理性专制中，并使法律的合法性权威面临威胁；另一方面，不同主体之间的利益冲突与矛盾势必随着时间的推移而不断地明朗化与公开化，最终导致社会秩序陷于混乱。问题的解决就在于寻求一种合法的途径和渠道，使多元主体的利益诉求都在一定程度上得以反映和回馈。如果从理性的角度来说，就是使法律从个体理性和个体意志转化为公众理性和公众意志，实现个体与群体的融合。协商民主理论或许为我们提供了一个很好的解决思路。

协商民主是 20 世纪后期民主理论的一种新发展，它实际上是一种在主体多元的时代，如何尊重差异和多样，如何建立多元公共理性的理论。一般认为，"协商"是一个意志形成和决策的过程，在这个过程中不仅要考虑某一个体或某些个体的诉求与方案，而且要考虑各种主体的诉求与所提供的所有方案，最后形成决策。所谓协商民主是指"自由平等的公民基于权利和理性在一种由民主宪法规范的权利相互制约的政治共同体中，通过集体与个体的反思、对话、讨论、辩论等过程，形成合法决策的民主体制、治理形式。"① 从政治体制来看，协商民主首先是一种民主体制，其以人民主权原则和多数原则为基础，是政治生活中理性讨论过程的体现，即是"为政治生活中的理性讨论提供基本空间的民主政府"②。而作为治理形式的协商民主则是通过对话与认知，力求就公共利益形成一致取向。也就是说，这种"协商民主是一种具有巨大潜能的民主治理形式，它能够有效回应文化间对话和多元文化社会认知的某些核心问题。它尤其强调对于公共利益的责任、促进政治话语的相互理解、辨别所有政治意愿，以及支持那些众生所有人需求与利益的具有集体约束力的政策。"③ 此外，协商民主也可以意指决策过程的民主。而就理性的法律而言，此处的协商民主主要指的是政治体制和治理形式的民主协商。

社会主体日益多元迫使民主走向协商。因为，"多元主义事实的存在，首先可能导致在这种环境中公民无法共享同样的集团目标、道德价值或世界观；

① 陈家刚著：《协商民主与当代中国政治》，中国人民大学出版社 2009 年版，第 2 页。

② Maeve Cooke，"Five Arguments for Deliberative Democracy"，in *Political Studies*，2000，Vol. 48，pp. 947 – 969.

③ Jorge M. Valadez，*Deliberatiue Democracy*，*Political Legitimacy*，*and Self-Democracy in Multicultural Societiea*，USA Westview Press，2001，p. 30.

其次，可能会因为拒绝承认不同的文化权利而导致强制融合与统一，从而牺牲多样性，或者以一种相互不隶属的、分离的状态维持一种形式上的统一。"①所以，为了形成某种共识、避免强制融合与统一，必须通过对话、沟通和协商形成具有普遍约束力的决策。因而，协商民主实际是政治体制对社会主体和利益诉求日益多元所作的回应。

民主协商要求自由的公民平等地参与协商的政治过程，使所有主体的诉求和方案获得充分表达和同等的对待。因而，协商民主要求参与协商的主体之间的地位平等。这种平等既意味着使所有的主体都有机会参与协商，即机会上的平等，又意味着使每个主体都能够平等地利用资源，即资源的平等。因为，机会上的不平等势必将使某些人处于不公平的劣势地位，而资源利用上的不平等则可能使主体丧失平等协商的保障。

当然，除平等的要求外，还要求参与协商的必须是理性的主体。因为，"理性是保证协商过程能够合理趋向共识并诉诸公共利益的关键条件。"② 在程序的规范下，理性的主体不仅表达自己的观点，也倾听他人的声音，彼此相互理解和妥协而形成具有普遍约束力的决策。经过协商而获得的决策不再是个体的理性和利益追求体现，而是超越个人利益的公共政策。因而，公共利益成为协商民主的目标。也就是说，"参与者会在各种相互冲突的利益中受程序性规则的引导并趋向于公共利益，而不仅仅关注自身利益。"③ 协商民主在关注各方意见与利益的过程中，也使社会弱势者有希望发出自己的呼声与利益诉求。所以，协商民主在实现公共理性的同时也使弱势群体的利益诉求受到最大程度的关注与实现。于是，公共理性替代个体理性成为法律合法性的来源。

诚如任何法律都需要有一个合法性来源一样，民事法律也要有这样的合法性来源，既能确保民事法律的权威，又能促进民事法律在实践中的落实。就当代社会而言，协商民主所形成的公共理性同样可以为民事法律提供合法性来源。首先，政治体制和决策形式的协商民主落实到民事法律上就是要求其制定过程要协商民主。法律的普遍性决定民事法律要约束所有的主体，那么，每一个主体的诉求和利益都应该予以关注和考虑。在实行代议制或代表制民主的情

---

① 陈家刚著：《协商民主与当代中国政治》，中国人民大学出版社2009年版，第31页。
② 同上书，第36页。
③ 同上书，第40页。

况下，虽然不可能使所有民事主体直接参与到民事法律的制定过程中，但是，必须有一个合理的途径或渠道使不同主体的意见和呼声能够得到反映并受到倾听，尤其是弱势民事主体的利益诉求更应该给予合理关注。其次，以个人主义为基础的私法及其民事主体制度给予个体利益以极大关注，但并不意味着私法没有社会功能。私法的社会功能要求民事主体制度关注社会公共利益，私法由此出现了社会化的价值取向。私法及民事主体制度对公共利益的关注，如私有财产权走向相对、对契约自由的限制、法人的社会责任等都是强调公共利益的结果。而这一过程实际上就是治理形式的协商民主在私法领域中的体现。再次，私法领域中的协商民主还应该在民事纠纷的解决过程中有所体现。民事主体在交易过程中不可避免地会产生一些纠纷，这些纠纷能否得到顺畅和满意的解决很大程度上将影响到私法秩序的稳定与社会和谐。因此，以什么样的途径和形式解决纠纷就是至关重要的。相对而言，仲裁和调解中的协商成分比较多，是协商民主在纠纷解决机制中的典型体现。如果能通过这两种方式解决纠纷，则既能尊重当事人的意志和利益，又能获得良好的执行效果，可谓是纠纷解决方式的首选。如果不能通过这两种方式解决纠纷，则只能走司法救济途径了。就司法救济而言，其固然能够解决民事纠纷，但是，如果判决的结果为双方或一方所不接受，则既会增加案件的数量，又会影响判决的执行。因此，即便采用司法途径解决民事纠纷，也应该尽量促使双方协商，在双方之间寻求利益的平衡点，使纠纷的解决获得双方的一致认可。

民事立法的制定，以及决策和纠纷解决过程中的协商民主既使民事主体地位的平等性得以落实，又使不同主体的利益诉求得到合理的关注与回馈，还能使所有民事主体的理性得到公开的表达和实现，尤其是社会公共利益和弱势群体的利益受到特殊的关注。于是，在法律的理性专制中所迷失的多数主体的理性就可以获得寻回，多元主体的主体性都得以表现和被尊重。

# 本章小结

当代私法在力求给予人以更多的关照的同时，民事主体本身却面临着诸多问题与困境。近代私法将法人看做是与自然人同样的个体，法人与自然人取得了同一法律地位，但法人主体强大的财产权与契约自由的结合不仅使法人获得了迅速发展，更颠覆了近代私法的两个基本判断，从而形成生产者与劳动者和消费者的对立、强者的自由和弱者的不自由，并最终使自然人主体陷于法人的强势欺压之下。自由、平等是私法的制度诉求，也是民事主体的两大核心价值目标，但自由和平等之间却存在着张力与冲突。也就是说，平等虽然是自由的基础，但自由的扩大却不仅不能增进平等，反而可能拉大不平等之间的差距。契约原本是自由、平等的工具，自由、平等也是契约的精神体现，但自由与平等的价值悖论却在彰显民事主体意志自由的同时加剧了主体双方的地位差异。人的理性能力促使人不断地追求秩序生活，法律作为秩序规则是理性的产物，其约束一切受众对象，从而获得了普遍性的特征。由法律的普遍性所形成的理性仅仅具有形式意义，体现的是形式合理性。形式合理性从相对立场看可能是实质非理性的。"理性人"和"抽象人"的民事主体形象满足了形式合理性的要求，并对应了民事主体观念上的自由与平等，但一方面理性有限，另一方面又使现实中的民事主体在价值上呈现出实质非理性。正是在理性的普遍与有限、形式合理与实质非理性中，部分民事主体遭遇了主体性迷失。民事主体当代困境的化解必须消解法人的强势与霸权、强化弱者保护、协调个体与群体的利益关系、寻求自由与平等二者之间的平衡，以及借助和构建协商秩序，以公共理性替代个体理性，满足和实现多元主体的利益诉求，寻求社会的和谐发展。当然，在人的存在样态由个体走向群体，再走向类存在的情势下，民事主体的当代困境及其化解可能不仅仅是一个国家的内部问题，也不是一个国家所能独自完成的，还要涉及国与国的协作或联盟，借助于超国家的力量来完成，这方面的研究还有待深入。

# 第七章　我国民事主体制度的当代问题与制度培植

## 第一节　中国古代民事主体的地位状况

权利观念是西方重要的法律观念，也由此奠定了整个西方私法的基础。无论是大陆法系还是英美法系，从根源上都离不开罗马法的基础。而为世人所称道的罗马法主要是指它的私法部分。因此，以罗马法为基础的西方法律，私法相对而言比较发达。民事主体作为私法中的人，即便在相当长的历史时期内呈现出不平等的特征，并有相当一部分人处于不自由的状态，但仍然有诸多关于民事主体自由、平等的规定。而且，其深厚的哲学基础和人文精神为包括私法在内的所有法律制度提供了理论和思想来源，并在各项法律制度中彰显着主体的价值诉求。

长期处于宗法和封建统治之下的中国向来权利观念匮乏，封建统治不仅禁锢了人们的思想，也压抑了人的各种价值诉求。人的统治决定法律中占主导的是刑罚的规定，由此形成中国以刑为主的传统法观念。在这种观念之下，形成重公权、轻私权的价值取向。私法不发达，私法中的人——民事主体及其制度自然很不完善。而且，儒家思想作为中国正统文化的来源，其礼治思想必然支持和维护等级尊卑的社会秩序，在与民事主体有关的为数不多的规定中，不平等是一个重要的特点。近代之后，受西方思想影响，自由、平等才开始对人们的思想造成某种冲击，民事主体制度也才有了转变。

### 一、伦理法之治下的家庭本位

自给自足的自然经济始终在中国古代占统治地位，并成为中国古代政治和法律制度的经济基础。但不能否认，中国古代在保持生产消费自给自足状态的同时，也存在财产流转和商品交换，甚至某一时期的商品交换关系还相当频繁与繁荣，这就为中国古代民事法律制度的生成提供了现实环境。因为，"凡是有财产流转和商品交换的地方，必然有民事法律制度，只是这种法律制度的存在形式和发展程度不同而已。"① 不过，由于中国古代法与刑等同的法律观念形成了中国古代法律刑民不分、以刑代民的总体特征。也就是说，在既有的法律中，刑罚的规定占有相当比重，私法的内容只能说是某种点缀。我们只能在诸多的犯罪与刑罚规定中去寻找关于民事主体及其地位的规定。

以礼入法，礼与法的相互渗透与结合形成的伦理法之治是中国古代法律的最大特色。中国古代的"礼"产生于殷、周时期。中国古代在原始氏族制度解体之后，依赖于农业生产的地理环境，形成了宗法制度。人伦宗族关系是宗法制度的基础，"这种人伦宗族关系，要求建立夫妻、父子、兄弟的伦常秩序，这种伦常秩序就是中国古代社会生活的基本秩序。"② 日常生活中要求以伦常秩序维护人伦宗族关系，形成等级尊卑的现实生活秩序。行为的是非曲直也以伦常秩序为评判标准，从而使伦常秩序与道德具有了一致性。而且，由伦常秩序所确立起来的等级差别也是区分身份与权利界限的依据。因此，"宗法制度是在君臣等级之外，按照伦常关系建立的另一套等级制度。它关系到人的身份权利、亲权和财产权利。"③ 在伦常秩序的基础之上形成了"礼"，其主要功能就是"别贵贱"、"序尊卑"，以此来确定和维护宗法等级制度。此外，对统治者而言，礼还能经国家、定社稷。因此，礼形成之后，其社会价值和政治功用得到普遍的承认。

由于"礼"的内容十分广泛，可以涵盖政治、经济、道德和法制等很多方面，这就为引礼入法提供了可能，直至最后礼法结合形成一种特殊的法制，即"礼法"制度。引礼入法、礼法结合之后，不仅现实生活秩序和宗法等级制度以礼为准则，法律制定、权利分配，以及定罪量刑都以礼为指导，而且，礼甚至可以直接入律。由于礼以伦理纲常和伦理秩序为内容，礼法之治实际上就是伦理法之治。

① 孔庆明、胡留元、孙季平著：《中国民法史》，吉林人民出版社1996年版，绪论第1页。
② 同上书，第6页。
③ 同上书，第9页。

　　自商鞅变法实行"分户"政策之后，在大一统的封建国家这个特殊主体之外，出现了以"户"为单位的权利主体，并取代了奴隶制时代宗法制度下的家族单位主体。我们可以将这个"户"理解为我们现代所说的"家"。"家"处于父权的绝对统治之下。因此，在伦理法之治下，家长及其所享有的父权在整个社会中扮演着重要角色，整个古代法律基本上是围绕父权而展开的。

　　如果说家族或家庭是早期罗马社会的基本政治单位，也是早期罗马法中的主体的话，那么可以说，家庭作为一个共同生活团体，是整个中国古代社会的经济单位，民事主体的角色也是由家庭扮演的。家庭本位是贯穿古代法律的传统。这个家庭基本上是以血缘为基础所组成的亲属团体，但范围不是很大，一般涵盖两代或三代人口。在家庭中，也需要有一个权威或统帅——家长。父权家长制是中国古代家庭的管理模式。此父权如同罗马法中的父权一样，其未必一定是父亲享有，也可能是祖父拥有父权。即家庭的最高男性尊亲属享有父权。家长作为家庭的统治者，其所享有的父权在内容上包括家庭的经济权、惩戒权、宗教权、生杀权、主婚权等。可以说，家庭的所有重要权力基本上都集中于父权之下，并以家族伦理维持着家内秩序。

　　"父母在不有私财"，这是中国古代财产归属于家庭，即家长的经典概括。如《坊记》中云："父母在不敢有其身，不敢私其财。"《礼记·内则》中也道："子妇无私货，无私蓄，无私器，不敢私假，不敢私与。"家庭财产皆归于家长，子孙不得擅自动用、处分。法律上对擅自动用、处分的行为，不仅否认其行为的效力，而且将其作为不孝之行加以处罚。立法支持和维护财产的家庭归属，在体现法律维持家庭团体经济基础的同时，也使子女丧失了成为民事主体的可能性与现实性。

　　史记中记载秦二世假借始皇下诏赐死蒙恬和扶苏时，扶苏说道："父而赐子死，尚安敢复请?"① 由此可见，生杀权也曾经一度如罗马时期一样是家父权的内容，后来随着国家权力的强化与集中才限制和剥夺了家父的生杀权。也就是说，"法律制度发展到生杀权完全操纵在国家机构及国君手里，自不再容许任何一个人民能随意杀人，父亲对儿子，也不能例外。"② 生杀予夺的大权都给予了家长，对子女过错和犯罪行为的处罚和惩戒自不必说了。

---

　　① 《史记》八七，《李斯列传》。
　　② 瞿同祖著：《中国法律与中国社会》，中华书局2003年版，第7页。

对子女婚姻的决定权，即主婚权也是父权的一项重要内容。古代男女两性的婚姻不是基于感情和意愿的结合，而是以维持宗族延续和祭祀祖先为目的的两姓之合，即"婚姻的目的只在于宗族的延续即祖先的祭祀。完全是以家族为中心的，不是个人的，也不是社会的。家族的延续与祖先的祭祀，二者的关系自然异常密切，有时是不可分的。但就重要性而论，二者之中后者的目的似更重于前者，我们或可说为了使祖先能永享血食，故必使家族永久延续不辍，祖先崇拜可说是第一目的，或最终目的。"①《婚义》中所谓"婚姻者合两姓之好，上以事宗庙，下以继后世"即是婚姻目的的表达。以此为目的的婚姻，自不会关心婚姻当事人本人的意志，并禁止同姓婚姻，以避免血缘结合。由此，两姓家长之同意，即父母之命遂成为法律上婚姻的成立条件。对婚姻当事人意志的忽视也是对其人格的否认，婚姻当事者本人自不是婚姻关系的主体，而只不过是延续家族和祭祀祖先的必要工具。也因此，婚姻的仪式颇具宗教色彩，无子也被列入"七出"而成为离婚的条件之一。

除父权之外，族长权作为父权在族内的延伸，也是古代中国社会的一项重要权力，它维持着家际之间的秩序。国家出于稳固统治的需要，不断地使父权和族权法律化。于是，以父权和族权为核心的伦理法治与国家政权相结合，形成家国一体。父权和族权也构成了中国封建法律体系的重要支撑。这种家族本位伦理法治的社会成因，张晋藩先生认为有三方面：占统治地位的自然经济结构是其经济原因、宗法制度的深厚土壤和悠久历史是其政治支撑、儒家思想则提供了牢固的思想基础。②

## 二、人的个体性缺乏与主体地位的不平等

"一个民族法律传统的特点，主要取决于法律规范所调整的社会关系本身的特征。中国古代社会关系的特殊性，表现为宗法关系的统治，由此加给了政治权力关系、财产关系、身份关系以深刻的烙印，使得历代君主不得不选择伦理和刑罚二手来维护社会秩序。"③ "父母在无私财"，家长的身份是财产归属和处分权利的决定因素，以家长为代表的家庭或家族财产共有制不仅意味着妻

---

① 瞿同祖著：《中国法律与中国社会》，中华书局 2003 年版，第 97 页。
② 张晋藩：《中国法律的传统与近代转型》，法律出版社 1997 年版，第 130—132 页。
③ 同上书，第 159 页。

子、子女等其他人不能成为私有财产权的主体，也造成以私有财产权为基础的私法的弱小。除家长或族长之外的其他人没有私有财产，也没有独立意志，他们完全被从属于家庭或家族之下，"家"的人是这些人的社会地位和现实状态的形象描述。也就是说，"中国古代社会中，个人从属于家族，个体在经济、政治、精神生活中与血缘宗族群体不可分割地联系在一起，个体的一切价值需求，只有在国或家的整体中，才具有现实性。社会构成的基本要素，不是独立的'个人'，而是'家'，人的'个性'完全消弭在整体之中，个人的存在以履行宗族义务和国家法律义务为前提。个人的权利与价值决定于他们在伦常秩序中的尊卑和在国家机关中的位置以及取得家族与国家的容许程度。"①

伦理法之治不仅掩盖了个人的独立性和自主性，而且通过对亲尊长幼等伦理纲常的强调严格维护和贯彻着家内及社会中的不平等。"君为臣纲、父为子纲、夫为妻纲"与"仁、义、礼、智、信"结合构成的三纲五常形成了维护封建等级制度的道德教条和立法指导原则。社会中的等级关系形成了贫贱的对立，并通过生活方式、婚姻与丧葬等多方面体现着等级差别。社会中的等级差别在法律上既表现在法律地位上的不同，又体现为权利享有上的差异。"古代的法律始终承认某一些人在法律上的特权，在法律上加以特殊的规定，这些人在法律上的地位显然是和吏民迥乎不同的。"② 一般地说，贵族、官吏是法律上的特权阶级，他们享有特殊的地位与权利，甚至他们的亲属也能获得法律的推恩。不仅贫贱之间存在着对立，在良民与贱民之间也存在着不平等。"凡名列贱籍，法律上明白规定其社会地位不同于良民者，均属于此类。他们的生活方式不同于平民，他们不能应考出仕，他们不能与良民通婚，他们与平民之间的伤害罪也不能以凡论而适用一般的条文，法律上实承认良贱为法律地位不平等的二阶级。"③

如果说社会中的不平等主要体现为阶层之间不平等的话，则家内的不平等则体现为家庭内部人与人之间的不平等。夫妻之间的不平等是家内不平等的首先体现。男尊女卑的传统思想为夫与妻之间不平等奠定了现实基础，而夫为妻纲则为夫妻地位不平等提供了道德说明和立法指导，男主外女主内则划定了妻

---

① 张晋藩著：《中国法律的传统与近代转型》，法律出版社 1997 年版，第 161 页。
② 瞿同祖著：《中国法律与中国社会》，中华书局 2003 年版，第 225 页。
③ 同上书，第 239 页。

子的行动范围。于是，妻子在人身上从属于丈夫，在财产上受控于丈夫，在夫妻相互殴杀的法律处罚上也重于丈夫。妻子被拒斥于家长之外，没有继承资格，不能拥有和处分私财，没有解除婚姻的决定权。一句话，妻子在总体上都是受制于夫权的。

其次，父母子女关系上的不平等是家内的不平等第二种体现。父为子纲，子女自然处于父权的严格控制之下。对生命的生杀予夺、对身体自由和婚姻的决定、对私财的控制、对违法犯罪行为的惩戒、对不孝行为的呈控等，无一不例证着父权的权威与服从。而对于女儿来说，女子在家从父，出嫁则归于夫宗而处于夫权下，从父家到夫家一直持续着这种不平等。

再次，主奴之间的关系也表现着家内的不平等。家长式奴隶制时期即形成了主奴关系，进入封建社会之后，主奴关系依然广泛存在。无论是官奴还是私奴都被列入贱民之列，但奴婢与主人之间的不平等要远远超过一般的良贱之间的不平等。《唐律疏议》中将奴婢的地位规定为："奴婢同于资财"、"奴婢贱人律比畜产"、"奴婢部曲身系于主"等。由此可见，奴婢的地位如同罗马法中的奴隶一样，没有自由人格，如同牲畜财产一样处于客体地位。他们隶属于主人，由主人随意生杀处分，并由主人为之婚配，且其子孙也永远为奴。

由此可见，在由封建特权的法律所维护的等级社会秩序下，不平等不仅成为中国古代社会的特征，也成为我国古代民事主体的状态描述。可以说，"在中国古代只有少数贵族、官僚、地主、大商人享有平等地参与民事法律活动的权利。就整个社会而言，缺乏广泛的法律上的'私人平等'。"①

尽管如此，在我国古代的法律思想中也有着对公平、正义和平等的追求。可以说，中国古代"法"字的古体"灋"中蕴含着公平、正义之意，即已经表达着这种追求。就学说派别而言，对法律公平、平等之倡导以法家为要。如果说作为封建统治正统思想来源的儒家否认社会的整齐划一而以礼入法支持等级统治和社会不平等的话，法家虽然并不否认社会等级差别，但它却因强调法律在治国中的地位与作用而形成法律面前平等的思想。慎子说："法者，所以齐天下之动，至公大定之制也。故智者不得越法而肆谋，辩者不得越法而肆议，士不得背法而有名，臣不得背法而有功，我喜可抑，我忿可窒，我法不可

---

① 张晋藩著：《中国法律的传统与近代转型》，法律出版社 1997 年版，第 307—308 页。

离也。骨肉可刑，亲戚可灭，至法不可阙也。"① 法作为评价标准，如同度量衡一样衡量着行为的是非曲直、公平与否。因此，"法家认为一切的人在法律前均须平等，不能有差别心，不能有个别的待遇。"② 法律地位上的平等遂成为法家的主张。而且，法家所主张的平等不仅表现为思想上，在规范内容和法律实践中也有落实。只不过，由于中国古代的法律刑民不分、以刑为主，因此，法家所主张的法律平等主要集中在刑事法律和刑罚方面，如商鞅变法中提出"刑无等级"、"法令至行，公平无私，罚不讳强大，赏不私亲近"等主张，都是法家公平、平等思想的体现和落实。

私法方面法律平等的规定散见于刑事法律的规定中。民事主体的平等主要体现在契约关系中。中国古代虽然以自然经济为主导，商品因素匮乏。但是，"西周时期已有物权与债权的若干法律规定和民事诉讼案例。至唐宋，则不断充实，并在民事法律规定中贯穿诚信的要求。"而且，"唐时，债权法也取得了明显的发展，契约关系日益复杂化，法律对缔约双方均以诚信相要求。"③ 契约关系本身即要求双方主体的地位平等，法律对缔约双方均课以诚信义务，更预示着法律的平等对待。

尽管法家提出了平等的法律思想和主张，并在一定程度上对以儒家为正统的法律思想和社会秩序造成了冲击。但是，儒家思想的影响是深远的，封建的等级制度也是根深蒂固的，即便出于自己统治利益的考虑，封建法律也不会轻易改弦易辙而抛弃不平等的法律思想与制度。因此，不平等仍然是整个中国古代法律的整体特征，民事主体地位更是以不平等为特点。

### 三、权利观念匮乏、民事主体自由狭窄

发育较早且日益发达的西方商品经济很早就孕育出了权利观念，并成为西方私法发达的基础和标志。中国古代基本上一直处在自给自足的自然经济状态之下，重农抑商的封建政策和君子不言利的道德引导更抑制了商品经济的产生和发展，只是在国盛昌明的唐宋时期商品经济曾经获得了某种发展，但时间很短暂，也不可能很发达。弱小的商品经济无以成为权利观念的社会基础。

---

① 《慎子·佚文》。
② 瞿同祖著：《中国法律与中国社会》，中华书局 2003 年版，第 306 页。
③ 同上书，第 69 页。

　　商品经济弱小的另一个直接后果就是私法不发达，并导致以私法为基础的私权的不发达。在农耕为主的社会中，主要的权利就是土地所有权。中国的土地私有在西周时期开始形成。"西周初期受封赐者只享有不动产的占有权和用益权，其所有权仍在周王。随着地方经济的繁荣和周天子权力的衰落，受封诸侯实际获得了土地的所有权。"① 此后，土地私有制逐渐形成，并获得法律的承认和保障。在土地私有制形成之后，土地成为买卖的对象。在土地和其他财产的买卖中，所有权的观念逐渐形成，侵犯所有权也受到法律的制裁。但是，私权仍然被公权压抑和漠视。而且，中国古代素有无讼、息讼传统，倡导道德教化解决纠纷。国家为避免讼累而引发社会不安定因素，也奖励息讼和无讼。息讼、无讼遂成为执政者追求的政治目标。对于民事主体而言，无讼和息讼的传统导向自然使主体懈怠诉讼，无从滋生和刺激民事主体权利观念的发展。

　　更主要的是，中国古代的个体缺乏独立性和个体性，家庭是社会的基本单位，个体被屏蔽在家之下，只有少数人具有成为民事主体的资格和可能性，而权利是以具有自主性的个体为载体的。私有财产制形成之后，土地作为最主要的财产也集中在少数的诸侯、地主和大商人手中，广大的农民没有土地，其他私有财产也少得可怜。家庭财产制使家庭财产归于家长，子女和妻子几乎没有自己的私有财产，奴婢更是谈不上拥有私有财产。个体缺乏独立性以及私权主体范围的狭小使绝大多数的人收获不到私有财产权带来的利益，也无由产生私权观念。因此，从整体上说，中国古代的民事主体是匮乏权利观念的。

　　如果说权利是个人对其对象所拥有的按照自己的意愿来处置的地位或能力的话，② 则权利首先意味着自由，意味着权利主体可以仅仅根据自己的意愿来决定行动还是不行动，而没有必须行动的义务。而在私法不发达、权利观念淡薄与匮乏的社会中，民事主体所享有的自由空间是非常有限的。首先，个人从属于家庭或家族，很多人甚至连人身自由都没有，"家"的人不可能获得权利主体资格，由此意味着大多数的人没有享有和行使权利的可能性，权利所产生的自由与他们无关。其次，私有制形成之后，私有财产权带给权利主体以意志和支配的自由。但是，能够私有的财产范围在当时极其有限，而且私有财产权的主体范围也是有限的。因此，财产权所带来的自由仅限于极少数的主体享

① 张晋藩著：《中国法律的传统与近代转型》，法律出版社1997年版，第321页。
② 顾肃著：《自由主义基本理念》，中央编译出版社2003年版，第97页。

有。再次，财产私有为商品交换提供了可能与现实，但自然经济主导、商品经济弱小的社会现实，使民事主体所能够享有的交换自由也是不多的。

后来，至唐、宋、明时期，一些自耕农获得少量的土地，封建地主经济获得一定程度的发展，并刺激了手工业和商业的发展，城市经济日渐兴起，重农抑商政策受到挑战，"贵义贱利"、"君子不言利"的传统思想观念也受到了冲击。在商品经济的刺激下，中国古代民事主体的权利观念才有所提高，权利所带来的自由也有所扩大。尤其是在宋朝时期，契约获得了快速发展，租佃契约和债务契约广为存在，使民事主体的意志自由得以扩展。即便如此，我们也不能说中国古代社会的民事主体是自由的。

由此可见，在儒家思想的影响下，中国古代社会的"社会控制首先不是在通过一般规范体系分配权利和义务的过程中被发现，而是在维持家庭成员中间、贵族领地内部的家庭中间以及地方共同体内部并处于皇帝统治下的家庭和贵族领地中间的正当关系的过程中被发现。社会和谐比'给每一个人所应得'更为重要。实际上，'每一个人'不是被想象为不同于他的社会——或宇宙——的一个存在，而是被想象为服从于天道的社会关系体系的一个组成部分。"① 在这样的社会中，生活中的社会关系决定社会角色，没有纯粹的个人，只有统治者、官员、臣民、丈夫、妻子、父亲、儿子、女儿等。没有权利观念，只有家庭伦理。个人及其权利一起被消融在伦常礼治的束缚之中，自由和平等对他们可能连奢想都谈不上。

虽然我们能够在我国古代的一些法律思想家那里发现某些平等的思想主张，也能寻找到一些极其有限的自由，但是，贯穿中国古代始终的自然经济限制并窒息了商品经济的发展、伦理法之治支持的社会结构上的等级对立、家族主义的深远影响，以及封建专制制度的长期统治造成中国古代民事主体缺乏私权观念、匮乏自由和平等意识，从而使中国古代民事主体处于与西方远远疏离的状态之中。

## 第二节　中国古代民事主体的近代转型

中国古代社会经历了漫长的历史，以伦理纲常为内容的宗法制度和封建专

---

① ［美］哈罗德·伯尔曼著：《法律与革命》，贺卫方、高鸿钧、张志铭、夏勇译，中国大百科全书出版社1993年版，第95页。

制的等级统治禁锢着人们的思想，压抑着人们的自由，并在人们思想中留下深刻的烙印。自给自足的自然经济形成了封闭保守的社会，人们在有限的空间中编织着自己的网，并可能为自己的伟大而沾沾自喜，却殊不知他人早已经发生翻天覆地的变化。16世纪，一批传教士的到来才撬开了一丝了解他人社会并使他人了解我们的缝隙。至清朝时期，西学之风吹进，也催醒了部分国人，中国古代社会开始走向近代。伴随着中国社会的近代转型，私法及其主体制度也开始了和世界接轨的历程。

## 一、中国民事主体近代转型的背景

### （一）封建专制统治陷于没落与危机

两千年的封建专制统治走到清朝时已经是千疮百孔、岌岌可危了。嘉庆年间爆发的白莲教起义虽然最终被镇压，但却使封建制度的种种诟病暴露无遗，并从根本上动摇了清朝的统治基础。清政府的统治开始走向危机。这种危机主要来自于封建生产力和生产关系的矛盾。

清朝时期，农业仍然在经济中占据主导地位。也就是说，中国仍然总体上是一个农耕社会。但是，如同往朝一样，广大农民手中要么没有土地，要么只有少得可怜的一点儿土地，但却遭受着地主与官府的双重剥削与压榨，已经几近没有活路了。此时，水旱灾害又频繁发生，人们流离失所，大批农民仅有的土地被大地主和官僚趁机兼并而陷于破产。与此相反，地主和官僚手中的土地却日益集中。拥有数万和数十万顷土地者不乏其人，拥有数百、数十顷土地者更是比比皆是。失地的农民失去了依靠，也失去了生活来源，他们不得已离开自己的家乡和土地而流亡。

除地主和官府的剥削外，高利贷资本和垄断的商业资本也盘剥着农民和手工业者。繁重的地租已经使得农民所剩无几，而为了生存的维持又不得不向地主、乡绅借贷。高额的利息更加重了农民的生活负担，并成为农民失地的重要因素。清朝时，商业和手工业有所发展，但手工业者的生活也好不到哪去。他们虽然没有地租的压力，却要遭受官府和商业资本的压榨。而且，清朝后期，这种压榨更加变本加厉和肆无忌惮。封建的压制与盘剥，使封建的生产关系严重地束缚着生产力的发展。一旦这种束缚与制约无法为生产力所承受时，便会引起新的生产关系的产生，即发生变革。只不过这种变革可能是内力自生的，也可能是外力推动的，可能是和平的，也可能是暴力革命的。

除生产力和生产关系的矛盾外，极端腐败的政治、压抑自守的文化政策，以及混乱的经济秩序也是清政府统治危机的来源。清朝时期，"封建专制制度的极端发展，使得皇权的行使更加没有限制。君臣关系竟然变成主奴关系，这是清以前历代所不曾有的。皇权的滥用也助长了官僚政治的没落。"① 官僚们更加贪婪与残暴，不放过任何一个搜刮的机会。私法也更加腐败，行贿受贿、营私舞弊、枉法裁判现象十分猖獗，民众怨声载道。

在文化政策上，为了防止反清思想意识的滋生和蔓延，并压制民众的民主思想，从康熙时起就大兴文字狱。人们害怕动辄得咎，往往三缄其口。天下读书人更是不问世事，以逃避文字狱的威胁。同时，清朝大力提倡程朱理学以统一思想。这一切严重地束缚了人们的思想、压抑了自由。

大量流亡的农民已经使社会秩序动荡不堪，对清朝的统治构成了威胁。而法律的落后与无力更导致了社会经济秩序的混乱。清朝虽然长期实行闭关锁国的对外政策，但社会现实迫使它必须打开国门。于是，在有限的对外贸易中产生了一些新的法律关系，而这是清朝既有的法律所无法应对和解决的，对外贸易秩序处于混乱之中。对外贸易的发展也带动了国内经济，新出现的法律关系必然不可避免地渗入到国内贸易中，从而引起国内经济秩序的混乱。可以说，到 19 世纪上半叶时，清朝的统治已经全面陷入了危机。

在清政府面临内忧的时候，外患又不期而至。以英国为首的西方资本主义国家开始对中国进行殖民入侵。鸦片战争的失败给中国带来了一系列不平等条约，中国的主权独立和领土完整面临着前所未有的威胁。

**（二）西方法律文化的输入**

鸦片战争的炮火打碎了皇帝贵族们的黄粱美梦，也打醒了沉睡几千年的国人，中国开始了向近代社会的历史转型。同时，鸦片战争也打开了清朝闭关自守的大门，打破了中国法文化的封闭状态。西方法律文化开始源源不断地传入中国。

将西方的法律文化带入中国的不是法理学者和思想家，而是传教士。他们以传经通道为职业，但正是他们的身份为其进入中国提供了很好的借口。于

---

① 张晋藩著：《中国法律的传统与近代转型》，法律出版社 1997 年版，第 343 页。

是，鸦片战争后，西方的传教士不断地进入中国。他们不仅传播了宗教思想，更带来了西方的法律著作，传播了西方的法律思想。他们还在中国创办出版社，翻译并出版包括法学著作在内的各方面书籍。这些翻译出版物进一步促进了西方法律思想在中国的传播和扩散，也推动了国人思想观念的转变和革新。

闭关锁国的大门一旦开启，西方的思想文化观念和法律制度便会在各种形式之下以无法阻挡之势传入中国。传教士进入中国固然有其特殊的身份和理由，而殖民列国进入中国虽然有其不可告人的目的，但却需要借助于堂而皇之的形式进行。通商就成为他们对中国进行掠夺的途径之一。在商贸往来过程中，不仅是商品的交换，还是信息和思想的交换与传播。也就是说，"在商品背后，支撑着商业行为的西方近代民商法文化以及人权观念，也随着商品大潮一起涌进了中国。"① 中国人不仅在对外商贸往来的实践中了解和掌握了一些新的交易形式和交易规则，并在耳濡目染中接受了一些西方的法律思想和法律观念。此外，商品交易的实践也对中国的法律提出了新的要求，从而推动了中国法律的变革。

如果说传教士和商人对西方法律文化和法律思想的传入所起的完全是正面和积极作用的话，则另外一种传播西方法律文化思想的方式在很大程度上是侵略性的，那就是领事裁判权。在鸦片战争失败所签订的一系列不平等条约中，一个很重要的也很耻辱的内容就是中国司法主权的丧失——领事裁判权被攫取。在涉外纠纷解决过程中，西方的法律规则、法律制度和法律思想也传入中国，虽然这种传播途径极其不光彩。但是，"如果说过去的封闭是保全封建法制文明的条件，那么领事裁判权确立以后，在二种法制文明碰撞的过程中，保守的中国传统法制文明逐渐让位给先进的西方法制文明。当然法制文明程度的差异，决不应该成为攫取领事裁判权的籍口。"②

西方的法律文化和法律思想除由外国人带入中国之外，一些中国人也积极地输入和传播西方先进的法律文化及思想。一些先期觉醒的有识之士，如林则徐、魏源、王韬等也翻译或编译西方法律书籍，创办报社和出版社，出版发行介绍和反映新思想的书籍、报纸和杂志。而海外留学归来的华人，更是将其亲身接触和感受到的西方文化，包括法律文化、专业知识带回祖国，为引进西方

---

① 张晋藩著：《中国法律的传统与近代转型》，法律出版社1997年版，第350页。
② 同上书，第355页。

法律文化和法律思想作出了重大贡献。

### （三）批判与革新的努力与实践

虽然有顽固派的排外主张与顽强抵制，但是，面临着内忧外患以及西方先进法律文化与法律思想的冲击，一些有识之士首先醒悟，开始了批判与变法图强。

清朝的封建统治与腐败无能让一些开明的思想家走上了批判道路，开始揭露政府的腐败与黑暗。"天下无一不犯法之官"、"无非同有非，无罪同有罪"，① 这或许应该是很多人对清朝当政者与枉法裁判的共同认识。沉重的压迫也终于让百姓忍无可忍，他们揭竿而起反抗清政府的统治。其中，太平天国运动沉重地打击了清朝的统治，并从根本上动摇了清政府的统治基础，而孙中山领导的武装起义则最终推翻了其统治。

在清政府灭亡前，也有很多人为清朝的延续与图强做了诸多努力。例如魏源提出"师夷长技以制夷"，认为必须先了解和知悉对方的情况，以制服和打败对方。而且，"师夷之说不限于只输入器物文化，也包括政治法律文化，它既表现了中国传统法观念正在发生的重大变化，也为西方法文化的广泛输入与传播，制造了舆论准备。"②

洋务派为了以变应变，不仅提出了"中体西用"的主张，更是付诸行动，进行了一系列的改革运动。在法律领域也以"中体西用"理论为指导，效仿西法、整顿中法，如学习公法、制定刑律、编订了矿律、商律等法律，以适应新发展。康有为、梁启超等人更是试图通过戊戌变法，达到变革维新之目的。

总之，一系列的批判与革新的努力与运动为近代中国法律观念的转变作了很好的铺垫与准备。最后，晚清修律成为了中国近代法律转型，包括私法和民事主体观念转型的开端。

## 二、中国民事主体的近代观念转换

在中国由古代社会向近代社会转型的过程中，伴随着对外贸易往来的发展和新的法律关系的出现，西方法律及其观念也随之传入中国，并刺激着中国旧

---

① 为胡墨庄给事条陈清厘积案程折子，安吴四种，卷三十一（下）。
② 张晋藩著：《中国法律的传统与近代转型》，法律出版社1997年版，第387页。

有法律观念的变革和新的法律观念的萌生。在这个过程中，封建法律制度和宗法伦理性的法律文化与西方法观念不可避免地发生着碰撞与冲突。在碰撞、冲突过程中，有拒斥和反对、有怀疑和否定、也有坚持和牺牲。但历史终究是前进的，最终，先进的法律文化理念逐渐替代了固有的、落后的法律文化观念。因此，正如事物具有两面性一样，我们不得不辩证地看待西方的入侵。诚如马克思在评价英国对印度的入侵与统治时说道：一个是破坏性的革命，即消灭旧的亚洲式的社会；另一个是建设性的使命，即在亚洲为西方式的社会奠定物质基础。入侵固然是对主权的侵犯与无视，但却迫使被侵犯的国家改革图强、寻求发展。自身不寻求发展和变革，必然被迫走向发展，这是历史的规律。

在中国整体的法律观念发生近代转变的情势下，自由、平等和权利等西方的法观念也渗入中国，引起了私法的观念转向，并促成了一批民商事法律的制定与颁布。首先，否弃了义务本位的法文化而转向权利追求。宗法伦理性的法律制度以礼入法、施以道德说教，并以三纲五常等迫使人们遵从伦理义务，其目的无非在于维护封建等级制度。在这样的法律制度中，除了极少数的贵族、官吏享有法律上的权利外，普通百姓根本没有任何法律权利，而只有无尽的义务。义务本位是几千年来中国古代法律文化一直遵循的价值取向。而义务意味着命令与强制、意味着服从与制裁。以义务为本位，能够更好地服务于封建统治，也能使封建贵族永远保持特权地位。《万国公法》、《法国律例》等一系列法律书籍与律例的翻译和出版引进了"权利"概念，也带来了私法观念与权利意识，人权意识觉醒。晚清修律更是以国家制定法的形式为私权提供了保护，激发了人们的权利观念和权利追求。

其次，批判三纲五常，倡导法律自由、平等。三纲五常是宗法伦理制度的重要内容，也是封建法制的指导思想和原则。三纲五常使人们在现实中遵从尊卑长幼男女的道德秩序，在法律上实行等级差序的权利义务配置。因此，人们无论在现实中，还是在法律上都处于不自由、不平等的状态。维新派受西方天赋人权、自由和平等法律思想的影响，开始批判三纲五常，倡导自由、平等和民主。例如康有为批判"君为臣纲"是"民贼稳操其术以愚制民"，使"其民枯槁屈束，绝无生气"；"父为子纲"使"一家之人，亦为家长所累，半生压制而终不得自由"，"皆失人道独立之义，而损天赋人权之理"；"男与女虽异形，其为天民而共受天权一也"，从而认为"夫为妻纲"也有违天赋人权。①
并认为："人人既是天生，则直立于天，人人皆独立平等。"② 另一个批判三纲
五常的急先锋是谭嗣同，他认为其危害性在于："名之所在，不惟关其口，使
不敢言，乃并锢其心，使不敢涉想。"③ 严复更是通过翻译西方的理论著作而
直接引入了自由、平等观念。

　　自由、平等不仅作为一种法律观念被引入了中国，更在法律中有所践行。
大清修律中禁革奴婢买卖，并在民律中加以废除，正是自由、平等价值取向和
维护人的尊严的体现和落实。辛亥革命胜利后，南京临时政府在《中华民国
临时约法》中明确规定："中华民国人民一律平等"、"人民享有自由权"。还
有一些单行法也涉及人权和自由、平等的宣示与保护。总之，自由、平等不仅
以观念的形态深入人心，更获得了法律上的体现和保护。这一切使得中国近代
社会中的民事主体人格趋向于自由、平等。

## 三、近代中国民事主体的人格保护

　　人格概念内涵的丰富与使用的混乱在清朝时期可见一斑。据俞江博士考
察，中国古汉语中尚未出现"人格"一词，现在使用的"人格"一词是经由
翻译日本学者著作而舶来的。而日本也是从法国和德国移植而来的，并在
"私权之享有"和"权利能力"两种意义上使用。"人格"概念传入中国后，
对其理解基本上是日本"人格"意义的翻版，但却推动了中国的法律改革和
法学研究，前述修订清律时禁革奴婢制度就是"人格"概念传入的影响结果，
其背后蕴含着人道主义精神。④ 由于日本学者对"人格"概念理解不一，导致
其传入中国后面临同样的局面。例如对《大清民律草案》、《民国民律草案》
和《民国民法典》中所使用的"人格"概念，我国学者也是各持己见的。⑤ 这
种"人格"概念使用的混乱可以说一直持续至今。梁慧星先生将"人格"总
结为三种含义：一种含义是指具有独立法律地位的权利主体；第二种意义是指

---

① 康有为著：《大同书》。
② 康有为著：《中庸注》。
③ 谭嗣同著：《仁学》卷下，《谭嗣同全集》，三联书店1954年版，第65页。
④ 参见俞江著：《近代中国民法学中的私权理论》，北京大学出版社2003年版，第142—143页。
⑤ 同上书，第146—154页。

作为权利主体的资格；第三种含义则指人格利益。① 我们此处所说的人格保护指的是"人格利益"意义上的"人格"，即人之为人所必须具备的一些要素。对"人格利益"的保护现代一般纳入人格权的范畴。因此，人格权意义上的"人格"与主体资格意义上的"人格"是不同的。主体资格意义上的"人格"现在我们一般用"权利能力"来指代。由此，权利能力与人格是两个不同的概念，具有不同的内涵与价值指向。②

　　近代之后的民法，不仅要解决主体资格问题，而且要解决人格保护问题。通过前面论述可知，资格意义上的"人格"，即权利能力在近代中国的立法上、观念上已经趋于平等。那么，作为人之构成意义上的"人格"处于何种状况呢？如果只解决了资格问题，而作为人之为人的构成要素却不提供保护的话，则人在法律上的状态还是不圆满的。所以，俞江博士说："现代社会，重要的不是争取法律人格；而是如何维持人格的基础条件，以保证法律人格不被破坏。这一命题又可进一步转化成应该如何杜绝人格消灭的可能性。如果再加细化，那么首先，一个自然人如何才能保证他的生命安全；其次，一个人在生命安全有了保障以后，如何才能自由地活着；最后，他的安全和自由如何才能避免被非法地取消。"③ 这一命题在近代私法已经解决人格平等、自由问题之后，余下的就属于人格权的任务了。而如果将这一命题扩大范围，则属于人权的保护问题了。也因此，近代之后，各国人权保护的呼声日渐高涨，现在，人权已经成为世界性的问题了。

　　就人格利益保护而言，《大清民律草案》开启了中国"人格"保护之先河。其第51条规定："人格关系受侵害者，得请求摒除其侵害。前项情形以法律特别规定者为限，请求损害赔偿或慰抚金。"该规定虽然没有使用"人格权"而是用"人格关系"的表达，并且对这一规定中"人格"所指学者们有争议。但是，根据草案起草人松冈义正在其立法理由书中所做的解释："然人格权为对于己身之权利，以关于生命、身体、名誉、自由、姓名、身份及能力等之权利，均为人格权，是为近今之通说"，我们可以认为此条对人格关系所提供的保护实际上就是对人格权提供的保护，虽然松冈义正将"能力"也纳

---

① 梁慧星著：《民法总论》，法律出版社1996年版，第103页。
② 参见俞江著：《近代中国民法学中的私权理论》，北京大学出版社2003年版，第156—159页。
③ 俞江著：《近代中国民法学中的私权理论》，北京大学出版社2003年版，第161页。

入人格利益范畴有失偏颇。

《大清民律草案》第 51 条对人格权所提供的保护有两个值得强调的地方：其一，该条没有对人格利益采取列举的方式，而是直接以"人格关系"的表述来提供保护。这样的规定就使该条文成为"一般人格权"的保护，保护范围相对而言比较宽泛。其二，该条对人格权受侵犯提供保护时没有设定"过错"或"不法"的条件。这就意味着只要对人格权构成侵犯，无论是否有过错或不法，权利人均得摒除侵害。"换言之，如果损害他人人格，即使合法地行使权利也将受到限制。这样，关于人格权的侵害理论，就不完全是侵权行为理论所能解决的，而是具有独立的价值。"①

在《大清民律草案》之后的《民国民律草案》和《民国民法典》中均有对人格权的保护。而且，《民国民律草案》直接以"人格权"替代了"人格关系"而提供保护，其第 18 条规定："人格权受伤害者，得请求摒除其伤害。前项情形，以法律有特别规定者为限，得请求损害赔偿或慰抚金。"《民国民法典》第 18 条对人格权的表述与《民国民律草案》的表述几乎毫无二致。也就是说，《大清民律草案》之后的立法基本上沿袭了其对人格权的保护规定。这一系列的法律规定说明，最起码在观念上人们已经出现了维持和维护人之为人的基础构成的认识。实证法是对人之为人的基础的维持与保护，不仅是现实的要求，更是一种价值上的追求，其不仅在法律上宣示着人格的独立与平等，更宣示着对人的尊严的尊重。当然，近代中国虽然产生了人格尊严的观念认识，并已经形成了法律规定。但是，几千年的封建思想和等级制度的影响根深蒂固，人格平等和人格尊严在现实中完全落实是不可能的，即便是作为观念上的认识也不是十分广泛而深入的，人格的真正保护尚需时日。

## 第三节　中国民事主体的现代归入

长期的封建专制统治和闭关锁国给中国带来了切肤之痛，警醒的国人开始睁眼看世界，但巨大的差距已经酿成。中国民事主体的近代转型只是开始了与西方世界的接触和交流，并没有赶上西方的步伐而在观念和制度上形成一致。

---

① 俞江著：《近代中国民法学中的私权理论》，北京大学出版社 2003 年版，第 166 页。

直至现代，中国的私法及民事主体制度才真正地融入到世界的潮流之中。虽然这个现代的起点囿于中国的特殊现实可能晚了一点儿，但毕竟回归世界了。中国民事主体的这种现代回归无论在观念上还是制度上都有所体现。

## 一、中国民事主体观念的现代归入

从清末开始，中国民事主体实现了近代转型，但并没有完全与以西方为代表的世界法律体系融为一体，其间又经历了半个多世纪的曲折。可以说，直到20世纪90年代初，包括私法在内的中国法律制度才真正与世界相融。这个转折点始于中国的经济体制改革。

经济体制改革前，虽然经历了中华民国、抗日战争、解放战争和计划经济等数个时期，但新中国成立前基本上是战火连绵，新中国成立后又很快进入计划经济时期，其后又被"文化大革命"耽误了10年。这期间虽然也有一些法律、法规出台，但整个法学研究基本处于停滞状态，私法及其主体制度也几乎没有发展。20世纪70年代末80年代初开始的经济体制改革扭转了这种局面，使中国从农业文明转向商业文明。伴随中国经济的起步与发展，法律和法学研究开始进入全球化时代，私法观念和民事主体制度也才转向世界。

就私法和民事主体观念而言，《中华人民共和国民法通则》（以下简称《民法通则》）以民事基本法的形式确立了民事主体地位平等的原则，并规定"公民的民事权利能力一律平等"，从而在民事基本法上承认了民事主体的观念平等。这种承认我们从"公民"的用语上可以略窥一二。封建时期，国人往往习惯于将自己称为"臣民"。新中国成立后，又将自己称为"人民"或"主人"。直至现在使用"公民"的称谓。这种用语的变化实际上反映着人们观念认识的转变。

"我们传统的国民性格是一种具有奴隶性的'臣民'、'草民'性格，它既与民主、法治精神严重相悖，也泯灭了人性和主体精神。清末之后，我国开始在外国列强船坚炮利的欺辱之下进行'启蒙'和'救亡'，其中很重要的方面就是由'臣民'走向'国民'、'公民'。"[1] 在这几个称谓中，"臣民"是与中央集权的政治体制相符合的一种称谓，在这种政治体制之下，人性和主体精神

---

① 马长山著：《法治的社会维度与现代性视界》，中国社会科学出版社2008年版，第55页。

被泯灭，产生和落实观念平等的认识是很难的。"人民"是一个整体性的概念，是与人民民主专政相对应的政治性的概念。在这种政治体制下，"人民是国家的主人"，表明了"人民"的主人翁地位，这似乎给予了人民以极高的地位，但却把国家制度和法律的目的由保护人的自由和权利替换成了"主人"的身份和地位，从而使社会主义的优越性凸显为对人民主人翁地位的确认与保证，而不再提倡人的自由和权利。① 这种主人心理"湮没了以自由理性精神和维权护法信念为轴心的现代公民意识，也遏制了私人权利、私人自由的实现和私人领域的正常发展。"② 因此，在"人民"或"主人"的社会语境中是无法升华出人的自由、平等观念和权利意识的。"公民"则是一个法律概念，以"公民"来描述民事主体地位及其平等性在一定程度上去除了"臣民"的奴性和"人民"的主人意识，使现实的人在国家之中获得了人的主体性，也可能使"人把自身当作普遍的因而也是自由的存在物来对待"③，从而产生自由、平等的观念。但是，"公民"虽然是一个法律概念，但却主要是公法上的概念而不是私法上的概念。《民法通则》中以"公民"用语指称民事主体，表明当时虽然形成了民事主体的平等观念，但还不是很明确与牢固。而且，民事基本法上的规定与承认并不能代表民众的观念共识。一般地说，立法者作为社会的精英，往往先于普通民众接受并形成某种新的思想观念。传统的"臣民"意识与奴性延续意味着民众平等观念的形成与接受要略迟一些。至 20 世纪 90 年代初期之后，一般民众才基本上形成了自由、平等的观念认识。

在中国民众刚刚获得普遍的自由、平等认识并开始现代化历程不久，西方世界又发生了观念上的另一种转向，即形式自由、平等转向实质自由、平等。于是，中国民事主体的观念现代化又面临着另一个时代落差。因为，"中国的现代化与西方发达国家业已完成的现代化之间有一个巨大的时代落差，即我们不是在西方文明方兴未艾之际来实现由传统农业文明向现代工业文明的现代化转型，而是在西方工业文明过渡之时才开始向工业文明过渡的。这种历史错位给中国的现代化带来了特殊的历史定位，它使得原本应当以历时的形态一次更替的农业文明、工业文明和后工业文明及其基本的文化精神在中国的嬗变和演

---

① 马长山著：《法治的社会维度与现代性视界》，中国社会科学出版社 2008 年版，第 36 页。
② 同上。
③ 《1844 年经济学哲学手稿》，人民出版社 2000 年版，第 56 页。

进，由于中国置身于开放的世界体系之中而转化为共时的存在形态。"① 在历时与共时汇聚在同一时代的情况下，中国的民事主体观念必须进行跨越式发展才能与世界保持一致。于是，在短期内，中国民事主体的观念又很快跨越到实质自由、平等，以维护和实现实质正义。因此，中国的民事主体观念融入世界、迈进现代化的起点虽然比较晚，但转变和发展的跨度却比较大。

## 二、中国民事主体制度的现代归入

中国民事主体在观念上实现现代归入的同时，私法的具体制度也随之发生现代归入。可以说，到目前为止，中国几乎所有的私法制度基本上都与世界保持了统一。因为，传承与创新是现代化的核心内涵。中国的私法制度中固然有传统内容，但创新的成分可能更多。而法律制度的创新未必要求一切推翻重建，也不意味着一定要自己发明创造，完全可以移植和借鉴，只要移植和借鉴的同时进行本土化就可以了。古老的中国文明唯独缺少法制文明，中国传统文化中更欠缺私法因子，因此，中国从近代转型开始，除中间曾有一段时间是借鉴前苏联的民事法律制度之外，一直是借鉴或直接移植西方的私法制度而建立中国自己的私法制度的。改革开放之后，更是将移植和借鉴的对象锁定在西方。于是，中国的私法制度很快就归入了现代。而且可以说，中国私法制度的现代归入可能比观念的现代归入要更早更快一些。因为，制度作为一种显性存在，可以直接借鉴或移植，而观念是内隐的，其形成、接受和确立都是比较迟缓的，而且只能内生或受影响而生成，但却绝对不可能移植。

改革开放前中国的民事主体制度及其他相关保护制度也因战火和计划经济的影响处于停滞状态，尤其是计划经济时期，国家计划几乎应用于全部经济领域，国家计划的严格控制与应用使私法和民事主体失去了生存的空间，窒息了民事主体的自由，也否定了国家与企业、企业与个人之间平等的可能性。在这样的社会环境中，私法的空间全部被国家计划填充，民事主体制度无法真正建立。改革开放之后，中国的私法及其民事主体制度才真正建立并逐渐获得完善。但 20 世纪 90 年代前，由于计划经济因素的严重遗留，私法与民事主体制度还与世界有很大的差距，并没有真正地融入世界。又经过了近 20 年的发展，

---

① 衣俊卿著：《文化哲学》，云南人民出版社 2001 年版，第 35 页。

私法和民事主体制度才基本实现了世界性的回归。因此，就现在来看，中国民事主体制度和私法其他相关的制度，如财产权制度、契约制度、人身权制度、侵权制度，以及民事责任制度等制度内容和立法规定与世界其他国家的制度内容与规定并没有太大出入。甚至有一些制度内容或立法规定比其他国家走得更为激进，如侵权行为的类型化研究较很多国家更具体和更细致；在《中华人民共和国侵权责任法》中，隐私权获得独立的权利形态与规定，这在西方国家也是少有的。这一切表明中国现代的私法和民事主体制度不仅真正地融入了世界，而且还有赶超的倾向。

经过 30 年的改革开放，中国不仅实现了经济腾飞，也实现了私法及民事主体制度的世界归入。但是，我们不能据此认为中国的私法和民事主体制度就是毫无瑕疵、毫无问题的。应该说，中国的私法和民事主体制度由于多种因素的影响还存在很多问题，这些问题既有制度层面的，也有社会层面的。就制度层面而言，如我国《合同法》第 2 条在界定合同概念时，虽然将自然人、法人和其他组织都作为合同主体规定，但从《合同法》的内容上看，却忽视了对自然人这个弱势主体的关注和保护。此外，我国的《消费者权益保护法》、《产品责任法》也存在很多问题，这在很大程度上影响着私法和民事主体制度价值目标的实现，也影响着民事主体实质自由、平等的观念落实。就社会层面而言，民事主体制度的价值目标不仅仅是民事主体制度本身所能达成的，甚至不是私法制度所能独自承载的，需要社会、经济、政治、文化，以及其他法律制度的协力才能最终达成这一价值目标。而我国目前在这些方面还存在欠缺，这也成为制约我国民事主体当代发展的瓶颈。

## 第四节　中国当代民事主体制度培植的瓶颈与出路

制度目标的实现单独依靠该制度本身可能很难得以实现，更多的时候需要相关制度之间的彼此配合和协调。单就我国民事主体制度本身而言，虽然不能说没有缺陷，但就内容和具体规定而言，与其他国家的差距并不是很大。而且，即便存在一些问题，也不是很严重。也就是说，民事主体自由、平等的价值诉求在民事主体制度中基本都有相应的回应，例如民事主体的权利能力平等、意思自治、契约自由、民事权利等规定和制度与他国相比并无太大差别。

但是，民事主体的保护及其制度目标的实现更大程度上需要依靠其他制度的配合。这些制度虽然相对于民事主体本身来讲，并不直接和主体发生关联，在很大程度上具有一定的外部性。但是，这些外部性的制度却是为民事主体制度提供着基础条件，决定着民事主体制度运行的外部环境。这些基础条件和外部环境的欠缺与不完善对民事主体产生的影响不亚于主体制度本身不完善对民事主体造成的危害，甚至可能甚于主体制度本身所造成的损害。也就是说，外部性配套制度的欠缺与不协调对与民事主体及其权利保护产生的影响是根本的。因此，研究民事主体制度不能仅仅着眼于主体制度本身，而是必须将其研究范围扩展到相关的制度，以此促进和实现民事主体的制度目标，使民事主体的自由、平等价值诉求真正得以实现和保障。

## 一、中国当代民事主体的现实境遇

### （一）群体性事件频发

近些年来，很多群体性事件成为备受人们关注的热点，"群体性事件"也成为网络的热名词。据有关部门统计显示，1993 年我国发生社会群体性事件 0.87 万起，2005 年上升为 8.7 万起，2006 年超过 9 万起，这些数字显示群体性事件在我国呈逐年上升的势头。2008 年和 2009 年更是群体事件的高发阶段。我们回顾几个典型的群体性事件。

2005 年 6 月 26 日，安徽池州市发生了一起群体性事件。当日下午，一辆丰田轿车刮伤行人刘亮。双方产生争执，轿车上的人将刘亮打伤。引起部分市民不满并向 110 报警。警察赶赴现场将刘亮送往池州市第一人民医院急诊室就诊，并将肇事者连人带车带到派出所接受调查。部分围观群众跟随到派出所进行对峙，并愈集愈多。虽经市领导出面与市民对话，但效果不佳。傍晚，一些好事者开始推砸肇事车辆，部分不法分子燃烧车辆、袭击现场武警、切断派出所电源，实行打砸抢并纵火。

2006 年 11 月 7 日，四川省广安市 3 岁多小孩熊洪徽因误服剧毒农药，被爷爷送到广安市第二人民医院抢救，但因医药费问题，医院拒绝先行抢救，最终导致 3 岁男孩因拖延抢救而死亡。11 月 8 日，孩子父亲到医院讨要说法遭拒绝，引起围观群众不满。警察介入后与群众发生激烈冲突，造成死伤数十人。

瓮安事件在近年来我国发生的群体性事件中更堪称为"标本性事件"。2008年6月22日，瓮安三中学生李树芬落水身亡。死者家属怀疑是他杀而要求进行尸检，县公安局鉴定死者系溺水死亡。家属不服要求再次进行尸检，县公安局调查认定死者溺水死亡系自杀，并向死者家属送达了《不予立案通知书》和《尸体处理通知书》。死者家属对公安机关的结论不服，未将尸体领回处理。经县政法委主持调解失败。之后，死者家属在县公安局办公楼里与干警发生冲突，出来后又在街上遭身份不明者殴打。事后调查证实打人者是受公安干警指使的。此后，针对李树芬之死，谣言与事实混杂激起群众对死者的同情。28日下午，群众自发组织起来游行，很多学生参与其中。游行队伍不断扩大，最后已达上千人的规模。之后，游行队伍与警察发生冲突，围观人群有上万人之多。针对上述局面，县委、县政府层层开会，却始终没有领导出面与游行民众进行对话，最终导致瓮安县政府被打、砸、抢、烧。在这一事件中，瓮安县县委、县政府、县公安局、县民政局、县财政局等被烧毁办公室160多间，被烧毁警车等交通工具42辆，不同程度受伤150余人，造成直接经济损失1600多万元。

此外，还有诸如重庆万州事件、四川大竹事件、浙江瑞安事件等，我们不能一一道来。但列举出来的这些已经足以令我们心悸不已，并已经足够值得我们思考和说明问题了。

**（二）户籍制度产生的身份差异**

在现代民族国家的视域下，除了少数一些人不具有任何国家的国民身份外，几乎所有的人都具有一个身份的证明——国籍。国籍决定着某一个人的国家公民身份，依照国籍，这个人接受其所属国家的法律管辖，享有所属国家公民的权利和义务。对中国公民来说，他不仅具有国籍的身份，还需要具有一个户籍的身份。这是我国实行户籍制度的结果。

就户籍制度本身来说是无可非议的，它也不是我国独有的事物，而是国际通行的人口管理办法之一，具有证明公民身份、提供人口资料和方便社会治安的功能。因而在户籍上，需要记载家庭成员的组成，记载一个人的出生地、出生时间、姓名、年龄、工作单位等等一些个人情况。但是，当时我国实行户籍管理制度还有另外一个目的，即控制农村人口的流动。当时，我国的城市和农村经济发展水平不一致，但国家的生产能力很有限，为了稳定国家的经济建设，从而确定了农村支援城市、优先发展城市的战略计划和目标。在城市资源有限的前提下，优先发展城市就必须控制农村人口流向城市，从而分享城市资源。因此，户籍登记管理就需要额外承担起这一功能。1958 年 1 月 9 日，时任公安部部长的罗瑞卿在对我国《户口登记条例》草案进行说明时，就已强调："农村人口盲目流入城市……使得有些城市的交通、住房、供应、就业、上学等问题，都出现了一定的紧张局面……也影响了农业生产建设的开展……我国当前的情况是城市劳动力已经过多……政府正动员干部和学生下乡上山，这就更不难了解要制止农业人口盲目外流的必要。"于是，《户口登记条例》就确立了城乡二元制的户籍登记管理制度。

在城乡二元制的户籍管理模式下，户口不仅与每个人的现实生活相连，更带给人们一种城乡的差别。因为，根据我国现行的户籍制度，有农业户口和非农业户口之分。农业与非农业不仅是所从事的劳动上的差别和地域上的差别，还带来一种身份上的差异——城里人还是农村人，也可以说是市民抑或是农民。市民和农民不仅是简单的称谓问题，而是蕴含着诸多的不同，并造成很多社会问题。

我国对这些问题不是没有认识，并早在 1992 年，国家就成立了户籍制度改革文件起草小组。1993 年 6 月，起草小组草提出了"取消农业、非农业二元户口性质，统一城乡户口登记制度；实行居住地登记户口原则，以具有合法固定住所、稳定职业或生活来源等主要生活基础为基本落户条件，调整户口迁移政策"的改革目标。此后，在 1998 年 7 月底，国务院批转了公安部《关于解决当前户口管理问题的意见》，出台了旨在改革"二元结构"户籍体制的新的户口管理政策。但是，由于户籍制度改革牵扯到各项社会管理制度和福利制度，必须要有社会管理制度，尤其是城市管理制度、社会福利制度的相关配套改革才能完成。所以，迟至今日，我国户籍改革的总体进展依然缓慢，改革目标也远未实现。

### （三）贫富分化已经超过警戒线

改革开放 30 年，中国实现了国民经济的飞速发展，完成了计划经济向市场经济的转型，取得了世界瞩目的成绩。相关数据显示，从 1978 到 2006 年，我国居民收入年均增长 6.7%。即便在遭遇世界性经济危机的情况下，我国的国民收入仍然持续增长。国民收入的增长预示着国家经济实力的增强和可供分配的收入的增加，由此必然引起国家对诸如医疗、卫生、教育、环保等各项投入的加大，人民的生活水平也获得相应的提高。这无论是对国家而言，还是对百姓而言都是有利的。但是，在中国的 GDP 持续增长的同时，中国的贫富分化问题也越来越严重。

谈到贫富差距，有一个专业术语——"基尼系数"。基尼系数是意大利经济学家基尼于 1922 年提出的定量测定收入分配差异程度的指标，也是判断收入分配公平程度的重要指标。具体指在全部居民收入中用于不平均分配的那部分收入占全部收入的百分比。基尼系数最小等于 0，表示收入分配绝对平均，没有任何差异；最大等于 1，表示收入分配绝对不平均。但这两种情况只能在理论上出现，实际生活中的基尼系数总是介于 0 和 1 之间。按照联合国有关组织规定：若低于 0.2 表示收入绝对平均；0.2—0.3 表示比较平均；0.3—0.4 表示相对合理；0.4—0.5 表示收入差距较大；0.5 以上表示收入差距悬殊。国际上通常将 0.4 作为贫富差距的警戒线。

就我国而言，根据世界银行的报告，1960 年，我国基尼系数大约为 0.17—0.18，1980 年为 0.21—0.27，从 2000 年开始，我国基尼系数已越过 0.4 的警戒线，并逐年上升，2006 年已升至 0.496，2007 年达到 0.48，2008 年为 0.469。而根据 2008 年下半年亚洲开发银行发表的《减少不平等，中国需要具有包容性的增长》的新闻稿公布的《亚洲的分配不均》的研究报告显示，在 22 个纳入亚行研究范围的国家中，中国居于贫富差距之首，在衡量分配不平等的两个常见指标中，收入最高的 20% 人口的平均收入与收入最低的 20% 人口的平均收入的比率，中国是 11 倍，高出其他国家一大截。这些数据不仅显示出我国贫富差距的程度已经相当严重，而且在亚洲也是首屈一指的。而且，不仅整体上的贫富差距比较悬殊，国内各个城市的贫富差距程度也是各不相同的。大体说来，经济发达省市的贫富差距程度相对比较大，而经济较落后地区的贫富差距则稍微小一些。排在前几位的分别是广东、北京、上海、浙江和福建，而陕西、甘肃、宁夏、青海、西藏则排在后几位。从地理分布来看，则是东部地区的贫富差距高于西部地区，南部地区的贫富差距高于北部地区。

经济体制改革的政策目标是以先富带后富，实现人民的共同富裕。因而，允许一部分先富裕是与经济体制改革的政策目标相一致的，一定程度的贫富差距也是不可避免的。从目前看，确实有一部分人先富裕起来了，并且，人民的生活水平整体上也较改革开放前有了大幅度的提高。但是，先富裕的一部分却没有带动所有人实现共同富裕，反而出现了贫富的两极分化。贫富差距的悬殊说明虽然中国整体实力增强、财富总量增加了，但大部分的社会财富掌握在一小部分人手中，另一部分人却走向了绝对贫困化，由此形成了社会的分层化。

**（四）商业资本与政治权力结合紧密**

从静态上看，人们所拥有的能够为主体所控制和支配，并能满足主体需求的物质客体我们称之为物，往大一点儿说是财产。静态的物或财产对于主体来说，只能提供使用价值，只能满足主体的使用需求，它不会给主体带来增值的收益。但是，静态的财产一旦进入市场，参与了商品交换，即实现了动态化，那么，这项财产就不再是一般的财产，而是变成了资本。财产一旦变成资本，虽然主体自身不再能够对它进行使用，对主体而言它失去了使用价值，但是却可以给主体带来更大的收益，即利润。而正是利润支持了几乎全部法律交易。追求尽可能多的利润也就成为商业资本的目的。商业资本是市场必不可少的要素，也是衡量一个社会经济活跃和完善程度的重要指标。可以说，在一个社会中，商业资本越充足、流动越快，市场越繁荣、交换越频繁，经济也就越活跃。而商业资本进入和退出市场的机制越简便、越完善，社会经济越有序、越规范。

追逐利润固然是商业资本的目标，但是，商业资本只能遵循市场规则并在市场中运作。而市场规则要求所有市场主体自主、平等、公开地参与和进行商品交换，要求商业资本的运作遵循公开、公正和公平竞争的要求，并要防止资本的过度集中和垄断。如果遵循这些原则，商业资本的运作是规范的，资本的拥有者，即商品交易的主体是自主而平等的，市场所能提供和配置给他们的资源也是同等的。但是，如果商业资本的运作范围超出了市场范围，而进入到政治领域，不公平就产生了。

商业资本进入政治领域的常见方式就是将一部分利润分配给拥有政治权力的人，但是，利润的分配不可能是无偿的，这不符合市场的交换规则，也无法实现商业资本的目的。那么，政治权力的拥有者拿什么进行交换呢？只有权力。于是，商业资本和政治权力结合在一起，开始了权钱交易。

实际上，政治权力和金钱的关系一直是比较密切的。从历史上看，金钱可以依靠政治权力取得，或者说金钱为政治权力产生和争夺提供了原动力。商业资本和政治权力结合后，政治权力的拥有者可以获得金钱，而商业资本的拥有者则可以获得更有利的资源和更多利润。因为，政治权力的一个主要功能就是对社会资源进行强制性的分配，包括经济资源、政治资源和文化资源。如果没有其他因素的作用和影响，这些资源应该公平地分配。但是，在商业资本和政治权力结合后，拥有政治权力并能决定资源分配的人就不再会进行公平地分配，必然给予商业资本的拥有者以更多的资源，由此使他们处于资源上的优势。资源分配和享有上的不平等造成了竞争上的不平等。

就我国目前情况看，商业资本和政治权力的结合是紧密的，而其结合的实质和关键就是化公为私，受损害的则是国家和百姓的利益。在我国社会转型时期，这种结合而产生的腐败更为普遍和严重。几乎各地都不同程度的存在官商结合的情况。国有企业改制、招商引资、招标拍卖、房地产开发建设过程中，商业资本与政治权力的结合更是十分严重的。中国近年来的房价持续走高，政府一再控制却始终成效不显著。其关键之处就是土地成本无法降下来。而无法降下来的重要原因就是土地开发商要将很大一部分利润分配给某些官员。

## 二、制约当代中国民事主体制度发展的瓶颈

### （一）民主协商渠道不通阻碍民事主体理性诉求的畅言

民主政治与私法的人文精神相暗合，人作为私法的目的也成为民主政治制度的目的。与此同时，民主政治为民事主体的自由、平等提供着政治保障，使主体的自由、平等具有了更大的现实性。我国实行中国共产党领导下的多党合作和民主政治协商制度，人民代表大会制度和政治协商制度是我国民主政治的制度形式。多年来，这两项制度在我国的改革开放和经济发展中发挥了重要作用。一年一度的"两会"为国家和政府了解和倾听民意，以及代表和民众参政议政提供了很好的契机与途径。

在治理和决策民主协商方面，我国也做出了很大的努力。例如，很多重要的法律，尤其是关系国计民生的法律在制定时向社会公布草案、征集意见和建议。很多地方立法有时也采取这种形式。此外，地方在出台某些政策，以及与百姓居家生活密切相关的水电气等费用调整时，要举行听证会。这些都是我国民主政治不断完善的表现。通过这些形式，不同领域、不同层面的民众可以参与到政治生活中，反映和提出自己的想法和意见。国家和政府也可以了解到不

同民众的诉求，并给予充分考虑。如此，既使民众的诉求得以通过合理途径获得反映，调动和提供民众参政议政的积极性，又能使制定的法律、法规和政策反映民意，具有很好的实效。但是，我国的民主政治协商制度还有诸多不完善之处，这在很大程度上制约着我国民事主体制度的发展，制约着民事主体自由、平等观念的培育及落实。频繁发生的群体性事件提示着我国民主政治协商还有待改进和完善。

各地频繁发生的群体性事件能否向我们说明什么呢？尤其是很多事件的参与者与事件本身并没有直接的利益关系，但他们却积极地参与其中，难道他们只是觉得好玩儿寻求刺激吗？似乎不是。这些群体性事件的发生地点不同、时间不同、起因不同、规模和持续时间也不同，但我们却可以发现一些共同之处。首先，这些群体性事件大多发生在县级区域或者镇级区域环境中；其次，几乎所有的群体性事件的起因都原本属于百姓生活内容，但却在介入了医院、警察、政府等部门之后引起事件发生。再次，事件当事者之间的矛盾仅为事件提供了诱因，其后转化为群体与以警察为代表的政府之间的冲突，并引发打砸抢；最后，在群体性事件发生后，当地政府几乎都一致对外封锁消息，新闻媒体也往往压住不报。

频发的群体性事件及其共同点向我们说明，近些年我国在经济快速发展的同时也累积了很多来自社会底层的民怨。这些民怨原本属于人民在市民社会生活中的问题和矛盾，如安徽池州群体性事件起因就是普通的侵权纠纷、四川广安事件也原本属于医患关系问题。但是，人们在市民社会中的问题和诉求却因没有合理的途径和渠道得以反映和回馈而累积在一起，而这些问题和诉求市民社会本身又无法解决和满足。于是，一个小小的诱因就导致累积的宿怨爆发。与事件本身无关的人不断地参与到事件中，增长着参与事件的人数、扩大着事件的规模、延长着事件的时间，并恶化着事件的后果。这并不是事件参与者本身所要达到的目的和追求的效果，但他们没有其他办法和途径表达他们的想法、满足他们的诉求，他们只能借别人的事情发泄自己累积起来的对政府的不满。

从各地频繁发生的群体性事件我们可以看出，我国民主政治的民主程度还很不够，尤其是基层民主制度的问题更为突出。政府封锁信息、新闻媒体被压不报说明很多地方仍然普遍存在信息不公开或公开不足、利益分享不合理的情况。在基层政权，群众的知情权、参与权根本无从谈起，更无法分享到发展所带来的利益，由此导致宏观经济指标与百姓微观感受的背反。因此，我国目前民主政治的宏观环境虽然已经取得不错的成绩，大中城市的民主政治协商制度落实得相对比较好，工作做得也比较不错。但是，县乡等微观环境还存在很严重的问题。一方面，基层民众的民主意识还比较薄弱，另一方面，干群关系、警民关系、医患关系还一直处于紧张状态。彼此地位不平等、缺乏对话和沟通。借助于这样的微观环境，民众在日常生活中面对面的"微观动员"最终导致群体性事件的爆发。由此可见，民主政治及其发展和完善程度不仅关乎公民政治权利的享有和行使，还在相当大的程度上影响着民事主体的市民生活，制约着其自由、平等诉求的表达与权利实现。如果这些问题得不到很好的解决和处理，那么，就像群体性事件一样，市民社会的矛盾将转化成市民与政府和政治国家的矛盾。

**（二）儒家传统思想遏制当代民事主体的个性张扬和权利意识彰显**

法律根源于传统。在法律的发展过程中，"既有内在的连续性，又有因时因事而异的可变性或转化性，这二者并不是矛盾的。相反，没有可变性的法律传统是僵死的，不可能形成不同历史阶段的特殊风貌。"[①] 中国的法律传统是古老的，也是多样的。但在多样的法律传统中我们却仍然能够发现儒家思想的主导地位，其也因而成为中国法律文化的正统思想。

"礼"是儒家思想的核心。整个中国古代的社会治理，基本上是"以礼入法"、"礼法结合"，因而，"礼"几乎代表和反映着中国古代社会封建法的全部内涵。根据昂格尔的总结，他认为"礼"有四个特点：1. "礼"是等级性的行为准则，根据个人相对的社会地位支配人们之间的关系；2. "礼"是内在于特定社会状况和地位的习惯性的行为形式；3. "礼"不能脱离具体关系，从而不是实在的规则；4. "礼"不是国家制定的公共规则。[②] 从"礼"的这些特点可以看出，其是与封建的等级制度相适应的，是维护封建等级秩序的一种手段。而且，"礼"虽然调整和维护着中国古代的社会秩序，但它却不是实在的公共规则，也不具有抽象性，而必须通过具体的社会关系来实现治理。在

---

① 张晋藩著：《中国法律的传统与近代转型》，法律出版社1997年版，前言第1页。
② 参见［美］R. M. 昂格尔：《现代社会中的法律》，吴玉章、周汉华译，凤凰出版传媒集团、译林出版社2008年版，第77—79页。

"礼"对具体的社会关系调整过程中，形成了中国特有的礼俗文化。这种礼俗文化不仅强调家族内的血缘伦理亲情，而且，这种血缘伦理亲情被带入社会关系中，成为社会成员之间权利义务关系的准则，由此形成了以血缘伦理亲情为基础的人情关系和人情社会。国法与人情具有相当程度的一致性，最终形成了天理、国法、人情的协调统一。

儒家"礼治"思想的人性根源在于"人性本善"。因而，儒家学者认为人的道德本身具有追求仁义的一般取向，在对仁义的追求中就能够产生行为准则，甚至认为人自身的道德认识就能够成为行为准则。因此，培育并依靠这种道德感就能实现社会的治理和协调。由这种道德感而形成的行为准则即"礼"。当然，从"人性本善"而推导出的礼法之治仅是伦理视域的人性体现，而关于如何行为与应当如何行为，儒家思想还没有明确的认识，个体与社会的问题更是不可能涉及。因此，认识论和生存论的人性对当时的儒家学者来说是不可能触及的问题。"人性本善"和"礼治"思想注重人的内在德性，而忽略了人的外在范式。由此形成了中国"人治"和"德治"传统，欠缺"法治"基因。

儒家主张"礼治"和"德治"的目的就在于追求一个没有纷争的和谐的社会。因而，"无讼"就成为儒家思想的理想境界，也成为执政者追求的政治目标。"如果说无讼是中国古代政治与法制建设的价值取向，那么调处则是实现息讼、无讼的重要手段之一。"[1] 在无讼、息讼的价值取向引导下，在调处作为解决纠纷的手段下，不可能激发起民众的权利意识和维权意识。因此，中国在相当长的时期内，甚至直到改革开放之后，人们的权利意识仍然很薄弱。即便现在我们也不能说中国人的权利意识相当强了。

除了"礼治"的思想及主张外，"重农抑商"也是儒家学者极力主张的。在儒家学者看来，真正的君子是不应该追求名利的，认为以追逐个人私利为目的的商人是不道德的、奸诈的，由此形成"君子重信轻利"的认识。受儒家思想影响，歧视商人是当时整个社会的风气。"士农工商"，在社会的阶层划分中，商人排在最末。对商人的排斥与歧视导致整个统治阶层抑制商业重视农业的政策导向。商品经济不发达、"重刑轻民"、"重公权轻私权"等都是儒家

---

① 张晋藩著：《中国法律的传统与近代转型》，法律出版社1997年版，第283页。

轻视商人及"重农抑商"政策的结果。商人本身受到歧视，其自身力量又不强大，不可能形成独立的商人集团，也就无法形成如欧洲中世纪时期商人作为第三等级与君主政权的对抗，并发展出自己的一套商事规则和商事法院。由此也可以说，中国古代没有发展出独立的法律职业团体、没有形成独立的商法与儒家的轻商思想也是有关的。

此外，中国古代的家族本位也与儒家的纲常伦理思想是紧密相关的。家族本位使"家"而不是"个人"成为社会的主体。"个人从属于家族，个体在经济、政治、精神生活中与血缘宗族群体不可分割地联系在一起，个体的一切价值需求，只有在国或家的整体中，才具有现实性。"① 家族本位成为中国私法文化的基础与特征，从而使中国整体上缺乏个体意识，并使国家或整体价值高于个体价值。国家利益高于个体利益、私人利益自然是情理之中的结果。

综上，儒家思想作为中国传统法律文化的正统思想，其对等级制的维护、对关系的认可与依赖、抑商轻商思想、息讼和无讼理念，以及家族本位的文化底蕴无不与近代之后民事主体的自由、平等诉求、个体的自主性和独立性、权利意识及法治理念相违背。虽然从清末我国开始了私法及民事主体的近代转型，历经改革开放的现代洗刷，商品经济获得了快速发展，并初步建立了社会主义的市场经济和法治观念，民事主体的个体意识和权利观念也蓬勃发展，但是，儒家传统思想的影响并没有彻底根除，它仍然在思想的深处影响和制约着当代中国民事主体的现代发展。当然，我们并不是说儒家的传统思想就是腐朽的、没有任何养分的，我们只是通过对传统的反思来寻求发展。也就是说，"传统决不意味着腐朽、保守；民族性也决不是劣根性。传统是历史和文化的积淀，只能更新，不能铲除，失去传统就丧失了民族文化的特点，就失去了前进的历史与文化的基础。我们需要从固有的法律传统中，引出滋润了五千年中国的源头活水，需要科学地总结和吸收有价值的因素。"②

### （三）市民社会与政治国家分离的不彻底性削弱了当代民事主体的社会基础

历史向我们展示和证明着这样一个事实：与私法发达、民事主体活跃相对

---

① 张晋藩著:《中国法律的传统与近代转型》，法律出版社 1997 年版，第 161 页。
② 同上书，前言第 2 页。

应的往往是政治国家与市民社会一定程度上的分离甚至彻底分离。近代私法及民事主体制度的历史转型也正是伴随着近代民族国家与其市民社会彻底分离而完成的。因为，正是政治国家与市民社会的分离为民事主体划定了自治的领域，由此培植出了私法中的人，并提供了其活动的基地。而民事主体在其内在需要的推动下，在市民社会中的活动构成交易和交易秩序，而其活动规则即成为私法。因此，独立的市民社会是民事主体活动和自治的空间，私法及其民事主体的活动都是围绕市民社会而展开的。

中国自古就没有政治国家与市民社会分离的传统，历史上的中国基本上始终处于政治国家吞并市民社会、国家与社会同一的状态中，也由此奠定了中国专制主义的社会基础。也就是说，"古中国和东方社会并未经历西方社会那种国家与社会的曲折多变性发展，而从一开始就是国家凌驾于社会之上，并侵吞和同化了社会。这种国家与社会的僵化单线性发展，造成了东方社会的'稳定性'和'停滞性'，使得市民社会始终未能获得有效生长。"① 但是，正如历史是发展的一样，政治国家与市民社会的关系也不是一成不变的。自清末以来，伴随着中国的近代转型，中国的市民社会也开始孕育和发展，并为中国近代私法和民事主体的近代转型提供了社会基础。但是，由于历史因素的影响和遗传，中国的市民社会始终处于发展不充分的雏形阶段，在中国的政治、经济发展中未能有效地发挥其功能。②

改革开放后，伴随着中国市场化进程的加快，市民社会与政治国家的关系获得了质的飞跃。政治国家不再全面干预和控制市民社会，而是积极地推出市民社会，并努力推动市民社会与政治国家的分离与独立，并最终形成了初具规模的市民社会。在市民社会日益获得独立的过程中，民事主体的自主性和独立性不断提升，主体的权利意识及自由、平等诉求也得以极大扩展。这一切都为我国当代民事主体制度发展提供了良好的社会土壤和更大的自治空间。但是，市民社会作为一种历史现象，不是一致的共同模式，而是具有特质的社会现象。③ 中国的市民社会是在中国特定的历史环境中形成的，因而也具有自己的

————————

　　① 马长山著：《国家、市民社会与法治》，商务印书馆2002年版，第124页。

　　② 朱英著：《转型时期的社会与国家——以近代中国商会为主体的历史透视》，华中师范大学出版社1997年版，第576—577页、第585—588页。

　　③ 马长山著：《国家、市民社会与法治》，商务印书馆2002年版，第208页。

特质。有学者将其概括为自发性与人为性、民间性与官方性、自主性与依赖性、分离性与合作性相并存的四个特征。① 这些特征说明了中国市民社会的特殊性，也正是这些特殊性表明了中国市民社会的现实：以政府推动为主导而形成的中国市民社会尚不很理想和完善，尤其是市民社会对政治的高度依赖性表明这种分离的不彻底性，也表明市民社会自身对与政治国家分离的内动力不足。

市民社会自身的内动力来源于民事主体的自主意识和权利意识，来源于民事主体的自由、平等诉求。其内动力不足表明当代中国民事主体的主体性还有被挖掘的可能。不过，内动力不足的问题一方面在于民事主体的主体意识和权利意识欠缺，另一方面还在于民事主体的诉求因正当合理的途径或渠道的匮乏而被压抑了。中国没有经历过西方的文艺复兴和宗教改革，缺少西方人文主义的底蕴和积淀。虽然经过 30 年改革开放的培育，但是，我们必须承认中国民事主体的主体意识和权利意识还有待进一步培育。但是，民事主体诉求伸张的渠道匮乏可能是更为严重的问题。频繁发生的群体性事件已经证明了这一点。

后发外生型市民社会秩序的构建必须仰赖于国家和政府的推动，由此导致了市民社会对国家的依赖。如果仅是市民社会依靠国家的推动而实现分离和秩序构建倒也无可非议，它只是表明分离和秩序构建的不同类型罢了。问题在于市民社会对政治的依赖为政治权力进入市民社会提供了良好的契机。于是，在政治国家与市民社会重合的传统影响和市民社会与政治国家分离不彻底的现实下，政府的推动就演化为政府的介入和替代。因为，政府的推动必须落实到某些掌握政治权力的官员头上。政治国家高于并凌驾于社会之上的认识不可能一下子改变。在意识没有完全转变的情况下，他们很难彻底地完成角色的转变。势必将一些政治国家的东西带入市民社会，而市民社会的一些东西也可能渗入到政治国家之中。相互渗透和相互影响的结果是市民社会与政治国家的难舍难分、相互纠结。中国目前政府办市场、政府办社会，以及商业资本和政治权力的结合等，实际上都是政治国家与市民社会分离不彻底的表现和结果。此外，在征收和拆迁过程中，滥用国家权力，不尊重被征收人和被拆迁人的意思与利益，强行征收和拆迁的情况仍然十分严重，导致被征收

---

① 陈晏清著：《当代中国社会转型论》，山西教育出版社 1998 年版，第108—114 页。

人和被拆迁人的利益缺乏制度保障。因此，政治思维和权力意识在市民社会中的沿袭，必然影响市民社会与政治国家的分离。而无论是民事主体自身的主体意识和权利诉求不积极，还是主体诉求缺乏正当合理的伸张途径，抑或是市民社会与政治国家分离得不彻底，都必然从根本上制约我国民事主体在当代的进一步发展。

**（四）宪政制度不完善弱化了民事主体的制度保障**

在市民社会与政治国家分离的前提下，近代私法确立了以地位平等为标志的民事主体制度。因此，自近代开始，自由、平等成为民事主体的核心价值诉求。但是，民事主体抽象的自由、平等一方面遭遇着现实生活中种种不平等因素的冲击与挑战，另一方面又面临着政治国家的权力窥视与进犯。在此情况下，私法制度本身无法独自承载起保护民事主体自由、平等的负荷，而能够为私法制度提供这种支撑的只能是宪政制度。因此，私法对宪政提出了制度诉求，宪政并由此成为民事主体的存在基础。因为，"宪政对于近代民事主体的形成具有保障作用，抽象平等观念的理想化倾向如果脱离宪政基础就将变成幻想。以抽象平等为核心理念的近代民事主体制度若仅依赖于私法的保护还是相当脆弱的。抽象的平等观念和现实社会不平等因素之间总是存在着矛盾对立。"更主要的是，"政治国家利用权力干涉市民社会生活，与民争利破坏私法自治原则的威胁是现实存在的。"[1] 也就是说，如果没有宪政的保障，民事主体的自由、平等将极可能变成奢望。反过来，民事主体的自由、平等和权利诉求也促成了近代宪政思想的产生和宪政制度的发展。对民事主体自由、平等和权利提供保护遂成为宪政的最终价值目标。"民事权利，其中包括人身权和财产权，应该从政治权利中区分出来。另外，政治权利被认为只是实现政府的真正目的，即民事权利保护的手段。在这种观点中，政治权利没有任何内在的实质价值。"[2]

近代宪政制度是在以洛克和卢梭为代表的启蒙思想家所提出的宪政思想的影响下，由民族国家在资产阶级革命胜利后依据宪法而建立起来的。于是，承载着宪政思想的宪法就成为宪政的基础，并在一定程度上反映着一个国家宪政

---

① 孙毅著：《近代民事主体形成的条件与成因》，载《政法论坛》2005年第4期。
② Jennifer Nedelsky, *Private Property and the Limits of American Constitutionalism*, *The Madisonian Framework and Its Legacy*, The University of Chicago, 1990, p. 184.

的水平和完善程度。因为，宪法不仅规定公民的基本权利和义务，也对权力进行配置和分配。而"任何对各个不同的权力加以配置与分配的宪法，也因此必然对任何一个权力机关的权力施加了限制。"① 权力来源于人民，而宪法又为来源于人民的权力及其行使设定了范围与限制，以此防范权力对人民的忘恩负义。于是，"宪法就被设想为使人民免受一切专断行动之侵害的保障，而不管这种专断是来自立法机关或是政府其他部门。"②

宪法不仅为权力及其行使划定了等级界限，还为法律及规则确定了等级顺序。低层次的法律和规则应当服从高层次的法律及规则，更不得与宪法相抵触和违背。因此，"宪法思想所涉及的，不单单是权威或权力的等级制的思想，而且还有规则或法律的等级制的思想，按照后面这个思想，那些普遍性程度更高并且来自更高的权威的规则或法律，就支配着那些由一个代理性的权力机关所通过的更具体的规则或法律。"③ 是否具有和体现普遍性就成为法律和规则的公正评判标准。一旦具体的法律或规则与宪法或高层次的法律和规则代表的普遍性相冲突或矛盾，那么，就应当宣布该具体的法律或规则无效，以维护宪法和高层次法律和规则所代表着的普遍性和公正，并实现人民的长远利益。

宪法是宪政的基础，整个宪政制度都是围绕宪法而展开的。但是，如果说有宪法就等于有了宪政制度的话，那么，可以说，世界上任何一个国家都存在宪政制度了。因为，几乎没有任何国家是没有宪法的。所以，宪法并不等于宪政，有宪法也并不等于就有了宪政制度，更不能说宪政制度很完善了。只能说宪法为宪政提供了基础和依据，提供了可能性。关键在于是否有宪政的思想观念。而宪政思想的核心是有限政府，也可以说是权利制约权力。只有形成了权利制约权力的思想观念，并在制度设计与安排时贯彻和落实了这一思想，宪政制度才能真正得以建立和形成。如果没有有限政府的思想意识，再完善的宪法制度安排也只能是徒有宪政虚名的。此外，违宪审查也是宪政制度的内容之一，以维护高层次法律规则的普遍性。

新中国成立后虽然没有马上颁布正式的宪法，但也制定了宪法性文件，之

---

① ［英］弗雷德里希·奥古斯特·冯·哈耶克著：《自由宪章》，杨玉生、冯兴元、陈茅等译，中国社会科学出版社 1998 年版，第 270 页。
② 同上书，第 271—272 页。
③ 同上书，第 272 页。

后又颁布了《中华人民共和国宪法》，并几经修改。因此，可以肯定地说，我国是有宪法的。而且，随着宪法的几次修改和完善，其对人民基本权利的规定和保障还是取得了很大进步的，对权力的配置也趋于合理。并且，近些年来，宪法对立法和司法实践所发挥的指导作用也得以增强。但是，由于我国长期的专制主义传统遗留、市民社会与政治国家分离还不彻底、尚没有形成与政治国家对抗的公共领域等诸多原因，目前很多人的头脑中还没有真正树立起权利制约权力的意识，尤其是许多掌握和行使国家权力的政府官员缺少宪政观念和服务意识。再者，违宪审查制度的欠缺使令出多门的法律和规则之间经常相互冲突。如《物权法》出台已经 3 年了，但是，与其相抵触的《城市房屋拆迁管理条例》还迟迟没有废除。因此，还不能说我国的宪政制度已经很完善了。宪政制度的不完善，尤其是宪政思想观念的匮乏使得我国的宪政制度无法为民事主体提供坚实的基础和有力的保障。当代中国的民事主体仍然面临着来自公法领域的权力肆虐。

**（五）户籍制度的二元制造成民事主体在资源享用上的不平等**

计划经济时期形成的城乡二元制的户籍管理模式沿袭至今，并与劳动就业、社会保障、计划生育、退伍安置、公务员录用等制度结合，使得在户籍上附加了很多不合理的社会管理功能。这些社会管理功能的承载，户籍带来的不仅仅是简单的城乡差别和身份差别，更是待遇上的差别和资源享有上的差别。

生活上，城里人吃商品粮，农村人自己种粮；工作上，城里人考公务员拿固定工资，农村人种地靠天吃饭；住房上，城里人住高楼大厦，农村人住茅草或砖瓦房；行车上，城里人开轿车乘公交，农村人赶牛拉车驾脚走；医疗上，城里人享公费入医保，农村人有病住院自己掏。教育上，城里人接受高水平教育，农村人可能连学都上不起。近几年，随着我国国力的增强，国家加大了对教育、医疗的投入，农村人也有了医疗保险，师资和教育水平也有所提高和改善，但是，城乡的差距仍然存在，并且还是很大的。甚至城里人和农村人在遭遇同一事故时，所获得的赔偿都是天壤之别的。这即备受社会和法律界关注的"同命不同价"问题。近来，一些地方出台了相关立法，使"同命不同价"问题得到一定程度的改善，但仍然有很多地方坚持这种处理而没有改变。同样的生命在户口面前产生了差异。

城乡的差别是如此显著，那么，城里人就都一样了吗？当然不可能一样。

虽然都是城市户口，但城市有大小、贫富之分，纵然都是大城市，还有首都与非首都、省会和非省会之别。城市之间差别也决定了城市户口的差别。一些经济比较发达的城市，对本城市的教育、医疗、交通、住房、公共设施投入相对而言比较大，它就可能控制这些资源仅供本城市居民享受和使用，而排斥其他城市居民的享受和使用。限制外来人口就成为实现这一目的的有利措施。很多人在这个城市生活工作了很多年，甚至大半辈子，但他（她）却总是感觉自己永远是一个外乡人，永远难以和这个他（她）为之辛苦付出的城市真正融为一体。原因就在于他（她）没有本市户口。因此，取得这个城市的户口就成为无数外来白领、蓝领及其他打工人员奋斗一生的目标。

由于城乡户口带来的待遇和资源享用上有如此的天差地别，直接关联的影响就是大学毕业生的就业去向选择。农村户口的学生想留在城市，小城市户口的学生向往大城市，大城市的学生则向往出国，很少有学生选择去农村或边远地区。如此一来，越是缺少人才的地方越没有人才愿意去，越是没有人才愿意去，就越是发展不起来，城乡的差异就越来越大，由此形成恶性循环。近年来，国家采取了一些政策和措施鼓励大学生到农村和边远地区支教或锻炼，但并没有形成主流。问题的解决还在于户籍及与之关联的待遇和资源差异。

由此可见，户口对于中国人来说不仅仅是一个家庭和个人信息的记载和身份证明，更成为一种行政许可，成了享受教育、医疗、就业等社会福利和保障的凭证。这种凭证不仅导致了城乡身份上的差异，使"农民"这个原本表示对一些以耕种为生的人的称谓，在现今的中国完全演绎成为一个侮辱和歧视性的词汇。而且，持有不同户口的人在享受社会福利和享用社会资源方面更是有本质上的不同，由此形成民事主体在福利和资源利用上的不平等。

**（六）贫富的两极分化使贫弱的民事主体丢失了自由、平等的财产基础**

必要的财产不仅是人生存的基础，也是人自由、平等的基础。因此，财产权往往成为引发人们的激情和革命的重要因素。中外历史上多少起义和战争都是由于人们不满于现实的财产和财产分配制度而爆发的，又有多少起义的直接目标和口号就是财产的公平分配。得其所应得作为正义的标准和核心内容，也是从分配意义上的公平而言的。因此，"关于社会和人，财产揭示了许多。这句话表达了一种复合思想。第一，对于所有的社会，如果人们如实地描述社会中存在的财产制度，这种描述便揭示出那个社会某种重要的东西。第二，对于每一个社会，如果人们描述一个人拥有的东西，这种叙述便揭示出那个人的某种重要的东西。"① 民事主体的自由、平等也是建立在公平正义的财产分配制度之上，并以一定程度上的财产均衡为基础的。

市场经济下的私法自治使民事主体的自由获得极大张扬，它给民事主体提供了大展拳脚的空间，使他们可以凭借自己的能力和智慧来实现经济利益的不断增长和财富的不断累积，极大地激发了主体的积极性和创造性，并不可避免地导致了贫富差距的存在。但是，即便在排除分配制度不公的前提下，自由和自治所引起的贫富差距过大也会对经济秩序产生影响。如果再夹杂着分配制度的不公或其他因素，则贫富差距悬殊所引起的问题可能会更严重。

首先，悬殊的贫富差距必将导致社会的经济分层不合理。在任何一个社会，即便不是等级制的社会，也会存在社会的分层现象，这是无法避免的。经济收入也是社会分层的标准之一。例如中产阶级或中间阶层就是一个根据经济收入而界定出来的典型。并且，中产阶级的收入和数量也是衡量一个国家经济状况的重要指标，其力量如何、是否具有凝聚力也在很多方面影响和决定这个国家的重要方面。如果一个国家的分配制度公正、收入比较均衡，那么，中间阶层应占社会总人口的大部分，而上层和底层的人数只应占小部分。而且，各个阶层所掌握的财富总量差距不应该很大。但如果收入差距过大而形成贫富对立，则可能导致社会的经济分层不合理。不合理的阶层分布状态往往是中间阶层的人口数量减少而底层人口数量增加。而中间阶层人数的减少既可能影响社会的评价指标，又可能使他们对国家的参与和治理作用降低。

其次，贫富悬殊使不同阶层能够占有和利用的社会资源显著失衡，并威胁社会和谐。在现代社会，社会的经济分层虽然不再会复归到等级制社会，但是，社会分层却不可避免地与利益和资源的分配与分享相连。如果社会分层合理，每个阶层所能够占有、控制和利用的社会资源虽然不可能平均，但不会有太大的出入。也就是说，每个阶层基本上都能够占有和利用一部分社会资源。但是，严重的贫富两极分化必然导致社会的大部分利益和优势资源为少数的社会精英所占有，而贫困者几乎分享不到或只能分享到很有限的社会资源和发展利益，而贫困的底层人口又占社会总人口的大多数，那么，他们必然产生对社

---

① ［美］斯蒂芬·芒泽著：《财产理论》，彭诚信译，北京大学出版社2006年版，第129页。

会的不满情绪，并相互传播和蔓延，对社会秩序的和谐构成威胁。

再次，贫富的两极对立可能使社会大多数人口的人格与人性尊严面临威胁。现在，我们必须承认在商品经济社会中财产与主体人格的关联性。也就是说，在一个非常重视财产和商品的社会中，私有财产有益于作为道德和政治个性的人格，它也在自我意识的意义上对人格有影响，而缺少财产则可能会影响其人格健全。① 而且，我们也无法否认财产对支配、个人隐私和个性发展所可能产生的助益。② 而贫富的极端对立使社会的大多数人陷于绝对贫困，在连基本生存都面临问题的情况下，主体的人格健全与发展、支配、隐私及个性更是无从谈起。甚至在很多情况下其人性尊严都面临着威胁。

根据基尼系数的指标显示，我国目前贫富悬殊问题很严重，早已经超过了国际规定的 0.4 的警戒线。这预示着中国社会的贫富差距已经突破了合理的限度。而且，总人口中 20% 的最低收入人口仅占收入的份额 4.7%，而总人口中 20% 的最高收入人口占总收入的份额却高达 50%。这些数据再次表明我国社会财富总量的过度集中和低收入阶层的贫困状态。虽然这几年国家加大了社会福利的投入，但城乡、东部和西部，以及高低收入群体的贫富差距仍然在拉大，财产持有也日益不均衡。而不平等的财产持有必然会影响到个人的社会地位，影响到利益分配与资源的享有和利用。也就是说，财产的不平等势必造成人的社会地位的不平等，造成资源享有和利用上的不平等。富者在社会上处于优势地位，在资源的享有和利用上也处于优势，而贫弱阶层无论在社会地位，还是在资源的享有和利用上都处于劣势。富者将其社会地位和资源享有与利用上的优势带到民事交易中，不可避免地使交易他方处于不平等地位，意思自治和契约自由也必然受到控制，形成贫者的不自由、不平等。这即财产权利的贫困造成的结果。

**（七）非完全的市场经济妨碍民事主体自由、平等的全面发展**

人的经济存在方式决定了民事主体制度的本质，从而使商品经济成为孕育民事主体制度的社会物质条件。而且，商品经济还为民事主体提供了交换的基础与形式，更塑造了民事主体的自由与平等。市场经济是商品经济的高级形态，其发展阶段和完善程度不仅直接决定着人的经济存在方式的现代化程度，也影响和

---

① ［美］斯蒂芬·芒泽著：《财产理论》，彭诚信译，北京大学出版社 2006 年版，第 74 页、第 75 页。
② 参见［美］斯蒂芬·芒泽著：《财产理论》，彭诚信译，北京大学出版社 2006 年版，第 79 页。

制约着民事主体自由、平等诉求的全面实现，更决定着市场的发达程度以及产权制度和契约形式的规范化程度。一般地说，市场经济的形态越高级，人的经济存在方式的现代化程度越高，市场越发达和完善、产权制度越清晰和规范、契约形式越完备，民事主体的自由、平等诉求越能获得充分的回应与满足。

我国在 20 世纪 70 年代末开始进行经济体制改革，并实现了经济和社会的转型，由计划经济过渡到商品经济社会。伴随着经济和社会的转型，人的经济存在方式发生了根本性变革，商品交换替代了自给自足成为社会的主要经济现象，交换也成为生产的唯一目的以及人们满足需求的主要方式和手段。但是，社会和经济的转型并没有改变我国的政治体制，也没有改变生产资料的所有制形式。只是部分地减少了公有制在国民经济中所占的比例，由生产资料的全面公有制转变为公有制占主导的社会主义经济形态。随着经济改革广度和深度的不断拓展，国家开始对全民所有制企业进行试点工作，国有企业向公司制转化。我国的商品经济也开始了向市场经济的转向，并初步建立了有中国特色的社会主义的市场经济。

在市场经济阶段，我国经济获得了更加快速的发展，商品交换形式不断推陈出新，产权制度更加规范明晰，契约制度也更加发达，民事主体的自由、平等也开始了实质转向，消费者、劳动者和弱势群体的利益日益受到关注和保护。但是，我国目前还处于市场经济的初级阶段，尤其是国有企业、国有公司在经济中还占有相当大的比重，在一些非国有公司中，国家持股的份额也过高，这不仅在一定程度上制约了我国市场经济的进一步发展。而且，在公有制占主导的市场经济中，国有的公司、企业，以及国有股占多数的公司难免不处于垄断地位，从而造成对其他交易主体的强势。因为，公有制与群体意识是相一致的，很容易形成国家、集体利益高于一切的认识。我国的宪法和民事法律长期以来所规定的国家、集体财产神圣不可侵犯，由此造成国家、集体财产优于私人财产的观念正是这种认识的体现和结果。现在，虽然私人财产被纳入宪法而给予一视同仁的保护，《物权法》也明确了对国家、集体和私人财产的一体保护。宪法和民事法律在立法上将国家、集体财产和私人财产立于同等地位，并提供同等程度的保护体现了将不同财产的主体给予同等对待的价值取向，即力图实现主体地位平等。但是，宪法和法律的规定只能说体现了立法者的观念认识与价值取向，但并不代表国有公司、企业的领导者接受并能落实这种观念认识。因此,在实践中,他们作为国有公司、企业的管理者和权力的拥有者,总有一种高人一等的感觉和认识。而且,国有公司、企业,以及国家持股的公司都或多或少能够拥有一些优势资源,或享受一些特殊的政策优惠,甚至独占某些社会资源。这无形中使他们相对于其他主体处于优势或垄断地位。格式合同、霸王条款就成了他们的常用工具,缔约他方难以与之抗衡和匹敌,缔约自由自然受到限制和剥夺,消费者的利益更可能受到毫无商量的损害。想想我们身边的石油、交通、通讯等部门,以及老百姓居家过日子的水、电、气就很清楚了。

### 三、当代中国民事主体的基础铺垫与制度培植

面临我国民事主体的当代境遇与现实困境,如何培植我国的民事主体制度,伸张民事主体的自由、平等诉求,实现作为目的的人的终极价值,就是我们最后需要考虑的问题了。现在,我们已经知道,疏通遏制我国民事主体制度发育的瓶颈不在于民事主体制度自身的完善,而在于培育和完善民事主体的制度基础,实现制度的对接与调适,激活民事主体现代发展的深层动力。

#### (一) 全面建立社会主义市场经济推动民事主体的现代发展

市场经济是民事主体生存的基础,也是其发展的经济动力。鉴于我国目前市场经济还处于初级阶段,国有公司、企业,以及国家持股比重还比较大,从而制约市场经济的进一步发展,并在一定程度上对其他民事主体造成歧视和不自由。因此,应当在维护生产资料公有制不变的前提下,促进市场经济在我国的全面建立。尤其要进一步推动国有企业的改制和改革,减持国有股比重,改变国家高于集体和个人的主体认识,真正树立起民事主体地位平等的观念,使民事主体自由、平等在市场经济中得以充分落实。

#### (二) 推进市民社会与政治国家的彻底分离夯实民事主体的社会基础

政府推进型的市民社会无法摆脱其对国家的依赖,由此造成市民社会与政治国家分离的不彻底,从而使中国市民社会的发展呈现出一定程度的有限性。这种分离的不彻底性和发展的有限性一方面使民事主体的活动基础受到制约,另一方面造成市民社会自身的薄弱,无法形成抵御国家权力的力量。而政治国家在市民社会的留存又会使"国家主义"对法律制度和大众的法律观念产生影响,并导致政府与民争利、侵害人民利益的不良后果。因此,必须重新调适

社会主义国家与市民社会的关系，真正地把市民社会从政治国家的控制与监护下解放出来，寻求二者的良性互动，即"确立国家与社会、国家与群体和个人、中央和地方之间的有机均衡和民主整合状态，实现权力与权利、权利与权利及权利与义务的合理有效配置。"① 由此才能使民事主体在自由、平等的基础上自主行动，激发起民事主体的诉求和权利意识。

当然，市民社会与政治国家的彻底分离并不意味着市民社会的放任。政治国家虽然不能随意介入市民社会，但是对市民社会自身无法解决的问题，如公共品的配置、必要的监督还是必不可少的。尤其是我国严重的贫富分化已经造成主体地位严重失衡和社会资源占有不均的情况下，国家通过诸如福利政策等措施软化主体地位的失衡和均衡社会资源的占有是十分必要的。

**（三）完善协商民主拓宽民事主体的诉求渠道**

市民社会与政治国家的彻底分离可以协调国家、社会与个人的关系，达成中央和地方的均衡和谐，强化民事主体的意识权利和诉求主张，但是却没有解决协商民主和民事主体的"话语权"行使问题。而如果没有合理的程序和畅通的渠道主张自己的权利、提出自己的合理诉求，必然累积不满和民怨，并极可能在薄弱处爆发，严重者将导致社会秩序的失控或崩溃。所以，应引入协商民主理论并借鉴他国良好实践，一方面要完善作为政府形式的协商民主，维护人民主权原则，以理性控制和制约权力；另一方面要实现民主决策和民主治理，拓宽民主渠道，使民事主体的诉求能够得到自由表达，并强化民事主体对公共利益的责任，实现个体与群体的有机协调。针对我国民主协商的现实，更应注意和强调基层民主协商制度的完善和渠道畅通问题，确保底层民众诉求的合理表达。如果多元民事主体的理性诉求得以主张和尊重，利益和社会资源的分配合理并获得有效保护，则社会的和谐将得以维护和落实。

**（四）完善宪政制度理性建构**

宪政制度法律化着民主政治，配置和规范着政治权力的合理运用，并以宪法和高层次法律证成着低层次法律和规则的普遍性，从而为民事主体的权利和利益提供着公法的支撑和制度保障。有宪法无宪政的现实消解了宪政对私法的扶持与保障，并为公权力肆虐提供了可乘之机，从而弱化了对民事主体的权利

---

① 马长山著：《国家、市民社会与法治》，商务印书馆2002年版，第212页。

保护。因此，应当运用深思熟虑的理性建构和完善我国的宪政制度，包括司法审查制度。尤其要培养起公权力拥有者有限政府和权利制约权力的观念，避免使理性建构的制度流于形式。如此，才能切实防止公权力的扩张及对私权的侵犯，真正确保民事主体在私人领域中的自由和平等。

**（五）革新思想、更新观念促成民事主体自由、平等发展**

市场经济和市民社会可以为民事主体的当代发展提供肥沃的土壤和生长的空间，而民主协商和宪政制度为民事主体的发展提供了良好的外部环境。但是，如果没有思想观念的更新和转变，民事主体也无法在当代获得茁壮成长。儒家思想孕育了中华民族几千年，积淀了中国千年的文化底蕴，也成就了中国的古老文明。但是，我们只能取其精华去其糟粕，而不能兼收并蓄。中国目前人情社会、关系社会的性质还很明显，这与儒家思想影响的遗留不无关系。生活中的人情和关系被带到市场和政治国家中，民事主体的形式平等和实质平等都将受到影响。而且，在关系和人情浓郁的社会中，法治社会难以真正建立，民事主体的个体观念和权利意识也无法获得充分的培养和表达。因此，要使民事主体的个性获得张扬，权利意识得以强化，必须在政治和经济领域中逐渐减少甚至根除人情和关系因素。这就要求在思想上树立和培养法治意识和权利观念，形成权力来源于权利、权利制约权力的思想观念，以此推动民事主体在当代的自由、平等发展。

**（六）强化国家在民事主体保护中的角色担当**

无论是制度的理性建构还是基础的夯实，抑或是动力的挖掘，都必须有一个实施者或推动者。在现代民族国家的视域下，这个角色只能由国家来扮演。国家能否担当起这个角色在相当大的程度上决定着中国民事主体制度能否走出制约其发展的瓶颈而真正迈向现代化的发展。因此，国家在全面退出市民社会之后，要扮演好自己的角色，担当起自己的责任。首先，国家要担当起供给和配置公共产品的责任，尤其是提供法律等制度规则基础。如理性建构宪政制度，逐渐取消户籍制度并施以替代制度，消除由制度所造成的歧视和资源分配不合理。其次，对经济进行必要的干预，防止市场失灵给市民社会秩序造成冲击。市场经济和市民社会要求民事主体自治和平等，因此，国家不能直接干预民事主体的交易行为，而只能一方面通过对经济总量和经济结构的调整进行宏观调控，以保证经济的稳定增长、结构比例的协调和分配的公平；另一方面根据一定的规则限制民事主体的经济行为实现微观规制，防范市场的失灵。再次，发挥意识形态的积极推动作用，培养民事主体的群体意识和公共道德，实现个体、群体与社会的利益协调。

# 本章小结

私法文明发端于西方，与西方传统法律文化和法律思想一脉相承，其背后蕴藏着深厚的西方经济、政治、社会、文化、思想等基础。以儒家思想为正统的中国传统文化恰恰匮乏私法因子、个人的权利意识和以理性自由与平等为核心的价值诉求。清末变革虽然使中国古代民事主体实现了近代转型，引进了包括私法制度在内的很多西方法律制度，但是，传统是无法移植的。对制度背后的传统和基础的忽视恰恰是阻碍当代中国民事主体持续发展的根本原因。而且，民事主体虽然是私法的制度内容，但对民事主体的保护以及主体自由、平等诉求的满足却并不仅仅是私法的职能与目标，也不是私法所能够独自担当的。人是目的，对人的尊严的维护在法律上形成了人的诸多权利与义务。宪法作为最高法秩序的维护者，首先需要确认人的基本权利与义务。宪法对基本权利义务的确认与规定一方面可以使人依靠主观权利规范对抗国家权力，另一方面又使各部门法得以在客观权利规范中落实和细化宪法基本权利义务的规定。民法不同于其他部门法之处在于其能够正面规定和确立私人生活领域中的各项权利义务，由此成为"万法之基"，但并不能据此认为民法是民事主体保护的唯一根据和来源。为了实现对目的人的保护，对作为手段性的民事主体的保护还要寻求宪法、社会法，甚至国家权力的协助与支持。但是，我们不能因为私法及其主体保护添加了公法和国家权力的因素和保障就否认民法和民事主体制度的私法性。因为，人之尊严、人之基本价值的保护是包括基本法在内的所有法律的共同目标，这些为共同目标而行动的法律在协作过程中，为应对社会发展的日益多元与复杂态势必须相互沟通、相互渗透，但其职能、目标和手段等还是有着本质区别的。综上，我国民事主体的制度培植不仅要从民事主体和私法制度本身入手，更要注重基础的夯实与法律文化传统的改良，还要关注制度的配套与协调，最终实现人作为目的的宗旨与目标。

# 结　语

　　历史是一个向度，任何制度和价值都只能在历史的向度中孕育和升华。在民事主体的发展演进中，民事主体制度本身不断地填充着内容和逻辑而获得制度的建构和完美，民事主体的观念也得以逐渐生成和变革。制度和观念共同铸就并推动着民事主体的发展。但是，制度的建构与完善是表面的，而观念的生成与变革是深层次的。我们抛开制度去探寻深层次的东西，但又必须借助于制度去发现蕴涵于制度背后的东西。

　　从历史维度上看，民事主体从古代、近代到现代的演变与发展始终与人在私法上的地位问题相连。在古代，"家"阻断了个人与国家之间的关联，个体生活在"家"之下，并依靠家父权维护着家内秩序。只有家父是立于国家之下的人，具有成为民事主体的资格。伴随着家父权的衰落，处于"家"之下的人逐渐脱离家庭而与国家取得某种联系。但直到中世纪时期，人与民事主体仍然没有形成一一对应的关系。人不必然为民事主体的状态一直持续着，主体之间的等级差序格局也一直被立法所维护着。近代，伴随着现实等级秩序的被推翻，主体在法律上的等级差序格局也不再被维持，人终于在法律上获得了应有的地位。虽然出现了另一种人与民事主体的不对应，但所有人却被法律给予了相同的对待。现代，人在法律上的地位仍然被维持着，但现实却出现了另一种境况。是无视现实而生活在理想中，还是拉近理想与现实的距离？面对这样的问题，现代民事立法和司法实践选择了后者。

　　从价值维度上看，历史向度下的民事主体又具有了价值内涵，并呈现出一种动态的形式。人的理性欲求是制度构建的原初动力，也为制度本身设定了价值目标。自由是人的本性存在，也是民事主体最深刻的内在需求，自由从而成为民事主体的人格要素。平等是自由的基础，也是人在法律上地位的应然要求与结果。在民事主体的历史演进中始终贯穿着自由和平等的价值主线。但是，作为民事主体价值定位的自由、平等是一个向度，民事主体自由、平等诉求本身也经历着流变。在古代，自由和平等是一部分人的特权，大部分人处于不自由、不平等状态。但是，自由、平等仍然以潜在的方式存在于古代民事主体中。只不过这种自由、平等是一种事实上的状态，而非观念上的存在。近代民事主体在获得法律上自由、平等的同时，并使其成为观念的存在。观念上的自由、平等是形式上的自由、平等，符合和满足形式正义的要求。现代，民事主体的社会基础和境遇发生了变更，观念上的自由、平等不再能够满足民事主体的诉求，实质自由、平等成为当代民事主体的价值取向。

从制度维度上看，私法的各项制度都反馈并回应着民事主体诉求和价值定位的更新。人在私法上的地位体现为民事主体，但人的理性诉求不只是为民事主体制度设定价值目标，也同样为私法其他制度提供了价值支撑。因此，私法的其他制度和主体制度一样，都是实现和满足人的理性诉求的途径或手段。民事主体诉求和价值定位的更新不过是人的理性诉求发展的直接映射。进步的法律制度必须对变化和发展了的人的理性诉求给予必要的回应。于是，私法的各项制度都发生了相应的发展。财产权从神圣和绝对走向社会义务的担负、债法方面强化了对弱者利益的保护、人格权法方面具体人格利益的保护范围扩张，并出现了一般化保护的趋势、身份法方面妇女权益保障凸起、侵权行为法方面危险责任比重增加，等等。这些发展变化无一不是在人的理性诉求推动下所作出的反馈与回应。

从现实维度上看，现实生活中的人不仅在年龄、能力、财产状况、智力水平等方面存在着自然的差异，而且在社会资源的占有和享用方面存在着社会的差异。自然的差异已经使人在现实生活中处于事实上不平等的状态，如果没有合理而良好的制度正视并矫正人在事实上的天然的不平等，再加上社会差异势必加剧和扩大人在事实上的不平等，而这种由制度所造成的社会层面的不平等是更令人难以忍受的。就目前的社会现实看，法人主体的强势、对自由的过度追求，以及法律的理性专制已经造成了民事主体在事实上的严重不平等。强化对自然人的保护、调和自由与平等的均衡，以及实现多元主体的协商已经成为当代民事主体走出困境的必然出路。

　　中国民事主体的制度孕育与培植以中国特有的法律文化传统为依托。儒家的礼俗思想造就了以伦理纲常为本位的社会结构，亲尊有别、长幼有序不仅是公认的血缘伦理关系准则，也是社会成员之间相互权利义务关系的准则。于是，血缘伦理亲情与人情关系的交杂形成了宗法社会注重人情关系和等级差别的社会现实。而人性本善的人性认识注重人的内在德性，而忽略了人的外在范式。由此形成了中国"人治"和"德治"传统，欠缺"法治"基因。无讼的政治和法律价值取向更不可能塑造和激发起主体的权利意识。重农抑商、贬低商人的思想和政策又扼杀了民事主体及其自由、平等生成的经济基础。因此，在以家族为本位、以伦理纲常为准则的社会里，没有个体的生存空间，个体意识无法孕育，个体自由和平等也无从谈起。

　　儒家思想作为正统法律文化思想影响了中国几千年，也形成了中国千年的农业文明。通过30年的改革开放，中国由计划经济转向商品经济，并进入了市场经济。个体的自主意识、权利意识也获得了极大发展，民事主体的自由、平等也在法律上成为现实。但是，几千年根深蒂固的影响和超稳定的社会组织结构不可能在短期内发生彻底的改变。精神层面、社会层面，乃至日常生活层面都遗留着儒家传统思想的印记。加之中国市民社会与政治国家分离尚不彻底、民主政治尚有待完善、宪政制度匮乏，以及计划经济问题的遗留等，共同作用于中国当代民事主体，引发了很多现实问题，并对我国民事主体的当代发展构成制约。因此，如何打破制约当代中国民事主体发展的瓶颈，释放出更大的发展空间与动力就成为我国民事主体现代化发展的核心问题。

　　从中国的现实情况分析，民事主体的当代发展既要注重夯实基础，又要进行制度建构，还要培养和更新观念。市场经济和市民社会分别为民事主体的培育与发展提供了经济和社会基础。我国在这两方面的问题主要体现为国有企业改革的不彻底和市民社会对国家的依赖。因此，在基础方面，首先要进一步推动国有企业改革全面建立社会主义市场经济，然后要逐步使市民社会摆脱对政治国家的依赖，实现二者的分离与互动。在制度建构方面，要进一步完善民主协商制度，扩大民主协商的程度和范围，尤其是加强基层民主协商制度，并拓宽民众诉求与协商的渠道，化解和消除民怨，实现社会和谐发展。在防范权力和保障权利方面，理性建构我国的宪政制度和司法审查制度，弥补私法制度的功能欠缺，寻求私法与公法的协力保护。基础和制度的夯实与建构固然重要，但如果没有观念认识上的支撑和思想的转变，则基础难以夯实，制度也难以真正发挥作用。因此，还必须进一步培养民事主体的个体和权利意识，坚守和维护民事主体形式上的自由、平等，并关注和矫正民事主体事实上的不平等、不自由，实现形式正义与实质正义的有机结合。

# 参 考 文 献

## 一、主要中文参考著作

［1］［美］罗斯科·庞德著：《法律史解释》，邓正来译，中国法制出版社2002 年版。

［2］［美］斯蒂芬·芒泽著：《财产理论》，彭诚信译，北京大学出版社2006 年版。

［3］［古罗马］盖尤斯著：《法学阶梯》，黄风译，中国政法大学出版社1996 年版。

［4］［德］K. 茨威格特、H. 克茨著：《比较法总论》，潘汉典、米健、高鸿钧、贺卫方译，法律出版社 2003 年版。

［5］［美］泰格、利维著：《法律与资本主义的兴起》，纪琨等译，学林出版社 1996 年版。

［6］［英］亚当·斯密著：《国富论》（下），王亚南译，商务印书馆 1957年版。

［7］［美］罗斯科·庞德著：《通过法律的社会控制》，沈宗灵译，商务印书馆 1984 年版。

［8］［德］黑格尔著：《法哲学原理》，范扬、张企泰译，商务印书馆1961 年版。

［9］［德］卡尔·拉伦茨著：《德国民法通论》（上册），王晓晔等译，法律出版社 2003 年版。

［10］［德］迪特尔·梅迪库斯著：《德国民法总论》，邵建东译，法律出版社 2000 年版。

［11］［日］我妻荣著：《债权在近代法中的优越地位》，王书江、张雷译，

中国大百科全书出版社 1999 年版。

[12]［英］梅因著:《古代法》,沈景一译,商务印书馆 1959 年版。

[13]［荷兰］斯宾诺莎著:《政治论》,冯炳昆译,商务印书馆 1999 年版。

[14]［荷兰］斯宾诺莎著:《神学政治论》,温锡增译,商务印书馆 1997 年版。

[15]［英］韦恩·莫里森著:《法理学:从古希腊到后现代》,李桂林、李清伟、侯健、郑云端译,武汉大学出版社 2003 年版。

[16]［美］梯利著:《西方哲学史》(增补修订版),葛力译,商务印书馆 2001 年版。

[17]［法］卢梭著:《社会契约论》,何兆武译,商务印书馆 2003 年版。

[18]［意］朱塞佩·格罗索著:《罗马法史》,黄风译,中国政法大学出版社 1994 年版。

[19]［苏］尼·格·亚历山大洛夫著:《苏维埃社会中的法制与法律关系》,中国人民大学出版社 1985 年版。

[20]［英］阿伦·布洛克著:《西方人文主义传统》,董乐山译,生活·读书·新知三联书店 1997 年版。

[21]［美］米尔顿·弗里德曼著:《资本主义与自由》,商务印书馆 1986 年版。

[22]［英］休谟著:《人性论》(上篇),关文运译,商务印书馆 1991 年版。

[23]［法］亨利·勒帕日著:《美国新自由主义经济学》,李燕生译,北京大学出版社 1988 年版。

[24]［意］彼德罗·彭梵得著:《罗马法教科书》,黄风译,中国政法大学出版社 1992 年版。

[25]［英］弗雷德里希·奥古斯特·冯·哈耶克著:《通往奴役之路》,王明毅、冯兴元、马雪芹等译,中国社会科学出版社 1997 年版。

[26]［英］巴里·尼古拉斯著:《罗马法概论》,黄风译,法律出版社 2000 年版。

[27]［荷］格劳秀斯著:《战争与和平法》,［美］A. C. 坎贝尔英译,何

勤华等译，上海人民出版社 2005 年版。

［28］［英］洛克著：《政府论》（下篇），叶启芳、瞿菊农译，商务印书馆 2008 年版。

［29］［法］马克·布洛赫著：《封建社会》（上），张绪山译，商务印书馆 2007 年版。

［30］［美］哈罗德·J. 伯尔曼著：《法律与革命》，贺卫方、高鸿钧、张志铭、夏勇译，中国大百科全书出版社 1993 年版。

［31］［美］哈罗德·J. 伯尔曼著：《法律与宗教》，梁治平译，中国政法大学出版社 2003 年版。

［32］［荷兰］斯宾诺莎著：《伦理学》，贺麟译，商务印书馆 1983 年版。

［33］［美］博登海默著：《法理学——法律哲学与法律方法》，邓正来译，中国政法大学出版社 2004 年版。

［34］［古希腊］亚里士多德著：《政治学》，吴寿彭译，商务印书馆 1965 年版。

［35］［德］海因里希·罗门著：《自然法的观念史和哲学》，姚中秋译，上海三联书店 2007 年版。

［36］［法］雅克·盖斯旦、吉勒·古博著：《法国民法总论》，陈鹏、张丽娟、石佳友、杨燕妮、谢汉琪译，法律出版社 2004 年版。

［37］［法］西耶斯著：《论特权、第三等级是什么》，冯棠译，商务印书馆 1990 年版。

［38］［德］罗尔夫·克尼佩尔著：《法律与历史——论〈德国民法典〉的形成与变迁》，朱岩译，法律出版社 2003 年版。

［39］［美］R. M. 昂格尔著：《现代社会中的法律》，吴玉章、周汉华译，凤凰出版传媒集团、译林出版社 2008 年版。

［40］［法］孟德斯鸠著：《论法的精神》（上册），张雁深译，商务印书馆 1959 年版。

［41］［法］卢梭著：《论人类不平等的起源和基础》，商务印书馆 1962 年版。

［42］［德］弗朗茨·维亚克尔著：《近代私法史》（下），陈爱娥、黄建辉译，上海三联书店 2006 年版。

［43］［德］马科斯·韦伯著：《论经济与社会中的法律》，张乃根译，中国大百科全书出版社 1998 年版。

［44］［美］M. J. 列维著：《现代化的后来者与幸存者》，知识出版社 1990 年版。

［45］［美］伯纳德·施瓦茨著：《美国法律史》，王军等译，法律出版社 2007 年版。

［46］［日］福泽谕吉著：《文明论概略》，商务印书馆 1959 年版。

［47］［英］彼得·斯坦、约翰·香德著：《西方社会的法律价值》，王献平译，中国法制出版社 2004 年版。

［48］［德］马克斯·舍勒著：《人在宇宙中的地位》，李伯杰译，贵州人民出版社 2000 年版。

［49］［德］兰德曼著：《哲学人类学》，张乐天译，上海译文出版社 1988 年版。

［50］［美］劳伦斯·M. 弗里德曼著：《法律制度——从社会科学角度观察》，李琼英、林欣译，中国政法大学出版社 2004 年版。

［51］［美］约翰·罗尔斯著：《正义论》，何怀宏、何包钢、廖申白译，中国社会科学出版社 1988 年版。

［52］［美］路易斯·亨金著：《权利的时代》，信春鹰、吴玉章、李林译，知识出版社 1997 年版。

［53］［美］马斯洛著：《人的潜能和价值》，华夏出版社 1987 年版。

［54］［法］布律尔著：《法律社会学》，许钧译，上海人民出版社 1987 年版。

［55］［英］亚当·斯密著：《国富论》（下卷），王亚南译，商务印书馆 1957 年版。

［56］［英］弗里德利希·冯·哈耶克著：《法律、立法与自由》，邓正来、张守东、李静冰译，中国大百科全书出版社 2000 年版。

［57］［德］康德著：《法的形而上学原理》，沈叔平译，商务印书馆 1991 年版。

［58］［德］G. 拉德布鲁赫著：《法哲学》，王朴译，法律出版社 2005 年版。

［59］［英］斯科特·R·鲍曼著：《现代公司与美国的政治思想——法律、权利与意识形态》，李纯捧等译，重庆出版社 2001 年版。

［60］［美］马尔库塞著：《理性和革命——黑格尔和社会理论的兴起》，程志民等译，重庆出版社 1993 年版。

［61］［美］麦克尼尔著：《新社会契约论》，雷喜宁、潘勤译，中国政法大学出版社 1994 年版。

［62］［英］亚当·斯密著：《国富论》（下卷），王亚南译，商务印书馆 1957 年版。

［63］［英］弗雷德里希·奥古斯特·冯·哈耶克著：《自由宪章》，杨玉生、冯兴元、陈茅等译，中国社会科学出版社 1998 年版。

［64］［德］罗伯特·霍恩、海因·科茨、汉斯·G. 莱塞著：《德国民商法导论》，楚建译，中国大百科全书出版社 1996 年版。

［65］何勤华、魏琼著：《西方民法史》，北京大学出版社 2006 年版。

［66］周枏著：《罗马法原论》（上），商务印书馆 1994 年版。

［67］陈允、应时著：《罗马法》，商务印书馆 1931 年版。

［68］武步云著：《人本法学的哲学探究》，法律出版社 2008 年版。

［69］于立深著：《契约方法论》，北京大学出版社 2007 年版。

［70］葛洪义著：《探索与对话：法理学导论》，山东人民出版社 2000 年版。

［71］薄振峰著：《当代西方综合法学思潮》，法律出版社 2005 年版。

［72］孙国华著：《法学基础理论》，法律出版社 1981 年版。

［73］梁慧星著：《民商法论丛》第 8 卷，法律出版社 1997 年版。

［74］谢晖著：《法律信仰的理念与基础》，山东人民出版社 1997 年版。

［75］江平、米健著：《罗马法基础》，中国政法大学出版社 2004 年版。

［76］黄风著：《罗马私法导论》，中国政法大学出版社 2003 年版。

［77］《十二铜表法》，法律出版社 2000 年版。

［78］龙卫球著：《民法总论》，中国法制出版社 2002 年版。

［79］马骏驹著：《人格和人格权讲稿》，法律出版社 2009 年版。

［80］张文显著：《二十一世纪西方法哲学思潮研究》，法律出版社 1996 年版。

［81］公丕祥著：《法制现代化的理论逻辑》，中国政法大学出版社 1999 年版。

［82］孔庆明、胡留元、孙季平著：《中国民法史》，吉林人民出版社 1996 年版。

［83］吕延君著：《消极自由的宪政价值》，山东人民出版社 2007 年版。

［84］尹田著：《法国现代合同法》，法律出版社 1995 年版。

［85］陈晏清著：《当代中国社会转型论》，山西教育出版社 1998 年版。

［86］杨昌宇著：《自由：法治的核心价值》，法律出版社 2006 年版。

［87］袁贵仁著：《人的哲学》，工人出版社 1988 年版。

［88］袁礼斌著：《市场秩序论》，经济科学出版社 1999 年版。

［89］张俊浩著：《民法学原理》，中国政法大学出版社 2000 年版。

［90］李永军著：《民法总论》，法律出版社 2006 年版。

［91］苏国勋著：《理性文化及其限制——韦伯思想引论》，上海人民出版社 1988 年版。

［92］沈湘平著：《理性与秩序——在人学的视野中》，北京师范大学出版社 2003 年版。

［93］汪太贤著：《西方法治主义的源与流》，法律出版社 2001 年版。

［94］沈宗灵著：《现代西方法理学》，北京大学出版社 1992 年版。

［95］资琳著：《契约制度的正当性论证》，中国政法大学出版社 2009 年版。

［96］王蕾著：《宪法平等规范的诠释观：理念、规范与实践》，法律出版社 2008 年版。

［97］陈福胜著：《法治：自由与秩序的动态平衡》，法律出版社 2006 年版。

［98］刘云生著：《民法与人性》，中国检察出版社 2005 年版。

［99］瞿同祖著：《中国法律与中国社会》，中华书局 2003 年版。

［100］张晋藩著：《中国法律的传统与近代转型》，法律出版社 1997 年版。

［101］俞江著：《近代中国民法学中的私权理论》，北京大学出版社 2003 年版。

［102］陈家刚著：《协商民主与当代中国政治》，中国人民大学出版社2009年版。

［103］顾肃著：《自由主义基本理念》，中央编译出版社2003年版。

［104］俞可平著：《社群主义》，中国社会科学出版社1998年版。

［105］何怀宏：《契约伦理与社会正义》，中国人民大学出版社1993年版。

［106］马长山著：《国家、市民社会与法治》，商务印书馆2002年版。

［107］马长山著：《法治进程中的民间治理》，法律出版社2006年版。

［108］马长山：《法治的社会维度与现代性视界》，中国社会科学出版社2008年版。

［109］汪太贤、艾明著：《法治的理念与方略》，中国检察出版社2001年版。

［110］陈朝璧著：《罗马法原理》，法律出版社2006年版。

［111］何勤华、魏琼著：《西方商法史》，北京大学出版社2007年版。

［112］李道军著：《法的应然与实然》，山东人民出版社2001年版。

［113］卓泽源著：《法的价值论》，法律出版社2006年版。

［114］朱英著：《转型时期的社会与国家——以近代中国商会为主体的历史透视》，华中师范大学出版社1997年版。

［115］冯卓慧著：《罗马私法导论》，陕西人民出版社1992年版。

［116］傅静坤著：《二十世纪契约法》，法律出版社1997年版。

［117］彭诚信著：《主体性与私权制度研究———以财产、契约的历史考察为基础》，中国人民大学出版社2005年版。

［118］陈兴良著：《刑法的人性基础》，中国方正出版社1999年版。

［119］王家福、刘海年著：《中国人权百科全书》，中国百科全书出版社1998年版。

［120］龙卫球著：《民法总论》，中国法制出版社2002年版。

［121］李步云著：《权的普遍性与特殊性》，载王家福、刘海年、李林著：《人权与21世纪》，中国法制出版社2000年版。

［122］蒋先福著：《契约文明：法治文明的源与流》，上海人民出版社1999年版。

［123］李强著：《自由主义》，中国社会科学出版社 1998 年版。

［124］韩水法著：《康德传》，河北人民出版社 1997 年版。

［125］龚群著：《道德乌托邦的重建——哈贝马斯交往伦理思想研究》，商务出版社 2003 年版。

［126］哈贝马斯著：《交往与社会进化》，张博树译，重庆出版社 1989 年版。

# 二、主要外文参考著作

［1］A. Burdes MANUALE DI DIRITTO PRIVATO ROMANAO，UTET 出版社 1985 年版．

［2］John P. Mckay, D. Hill, John Buckler, A History of Western Society, Houghton. Company Press, 1987.

［3］*Elementa jurisprudentiae*, transl. W. A. Oldfather（Oxford, 1931）, Bk. Ⅱ, observ. iv, 4.

［4］GOUNOT, Etude critique de 1'individualisme juridique, cite par Flouret Aubert.

［5］A Treatise of Human Nature, Bk. Ⅱ, Part Ⅲ, § 3, ed. by L. A. Selby-Bigge（Oxford：Clarendon Press, 1888）.

［6］Michael J. Trebilcock, *The Limits of Freedom of Contract*, Cambridge：Harvard University Press, 1993.

［7］Lawrence M. Friedman, "Legal Culture and Social Development", in Law and Society Review, Vol. 4, No. 1, 1969.

［8］Benjamin Barber, *Strong Democracy*, University of California Press, 1984.

［9］J. Ortega y Gasset, *The Reuolt of the Masses*, London, 1932.

［10］*The Gallic War*, transl. H. J. Edwards（Loeb classical Library ed., 1917）, Bk. Ⅲ. 10.

［11］*Fundamental Principles of the Metaphysic of Morals*, transl. J. K. Abbot（New York, 1949）.

［12］Metaphysik der Sitten, ed. K. Vorlander（Leipzig, 1922）.

［13］Alfred N. Whitehead, *Adventures of Ideas*（New York, 1933）.

［14］ Aristole, *The Politics*, transl. E. Barker (Oxford, 1946), BK. Ⅲ. 1282b.

［15］ Julius Stone, *Human Law and Human Justice* (Stanford, 1965).

［16］ Immanuel Kant, *The Metaphysical Elements of Justice*, transl. J. Ladd (Indi-anapolis, 1965).

［17］ William S. Sorley, *The Moral Life* (Cambridge, Eng. , 1911).

［18］ Maeve Cooke, "Five Arguments for Deliberative Democracy", in *Political Studies*, 2000, Vol. 48.

［19］ Jorge M. Valadez, *Deliberatiue Democracy, Political Legitimacy, and Self-Democracy in Multicultural Societiea*, USA Westview Press, 2001.

［20］ Jennifer Nedelsky, *Private Property and the Limits of American Constitutionalism, The Madisonian Framework and Its Legacy*, The University of Chicago, 1990.

［21］ Mark Pettit, Jr · FREEDOM, FREEDOM OF CONTRACT, AND THE "RISE AND FALL", 79 B · U · L · REV ·

［22］ W. G. Miller *Lectures in the Philosophy of Law*, See, Kessler and Gilmore, *Contracts*, 2nd , ed. , Little, Brown and Company, 1970.

［23］ Hurst, *Law and Condition of Freedom in the Nineteenth United States*, See, ［14］.

［24］ Farnsworth, *On Contracts* ( Ⅰ ), Little, Brown and Company, 1990.

［25］ Carl Miteham "What the Philoso phy of Technology", International philoso Phieal Qua-rterly, Fordham University, NewYork, Vol. XXV, No. 1, Mareh, 1985.

［26］ Frederick Ferre, " Philoso phy of Technology ", prentiee Hall, Englewood—Cliffs, New Jersey, 1988.

［27］ See C. Massimo Bianca, Diritto civile. Vol. VI, la proprietà, Milano, 1999.

［28］ P. V. Inwagen. The Mystery of Metaphysical Freedom ［M］. in Metaphysics: The Big Questions. Blackwell Publishers, 2000.

［29］ Timothy O'Connor. The Agent As Cause ［M］. in Meta-physics: The Big Questions. Blackwell Publishers, 2000.

［30］ Gary Watson. Free Will ［M］. Oxford University Press, 1982.

# 三、主要参考论文

[1]［美］约翰·齐普曼·格雷:《法律主体》,龙卫球译,载《清华法学》2002 年第 1 卷。

[2]［德］汉斯·哈腾鲍尔:《民法上的人》,载《环球法律评论》2001 年第 4 期。

[3]［意］阿尔多·贝特鲁奇:《罗马宪法与欧洲现代宪政》,徐国栋译,载《法学》1998 年第 3 期。

[4]［日］北川善太郎著:《关于最近之未来的法律模型》,李薇译,载梁慧星主编:《民商法论丛》第 6 卷,法律出版社 1997 年版。

[5]［德］海尔穆特·库勒尔著:《〈德国民法典〉的过去与现在》,孙宪忠译,载梁慧星主编:《民商法论丛》第 2 卷,法律出版社 1994 年版。

[6]［法］阿·布瓦斯泰尔著:《法国民法典与法哲学》,钟继军译,载徐国栋著:《罗马法与现代民法》第 2 卷,中国法制出版社 2001 年版。

[7]［美］格兰特·吉尔默著:《契约的死亡》,载梁慧星著:《民商法论丛》第 3 卷,法律出版社 1995 年版。

[8]徐国栋:《寻找丢失的人格——从罗马、德国、拉丁法族国家、前苏联、俄罗斯到中国》,载《法律科学》2004 年第 6 期。

[9]徐国栋:《商品经济的民法观源流考》,载《法学》2001 年第 10 期。

[10]李龙、刘连泰:《宪法财产权与民法财产权的分工与协同》,载《法商研究》2003 年第 6 期。

[11]徐国栋:《公平与价格——价值理论》,载《中国社会科学》1993 年第 6 期。

[12]徐国栋:《市民社会与市民法》,载《法学研究》1994 年第 4 期。

[13]徐国栋:《"人身关系"流变考》(上、下),载《法学》2002 年第 6 期、第 7 期。

[14]徐国栋:《市民社会与市民法——民法的调整对象研究》,载《法学研究》1994 年第 4 期。

[15]梁慧星:《民法典不应该单独设立人格权编》,载《法制日报》2002

年8月4日。

[16] 孙毅:《近代民事主体形成的条件与成因》,载《政法论坛》2005年第4期。

[17] 刘福森:《主体、主体性及其他》,载《哲学研究》1991年第2期。

[18] 杨振山、陈健:《平等身份与近现代民法学——从人法角度理解民法》,载《法律科学》1998年第2期。

[19] 杨振山、龙卫球:《罗马法的传统性和法律方法——兼论中国民法新传统》,载《中国法学》1995年第1期。

[20] 郑永流:《商品经济与计划经济中主要法律价值的对比》,载《中南政法学院学报》1991年第4期。

[21] 梅夏英:《民事权利能力、人格与人格权》,载《法律科学》1999年第1期。

[22] 梅夏英:《从"权利"到"行为"》,载《长江大学学报》(社会科学版)2005年第1期。

[23] 马骏驹:《从人格利益到人格要素——人格权法律关系客体之界定》,载《河北法学》2006年第10期。

[24] 马骏驹、张翔:《论民法个人人格构造中的伦理与技术》,载《法律科学》2005年第3期。

[25] 马骏驹:《人与人格分离技术的形成、发展与变迁——兼论德国民法中的权利能力》,载《现代法学》2006年第4期。

[26] 马骏驹、刘卉:《论法律人格内涵的变迁和人格权的发展——从民法中的人出发》,载《法学评论》2002年第1期。

[27] 马骏驹:《人格与财产的关系——兼论法国民法的"总体财产理论"》,载《法制与社会发展》2006年第1期。

[28] 李锡鹤:《人为什么生而平等——论法律人格与自然人格》,载《法学》1996年第4期。

[29] 李锡鹤:《论民法的精神》,载《法学》1996年第7期。

[30] 胡玉鸿:《"人格"在当代法律上的意义》,载《法商研究》2008年第4期。

[31] 胡玉鸿:《法律史上人格制度的演化》,载《法律科学》2008年第4期。

[32] 夏勇：《权利哲学的基本问题》，载《法学研究》2004 年第 3 期。

[33] 傅蔚冈：《"同命不同价"中的法与理——关于死亡赔偿金制度的反思》，载《法学》2006 年第 9 期。

[34] 龙卫球：《法律主体概念的基础性分析——兼论法律的主体预定理论》（上、下），载《学术界》2000 年第 3 期、第 4 期。

[35] 龙卫球：《自然人人格权及其当代进路考察——兼论民法实证主义与宪法秩序》，载《清华法学》2002 年第 2 期。

[36] 龙卫球：《法律实在性讨论——为概念法学辩护》，载《比较法研究》1998 年第 3 期。

[37] 刘卉：《论法律人格与人格权的发展》，硕士论文。

[38] 邱本：《从契约到人权》，载《法学研究》1998 年第 6 期。

[39] 李拥军：《从"人可非人"到"非人可人"：民事主体制度与理念的历史变迁——法律"人"的一种解析》，载《法制与社会发展》2005 年第 2 期。

[40] 王志丽：《从罗马法看人格概念的独立价值》，载《法制与社会》2008 年第 3 期。

[41] 刘胜题：《民事主体与民事意志的关系——兼读〈民法哲学论稿〉》，载《上海理工大学学报》（社会科学版）2005 年第 1 期。

[42] 文长春：《分配正义及其局限》，载《马克思主义与现实》2007 年第 3 期。

[43] 彭诚信：《论民事主体》，载《法制与社会发展》1997 年第 3 期。

[44] 陈弘毅、周叶谦译：《权利的兴起：对几种文明的比较研究》，载《外国法译评》1996 年第 4 期。

[45] 曹新明、夏传胜：《抽象人格论与我国民事主体制度》，载《法商研究》2000 年第 4 期。

[46] 伍治良：《我国民事主体制度的现代化趋势》，载《理论月刊》2005 年第 3 期。

[47] 蒋先福：《从身份社会向契约社会的转化及社会条件》，载《湖南师范大学社会科学学报》1995 年第 1 期。

[48] 谢怀栻：《大陆法国家民法典研究》（续），载《外国法译评》1994

年第 4 期。

[49] 江山：《法律革命：从传统到超现代———兼谈环境资源法的法理问题》，载《比较法研究》2000 年第 1 期。

[50] 薛启明：《古典自由意志哲学对大陆法系民法典编纂的影响》，载《研究生法学》2006 年第 4 期。

[51] 易继明：《论日耳曼财产法的团体主义特征》，载《比较法研究》2001 年第 3 期。

[52] 黄金荣：《法的形式理性论——以法之确定性问题为中心》，载《比较法研究》2000 年第 3 期。

[53] 王晨光：《韦伯的法律社会学思想》，载《中外法学》1992 年第 3 期。

[54] 马京平、王小玲：《近代民法对罗马法之法律人格理论的反思——兼评"无财产即无人格"》，载《法学杂志》2008 年第 3 期。

[55] 高在敏：《法律行为在近代欧洲率先出现的原因辨析》，载《法律科学》2005 年第 5 期。

[56] 石碧波：《民法上的"家"——兼论我国民法大"家"的二元结构》，载《当代法学》2003 年第 7 期。

[57] 杨解君：《契约文化的变迁及其启示——契约理念在公法中的确立》（下），载《法学评论》2005 年第 1 期。

[58] 梁治平：《从身份到契约：社会关系的革命》，载《读书》1986 年第 3 期。

[59] 郑云瑞：《西方契约理论的起源》，载《比较法研究》1997 年第 3 期。

[60] 沈宗灵：《权利、义务、权力》，载《法学研究》1998 年第 3 期。

[61] 朱庆育：《权利的非伦理化：客观权利理论及其在中国的命运》，载《比较法研究》2001 年第 3 期。

[62] 薛军：《人格权的两种基本理论模式与中国的人格权立法》，载《法商研究》2004 年第 4 期。

[63] 薛军：《法人人格权的基本理论问题探析》，载《法律科学》2004 年第 1 期。

［64］王利明：《人格权制度在中国民法典中的地位》，载《法学研究》2003 年第 2 期。

［65］姚新华：《契约自由论》，载《比较法研究》1997 年第 1 期。

［66］何增科：《市民社会概念的历史演变》，载《中国社会科学》1994 年第 5 期。

［67］俞可平：《马克思的市民社会理论及其历史地位》，载《中国社会科学》1993 年第 4 期。

［68］曾冰：《西方理性主义述评》，载《中南财经政法大学研究生学报》2007 年第 6 期。

［69］崔俊贵：《意思自治原则的兴起及原因的探讨》，载《北京科技大学学报》（社会科学版）2000 年第 1 期。

［70］郑祝君：《英美法：时代性背景下的制度变迁》，载《法商研究》2002 年第 2 期。

［71］尹田：《论自然人的法律人格与权利能力》，载《法制与社会发展》2002 年第 1 期。

［72］尹田：《无财产即无人格》，载《法学家》2004 年第 2 期。

［73］尹田：《论法人人格权》，载《法学研究》2004 年第 4 期。

［74］尹田：《再论"无财产即无人格"》，载《法学》2005 年第 2 期。

［75］尹田：《论人格权的本质———兼评我国民法草案关于人格权的规定》，载《法学研究》2003 年第 4 期。

［76］李永军：《论权利能力的本质》，载《比较法研究》2005 年第 2 期。

［77］李永军：《私法中的人文主义及其衰落》，载《中国法学》2002 年第 4 期。

［78］李永军：《论我国人格权的立法模式》，载《当代法学》2005 年第 6 期。

［79］李永军：《从契约自由原则的基础看其在现代合同法上的地位》，载《比较法研究》2002 年第 4 期。

［80］李永军：《论私法合同中意志的物化性》，载《政法论坛》2003 年第 5 期。

［81］李永军：《民法上的人及其理性基础》，载《法学研究》2005 年第 5 期。

［82］丁文：《权利限制论之疏解》，载《法商研究》2007 年第 2 期。

［83］曾凡跃：《法哲学视野中的人的思考》，载《现代法学》2002 年第 6 期。

［84］王晓华、张建华：《交往的异化及其扬弃——对马克思社会理论的现代解读》，载《中国科技大学学报》（社会科学版）2001 年第 4 期。

［85］赵迅、刘焕桂：《弱势群体保护的人本主义诠释》，载《湖南大学学报》（社会科学版）2009 年第 1 期。

［86］叶金强：《信赖合理性之判断：理性人标准的建构与适用》，载《法商研究》2005 年第 3 期。

［87］付子堂：《关于自由的法哲学探讨》，载《中国法学》2000 年第 2 期。

［88］莫雷：《从"抽象的人"到"现实的人"》，载《重庆科技学院学报》（社会科学版）2008 年第 5 期。

［89］季卫东：《法律程序的形式性与实质性——以对程序理论的批判和批判理论的程序化为线索》，载《北京大学学报》（哲学社会科学版）2006 年第 1 期。

［90］郑贤君：《基本权利的宪法构成及其实证化》，载《法学研究》2002 年第 2 期。

［91］丘海雄、张应祥：《理性选择理论述评》，载《中山大学学报》（社会科学版），1998 年第 1 期。

［92］吴恩玉：《论立法平等——以和谐社会的构建为视角》，载《法治研究》2007 年第 5 期。

［93］钱福臣：《民法与宪法关系之逻辑语境——兼论民事权利在权利体系和法律体系中的根本地位》，载《学习与探索》2008 年第 3 期。

［94］梁慧星著：《从近代民法到现代民法——20 世纪民法回顾》，载《民商法论丛》第 7 卷，法律出版社 1997 年版。

［95］尹田著：《契约自由与社会公正的冲突与平衡——法国合同法中意思自治原则的衰落》，载梁慧星著：《民商法论丛》第二卷，法律出版社 1994 年版。

［96］赵晓力著：《民法传统经典文本中"人"的观念》，载《北大法律评论》，第一卷第一辑，北京大学出版社 1998 年版。

# 后 记

北国的冰城依然料峭，但迎春花却早已送来春的气息，绵绵春雨也已经开始洗刷冬日的尘埃。此情此景难免感叹，又是一年花烂漫。回首昨日博士论文告罄和今日付梓成书，又不免生出些许感慨、些许惆怅和无尽的感恩。

20 年前，绽着青春笑脸的我轻盈地飘进黑龙江大学，开始了我的法律学习与研究生活。20 年的时间细化为 7300 多个日日夜夜，在我与黑龙江大学、与黑龙江大学法学院之间建立起了难以割舍的情结。7300 多个日夜的锤炼不仅成熟了我的身体与心智，成熟了我的学业与学历，更成熟了我的心灵与智慧。在我又有一点小成绩之际，首先要感谢黑龙江大学和黑龙江大学法学院对我的培育和培养，感谢黑龙江大学法学院同仁们对我的关爱与帮助！温暖的集体、和谐的氛围以及对学术的不懈追求激励我一步一步走到今天，并还将继续走下去，以回馈眷顾我的母校与同仁。

感谢我的恩师马长山教授，他的学术素养令我敬仰，他的深邃智慧令我渴望，他的工作热情令我叹服，他的风趣与幽默令我开怀。繁忙的工作并未成为疏于指导的借口，每一次的求教都得到细致的回答，每一次的探讨都得到启发。专业的差异也没有成为指导的障碍，反而开辟了我的视野、开启了我的思路、提升了我的研究层次。您还无私地将"黄金屋"和"颜如玉"借给我，在很大程度上解决了我的研究资料不足问题。在此，请允许我向您说一声："谢谢！"普普通通的两个字无法报偿您对我的付出与帮助，但却是学生发自肺腑的声音。

感谢杨震教授和董慧江教授对我的监督与督促，如果没有你们的督促可能我的论文还要许久才能完成。感谢王歌雅教授，您使我感受到很多恩师的关怀与姐姐的温暖。感谢董玉庭教授、张铁威教授，你们的宝贵意见为论文的修改与完善指明了方向。感谢孙毅学兄和建平、昌宇两位好友，你们无私奉献的智慧与时间，令小妹心存感激！感谢民商法专业的其他授业恩师，你们的精神支持与鼓励是我享不尽的食粮！同窗的相互帮助与鼓励也是前行的动力与源泉。

家庭是避风的港湾，也是个人成长的摇篮。个人取得的每一点成绩都离不开家人的支持、鼓励与宽容。既为人女、为人妻、为人母，则应该有所担当。而埋头写作和挑灯夜战必然疏于职守，也使我的家人少了很多陪伴与关心，更使我的女儿损失了很多妈妈带给她的快乐与关爱。你们的支持与包容是我永远的动力与温暖！

王春梅

2011 年 4 月于哈尔滨

策划编辑:柯尊全
责任编辑:张　立
装帧设计:肖　辉
责任校对:余　倩

## 图书在版编目(CIP)数据

民事主体的历史嬗变与当代建构/王春梅 著. -北京:人民出版社,2011.12
(青年学术丛书)
ISBN 978-7-01-010408-9

Ⅰ.①民…　Ⅱ.①王…　Ⅲ.①民法-法制史-研究-中国　Ⅳ.①D923.02

中国版本图书馆 CIP 数据核字(2011)第 235241 号

### 民事主体的历史嬗变与当代建构
MINSHI ZHUTI DE LISHI SHANBIAN YU DANGDAI JIANGOU

王春梅　著

人民出版社 出版发行
(100706　北京朝阳门内大街 166 号)

北京新魏印刷厂印刷　　新华书店经销

2011 年 12 月第 1 版　2011 年 12 月北京第 1 次印刷
开本:710 毫米×1000 毫米 1/16　印张:18.75
字数:300 千字　印数:0,001-3,000 册

ISBN 978-7-01-010408-9　定价:40.00 元

邮购地址 100706　北京朝阳门内大街 166 号
人民东方图书销售中心　电话 (010)65250042　65289539